"十四五"时期
国家重点出版物
出版专项规划项目

陈明坤

主编

# 公园城市
## 建设实践探索——以成都市为例

新时代公园城市建设探索与实践系列丛书

中国城市出版社

# 新时代公园城市建设探索与实践系列丛书编委会

**顾问专家：** 仇保兴　国际欧亚科学院院士、
　　　　　　　　　　　住房和城乡建设部原副部长
　　　　　　　李如生　住房和城乡建设部总工程师、
　　　　　　　　　　　中国风景园林学会理事长
　　　　　　　吴志强　中国工程院院士、同济大学原副校长
　　　　　　　潘家华　中国社会科学院学部委员
　　　　　　　周宏春　国务院发展研究中心研究员
　　　　　　　李　雄　北京林业大学副校长、教授

**主　　　任：** 王香春　贾建中　刘佳福　赵文斌

**副 主 任：** 李炜民　胡慧建　韩丽莉　谢晓英　王忠杰
　　　　　　　张亚红　贾　虎　陈明坤　秦　飞　成玉宁
　　　　　　　田永英　蔡文婷　张宝鑫　戚智勇　方小山
　　　　　　　孙　莉　王　斌　刘　颂　毕庆泗　王磐岩
　　　　　　　付彦荣　张　琰　李　光　杨　龙　孙艳芝

**编　　　委（按照姓氏笔画排序）：**
　　　　　　　丁　鸽　王　钰　王月宾　王文奎　王伟军
　　　　　　　王向荣　王志强　王秋娟　王瑞琦　王嗣禹
　　　　　　　方　岩　石春力　石继渝　冯永军　刘艳梅
　　　　　　　刘晓明　祁有祥　许自力　阮　琳　李方正
　　　　　　　李延明　李旭冉　李俊霞　杨念东　杨振华

　　　　　　　吴　杰　吴　剑　吴克军　吴锦华　言　华
　　　　　　　张清彦　陈　艳　林志斌　欧阳底梅　周建华
　　　　　　　赵御龙　饶　毅　袁　琳　袁旸洋　徐　剑
　　　　　　　郭建梅　梁健超　董　彬　蒋凌燕　韩　笑
　　　　　　　傅　晗　强　健　瞿　志
**组织编写单位：**中国城市建设研究院有限公司
　　　　　　　中国风景园林学会
　　　　　　　中国公园协会

# 本书编委会

主　　编：陈明坤
副 主 编：张清彦
参编人员：朱梅安　李艳华　蔡秋阳　刘　鹏　冯　黎
　　　　　王浩丞　吕德星　李瑶华

# 丛书序

2018年2月，习近平总书记视察天府新区时强调"要突出公园城市特点，把生态价值考虑进去"；2020年1月，习近平总书记主持召开中央财经委员会第六次会议，对推动成渝地区双城经济圈建设作出重大战略部署，明确提出"建设践行新发展理念的公园城市"；2022年1月，国务院批复同意成都建设践行新发展理念的公园城市示范区；2022年3月，国家发展和改革委员会、自然资源部、住房和城乡建设部发布《成都建设践行新发展理念的公园城市示范区总体方案》。

"公园城市"实际上是一个广义的城市空间新概念，是缩小了的山水自然与城市、人的有机融合与和谐共生，它包含了多个一级学科的知识和多空间尺度多专业领域的规划建设与治理经验。涉及的学科包括城乡规划、建筑学、园林学、生态学、农业学、经济学、社会学、心理学等等，这些学科的知识交织汇聚在城市公园之内，交汇在城市与公园的互相融合渗透的生命共同体内。"公园城市"的内涵是什么？可概括为人居、低碳、人文。从本质而言，公园城市是城市发展的终极目标，整个城市就是一个大公园。因此，公园城市的内涵也就是园林的内涵。"公园城市"理念是中华民族为世界提供的城市发展中国范式，这其中包含了"师法自然、天人合一"的中国园林哲学思想。对市民群众而言园林是"看得见山，望得见水，记得住乡愁"的一种空间载体，只有这么去理解园林、去理解公园城市，才能规划设计建设好"公园城市"。

有古籍记载说"园莫大于天地"，就是说园林是天地的缩小版；"画莫好于造物"，画家的绘画技能再好，也只是拷贝了自然和山水之美，只有敬畏自然，才能与自然和谐相处。"公园城市"就是要用中国人的智慧处理好人类与大自然、人与城市以及蓝（水体）绿（公园等绿色空间）灰（建筑、道路、桥梁等硬质设施）之间的关系，最终实现"人（人类）、城（城市）、园（大自然）"三元互动平衡、"蓝绿灰"阴阳互补、刚柔并济、和谐共生，实现山、水、林、田、湖、草、沙、居生命共同体世世代代、永续发展。

"公园城市"理念提出之后，各地积极响应，成都、咸宁等城市先行开展公园城市建设实践探索，四川、湖北、广西、上海、深圳、青岛等诸多省、区、市将公园城市建设纳入"十四五"战略规划统筹考虑，并开展公园城市总体规划、公园体系专项规划、"十五分钟"生活服务圈等顶层设计和试点建设部署。不少专家学者、科研院所以及学术团体都积极开展公园城市理论、标准、技术等方面的探索研究，可谓百花齐放、百家争鸣。

"新时代公园城市建设探索与实践系列丛书"以理论研究与实践案例相结合的形式阐述公园城市建设的理念逻辑、基本原则、主要内容以及实施路径，以理论为基础，以标准为行动指引，以各相关领域专业技术研发与实践应用为落地支撑，以典型案例剖析为示范展示，形成了"理论+标准+技术+实践"的完整体系，可引导公园城市的规划者、建设者、管理者贯彻落实生态文明理念，切实践行以人为本、绿色发展、绿色生活，量力而行、久久为功，切实打造"人、城、园（大自然）"和谐共生的美好家园。

人民城市人民建，人民城市为人民。愿我们每个人都能理解、践行公园城市理念，积极参与公园城市规划、建设、治理方方面面，共同努力建设人与自然和谐共生的美丽城市。

国际欧亚科学院院士
住房和城乡建设部原副部长

# 丛书前言

习近平总书记 2018 年在视察成都天府新区时提出"公园城市"理念。为深入贯彻国家生态文明发展战略和新发展理念，落实习近平总书记公园城市理念，成都市率先示范，湖北咸宁、江苏扬州等城市都在积极探索，湖北、广西、上海、深圳、青岛等省、区、市都在积极探索，并将公园城市建设作为推动城市高质量发展的重要抓手。"公园城市"作为新事物和行业热点，虽然与"生态园林城市""绿色城市"等有共同之处，但又存在本质不同。如何正确把握习近平总书记所提"公园城市"理念的核心内涵、公园城市的本质特征，如何细化和分解公园城市建设的重点内容，如何因地制宜地规范有序推进公园城市建设等，是各地城市推动公园城市建设首先关心、也是特别关注的。为此，中国城市建设研究院有限公司作为"城乡生态文明建设综合服务商"，由其城乡生态文明研究院王香春院长牵头的团队率先联合北京林业大学、中国城市规划设计研究院、四川省城乡建设研究院、成都市公园城市建设发展研究院、咸宁市国土空间规划研究院等单位，开展了习近平生态文明思想及其发展演变、公园城市指标体系的国际经验与趋势、国内城市公园城市建设实践探索、公园城市建设实施路径等系列专题研究，并编制发布了全国首部公园城市相关地方标准《公园城市建设指南》DB42/T 1520—2019 和首部团体标准《公园城市评价标准》T/CHSLA 50008—2021，创造提出了"人–城–园"三元互动平衡理论，明确了公园城市的四大突出特征：美丽的公园形态与空间格局；"公"字当先，公共资源、公共服务、公共福利全民均衡共享；人与自然、社会和谐共生共荣；以居民满足感和幸福感提升为使命方向，着力提供安全舒适、健康便利的绿色公共服务。

在此基础上，中国城市建设研究院有限公司联合中国风景园林学会、中国公园协会共同组织、率先发起"新时代公园城市建设探索与实践系列丛书"（以下简称"丛书"）的编写工作，并邀请住房和城乡建设部科技与产业化发展中心（住房和城乡建设部住宅产业化促进中心）、中国城市规划设计研究院、中国城市出版社、北京市公园管理中心、上海市公园管理中心、东南大学、成都市公园城市建设发展研究院、北京市园林绿化科学研究院等多家单位以及权威专家组成丛书编写工作组共同编写。

这套丛书以生态文明思想为指导，践行习近平总书记"公园城市"理念，响应国家战略，瞄准人民需求，强化专业协同，以指导各地公园城市建设实践干什么、怎么干、如何干得好为编制初衷，力争"既能让市长、县长、局长看得懂，也能让队长、班长、组长知道怎么干"，着力突出可读性、实用性和前瞻指引性，重点回答了公园城市"是什么"、要建成公园城市需要"做什么"和"怎么做"等问题。目前本丛书已入选国家新闻出版署"十四五"时期国家重点出版物出版专项规划项目。

丛书编写作为央企领衔、国家级风景园林行业学协会通力协作的自发性公益行为，得到了相关主管部门、各级风景园林行业学协会及其成员单位、各地公园城市建设相关领域专家学者的大力支持与积极参与，汇聚了各地先行先试取得的成功实践经验、专家们多年实践积累的经验和全球视野的学习分享，为国内的城市建设管理者们提供了公园城市建设智库，以期让城市决策者、城市规划建设者、城市开发运营商等能够从中得到可借鉴、能落地的经验，推动和呼吁政府、社会、企业和老百姓对公园城市理念的认可和建设的参与，切实指导各地因地制宜、循序渐进开展公园城市建设实践，满足人民对美好生活和优美生态环境日益增长的需求。

丛书首批发布共14本，历时3年精心编写完成，以理论为基础，以标准为纲领，以各领域相关专业技术研究为支撑，以实践案例为鲜活说明。围绕生态环境优美、人居环境美好、城市绿色发展等公园城市重点建设目标与内容，以通俗、生动、形象的语言介绍公园城市建设的实施路径与优秀经验，具有典型性、示范性和实践操作指引性。丛书已完成的分册包括《公园城市理论研究》《公园城市建设标准研究》《公园城市建设中的公园体系规划与建设》《公园城市建设中的公园文化演替》《公园城市建设中的公园品质提升》《公园城市建设中的公园精细化管理》《公园城市导向下的绿色空间竖向拓展》《公园城市导向下的绿道规划与建设》《公园城市导向下的海绵城市规划设计与实践》《公园城市指引的多要素协同城市生态修复》《公园城市导向下的采煤沉陷区生态修复》《公园城市导向下的城市采石宕口生态修复》《公园城市建设中的动物多样性保护与恢复提升》和《公园城市建设实践探索——以成都市为例》。

丛书将秉承开放性原则，随着公园城市探索与各地建设实践的不断深入，将围绕社会和谐共治、城市绿色发展、城市特色鲜明、城市安全韧性等公园城市建设内容不断丰富其内容，因此诚挚欢迎更多的专家学者、实践探索者加入到丛书编写行列中来，众智众力助推各地打造"人、城、园"和谐共融、天蓝地绿水清的美丽家园，实现高质量发展。

# 前　言

2018年2月，习近平总书记在视察天府新区时指出："天府新区是'一带一路'建设和长江经济带发展的重要节点，一定要规划好建设好，特别是要突出公园城市特点，把生态价值考虑进去，努力打造新的增长极，建设内陆开放经济高地"，首次提出了"公园城市"理念。2020年1月3日，中央财经委员会第六次会议作出建设成渝地区双城经济圈重大战略部署，习近平总书记明确支持成都建设践行新发展理念的公园城市示范区。

2022年1月28日，国务院批复同意成都建设践行新发展理念公园城市示范区。其后，国家发展和改革委员会、自然资源部、住房和城乡建设部发布《成都建设践行新发展理念的公园城市示范区总体方案》，明确公园城市重点探索山水人城和谐相融新实践和超大特大城市转型发展新路径，标志着成都公园城市建设实践从"首提地"的实践探索进入到"示范区"的创新示范新阶段。

4年来，成都坚持习近平新时代中国特色社会主义思想，将生态文明建设融入经济建设、政治建设、文化建设、社会建设的各方面和全过程，完整、准确、全面践行新发展理念，着眼高质量发展、高品质生活、高效能治理，将公园城市作为生态文明引领城市发展的战略目标，坚持以人民为中心，坚持生态优先、绿色发展，创新探索公园城市理念，系统谋划公园城市发展，持续推进公园城市建设，开创市民幸福美好新生活。公园城市支撑体系初步构建，形态特征初步显现，示范场景不断呈现，创新实践的生机与活力不断增强。

4年建设实践探索，积极探索公园城市理念创新。探索从过去"经济逻辑"转向"人本逻辑"发展导向的城市发展模式；促进从"城市中建公园"向"公园中建城市"理念的转变，布局"点缀"各类必需的公园体系，将全域生态整体保护、修复、建设为一座"大公园"，在公园化的生态基底中营造城市；突出"场景营造"促进生态价值转化的理念，突破传统基于物质空间的建造理念，从人的需求出发，通过绿色空间与城市协同建设，实现空间渗透、功能复合、业态融合、场景叠加、价值转化。

4年建设实践探索，积极推进公园城市建设实践。通过构建大尺度生态廊道，以"青山绿道蓝网"控制城市无序蔓延，促进绿色空间与城市空间的嵌套耦合、公园形态与城市功能的有机融合。保护修复全域生态本底，推进全域公园体系和天府绿道体系构建，推动公园城市示范片区建设，营造公园城市典型示范场景。重点实施"五绿润城"重大生态工程，建设龙泉山城市森林公园璀璨"绿心"、大熊猫国家公园生态"绿肺"、天府绿道体系活力"绿脉"、环城生态公园超级"绿环"和锦江公园精品"绿轴"。4年来，累计建成天府绿道6158km，"回家的路"社区绿道2700余条；基本建成"百个公园"示范工程；实施"生态惠民"细胞工程，打造公园式街区192个，营造"金角银边"场景400余个，实施"老公园·新活力"提升行动，累计提升改造各类公园120余个，大力建设社区花园、立体绿化，城园相融、城绿渗透的公园城市形态特征逐步显现。

4年建设实践探索，积极探索公园城市运营模式创新。成都围绕"生态价值转化"这一重大命题，把生态价值持续转化作为公园城市重要路径，创新集聚公园城市可持续发展动能。深入践行"绿水青山就是金山银山"理念，坚持政府主导和市场主体相结合的方式，引导社会资本参与公园、绿道等生态建设。以公园城市生态建设项目为载体，推进片区资源联动，激活释放公园绿地的外部经济效应，实现生态价值创造性转化。坚持把公园城市作为发展新经济、培育新消费、植入新服务的场景媒介，深入实施"公园+""绿道+""林盘+"策略，培育山水生态、天府绿道、乡村郊野、人文成都、城市街区、产业社区6大公园场景，科学融入复合功能，创新植入多元业态，推动生态场景与消费场景、人文场景、生活场景渗透叠加，推进公园城市场景营造实践，探索生态价值转化。

4年建设实践探索，形成系列先导性建设实践案例。涌现出兴隆湖片区、夜游锦江、沸腾小镇、稻香渔歌等众多生态价值向经济价值、人文价值、生活价值、美学价值、社会价值转化的典型案例。本书在全市示范点位中筛选出较为典型、具备一定示范借鉴价值的22个案例，虽不能全面反映成都市4年来的全部创新实践工作，但管窥一豹，期望本书能够给大家带来一些成都在公园城市理念创新、建设实践、价值表达过程中的积极探索、有益尝试及经验借鉴。

本书由成都市公园城市建设发展研究院院长陈明坤主编，主要基于陈明坤带领的团队做出的创新研究、技术实践工作。除编委会所列主要参编者外，马莉华、王珏、苟丹丹、蔡婷婷、李蕊等人员参与资料、案例的搜集、分析、整理工作。因编著者的认知视角、知识背景和实践范畴所限，难以做到全面客观反映成都公园城市建设实践全貌，同时在编写过程中也难免出现错误，请广大读者批评指正。

# 目 录

## 第 1 章　建设背景

### 1.1　基础特征与成都特质　002
- 1.1.1　生态丰富性　002
- 1.1.2　山水特色化　003
- 1.1.3　文化典型性　006
- 1.1.4　乡村田园化　007
- 1.1.5　园林基础优　008

### 1.2　成都城市空间形态演变　009
- 1.2.1　拥城发展阶段（1949 年以前）　010
- 1.2.2　环形放射生长阶段（1949~2000 年）　011
- 1.2.3　轴向带状生长阶段（2000~2017 年）　012
- 1.2.4　多中心、组团式、网络化发展阶段（2018 年以后）　013

## 第 2 章　理念探索

### 2.1　成都公园城市建设的背景　016
- 2.1.1　发展背景
  ——国内外城市理论探索与建设实践　016
- 2.1.2　时代背景
  ——习近平新时代中国特色社会主义思想新要求　017
- 2.1.3　成都城市建设先行探索
  ——从公园城市"首提地"到"示范区"　018

### 2.2　成都公园城市的内涵分析　019
- 2.2.1　内涵研究综述　019
- 2.2.2　公园城市特征　020

|  |  |  |
|---|---|---|
|  | 2.2.3　内涵解析 | 021 |
| **2.3** | **成都公园城市的概念初探** | **022** |
|  | 2.3.1　对公园城市提出的认知 | 022 |
|  | 2.3.2　风景园林在公园城市建设中的地位与作用 | 023 |
| **2.4** | **成都公园城市的价值探索** | **025** |
|  | 2.4.1　绿水青山的生态价值 | 025 |
|  | 2.4.2　诗意栖居的美学价值 | 026 |
|  | 2.4.3　以文化人的人文价值 | 027 |
|  | 2.4.4　绿色低碳的经济价值 | 027 |
|  | 2.4.5　简约健康的生活价值 | 028 |
|  | 2.4.6　美好生活的社会价值 | 029 |
| **2.5** | **成都公园城市的建设策略** | **030** |
|  | 2.5.1　构建生态空间与城市空间和谐相融格局 | 030 |
|  | 2.5.2　构建公园城市生态安全格局 | 031 |
|  | 2.5.3　构建蓝绿交织全域公园体系 | 031 |
|  | 2.5.4　构筑和谐自然生境 | 032 |
|  | 2.5.5　创新生态产品价值实现机制 | 033 |
|  | 2.5.6　便捷舒适的"绿道+"绿色出行体系 | 034 |
|  | 2.5.7　绿色共享的"公园+"公共服务体系 | 034 |
|  | 2.5.8　场景营造推动公园城市绿色发展 | 035 |
|  | 2.5.9　营建城绿融合的未来公园社区 | 035 |
|  | 2.5.10　以文润城塑造公园城市特色风貌 | 036 |
| **2.6** | **成都公园城市建设的实践路径** | **037** |
|  | 2.6.1　建体系，强化公园城市顶层设计 | 038 |
|  | 2.6.2　强生态，塑造公园城市优美形态 | 038 |

  2.6.3 促转化，推动公园城市绿色发展 039
  2.6.4 塑品牌，提升公园城市整体形象 039

## 第 3 章 支撑体系构建

 3.1 制度机制 042
  3.1.1 机制创新 042
  3.1.2 组织保障 042
 3.2 法规与技术体系 045
  3.2.1 法规政策体系 045
  3.2.2 建设规划体系 046
  3.2.3 相关专项规划 048
  3.2.4 技术标准体系 048
 3.3 评价体系 055
  3.3.1 国外相关指标体系研究 055
  3.3.2 国内相关指标体系研究 057
  3.3.3 公园城市建设系列评价指数研究 060
  3.3.4 公园城市信息平台建设与动态评估 071

## 第 4 章 建设实践

 4.1 总体概述 076
  4.1.1 生态文明引领的城市实践 076
  4.1.2 公园城市建设实践成效概述 076
 4.2 系统建设 078
  4.2.1 公园城市空间形态塑造 078

|  |  |  |  |
|---|---|---|---|
|  | 4.2.2 | 自然生态系统保护修复 | 081 |
|  | 4.2.3 | 构建城市绿地系统 | 085 |
|  | 4.2.4 | 全域公园体系布局 | 089 |
|  | 4.2.5 | 天府绿道体系建设 | 093 |
|  | 4.2.6 | 公园城市场景体系营建 | 096 |
| 4.3 | 重点行动 | | 106 |
|  | 4.3.1 | 全域增绿与五绿润城 | 106 |
|  | 4.3.2 | 公园城市示范片区建设 | 108 |
|  | 4.3.3 | "百个公园"示范工程 | 113 |
|  | 4.3.4 | 老公园新活力提升 | 115 |
|  | 4.3.5 | 公园城市街道一体化 | 119 |
|  | 4.3.6 | 公园城市与旧城有机更新 | 124 |
|  | 4.3.7 | 公园城市乡村表达 | 138 |
|  | 4.3.8 | 公园社区建设 | 142 |
| 4.4 | 案例评析 | | 155 |
|  | 4.4.1 | 战旗村<br>——一枝独秀到五村共兴 | 155 |
|  | 4.4.2 | 明月村<br>——传统古村落到中国最美乡村的蝶变 | 158 |
|  | 4.4.3 | 稻香渔歌<br>——综合整治，点缀在林盘内的乡村振兴范例 | 159 |
|  | 4.4.4 | 天府农博园<br>——永不落幕的田园农博盛宴 | 161 |
|  | 4.4.5 | 芳华桂城<br>——乡村特色产业聚集的绿色"CBD" | 164 |
|  | 4.4.6 | 新桥社区——街区中的摄影文创天堂 | 166 |

4.4.7 新金牛公园
　　——从棚户区到城市门户的都市绿舟　　168
4.4.8 猛追湾市民休闲区
　　——蓉城烟火气息和滨水空间美学的结合　　171
4.4.9 三环路熊猫绿道园林景观优化提升　　174
4.4.10 "我的田园"
　　——龙泉山下的田园生活新方式　　176
4.4.11 白鹤滩国家湿地公园
　　——湿地保护与生态旅游协同发展典范　　178
4.4.12 丹景台
　　——探索生态价值转化的先行者　　181
4.4.13 天府新区兴隆湖
　　——创新驱动发展的公园城市"首提地"　　183
4.4.14 成华区二仙桥
　　——老瓶新酒，文化产业与工业遗址相得益彰　　186
4.4.15 天府新区鹿溪智谷
　　——筑巢引凤，建在公园里的科创空间　　187
4.4.16 菁蓉湖
　　——"创新为核，三生融合"的产业新城　　190
4.4.17 活水公园
　　——首座"水生态"教育公园，
　　擦亮公园城市生态名片　　192
4.4.18 望江楼公园
　　——街区场景营建与历史名园保护性提升　　194
4.4.19 寻香道
　　——成都市百花潭公园添彩塑景　　195

4.4.20 金牛公园
——激活公园城市示范街区的绿色链珠 　197

4.4.21 人民公园
——近代历史名园 　198

4.4.22 天府艺术公园
——蜀风水韵，建造天府文化地标 　199

# 第 5 章　践行新发展理念的公园城市示范区展望

5.1 《总体方案》内容解读 　207
　5.1.1 国家发展改革委规划司专题解读 　207
　5.1.2 成都市各部门各领域多维度解读 　209
5.2 成都公园城市示范区绿色图景 　212
　5.2.1 城市与自然共生共荣的绿色图景 　213
　5.2.2 城市与绿地协同耦合的绿色图景 　213
　5.2.3 城市与公园深度融合的绿色图景 　214
　5.2.4 公园城市生态宜居的绿色图景 　214
　5.2.5 公园城市绿色低碳的绿色图景 　215
5.3 未来展望 　215

参考文献　218

# 第1章

# 建设背景

2018年春节前夕，习近平总书记在四川视察期间指出"天府新区是'一带一路'建设和长江经济带发展的重要节点，一定要规划好建设好，特别是要突出公园城市特点，把生态价值考虑进去，努力打造新的增长极，建设内陆开放经济高地"。2018年7月7日，在开展"大学习、大调研、大讨论"基础上，成都市委十三届三次党代会形成《关于深入贯彻落实习近平总书记来川视察重要指示精神，加快建设美丽宜居公园城市的决定》（简称《决定》）。《决定》指出："'公园城市'是新发展理念在城市发展中的全新实践，是城市规划建设理论的重大突破，是满足人民美好生活需要的重要路径，是推进绿色生态价值转化的重要探索，是塑造新时代城市竞争优势的重要抓手。"

2020年1月，习近平总书记在中央财经委员会第六次会议上明确指出支持成都建设践行新发展理念的公园城市示范区。2022年1月国务院发布了《关于同意成都建设践行新发展理念的公园城市示范区的批复》（国函〔2022〕10号），3月《成都建设践行新发展理念的公园城市示范区总体方案》正式印发，5月成都市委市政府印发《成都建设践行新发展理念的公园城市示范区行动计划（2021—2025年）》，并发出通知，要求各地、各部门认真抓好贯彻落实。这是以习近平同志为核心的党中央赋予成都的重大政治任务和时代使命，是党中央、国务院关于成渝地区双城经济圈建设的重要部署，对探索山水人城自然和谐相融新实践和超大特大城市转型发展新路径，建设践行新发展理念的公园城市示范区标志着成都公园城市建设进入新的历史阶段。

## 1.1 基础特征与成都特质

### 1.1.1 生态丰富性

成都市处于青藏高原向成都平原跌落过渡区域，平原、丘陵、高山各三分之一，全市最高点与最低点海拔相差5005m，巨大的垂直落差形成了差异显著的垂直气候带，生物多样性明显，特有种属丰富。

全市有森林、湿地、农田、草地、城市五类生态系统，森林覆盖率40.33%，现有维管束植物4459种，占全国维管束植物总种数的14.32%，四川省维管束植物总种数的40.86%。其中，蕨类植物304种，裸子植物82种，被子植物4073种，国家重点保护植物共74种，其中有红豆杉、珙桐、独叶草等国家Ⅰ级重点保护植物15种，四川红杉、连香树等国家Ⅱ级重点保护植物59种。现有古树名木共9427株，包括桢楠、柏木、银杏、樟、黄葛树、皂荚、红豆树、罗汉松等树种。

全市陆生野生脊椎动物共有734种，其中兽类129种，鸟类530种，两栖类33种，爬行类42种。兽类动物129种，占全国兽类总数的18.61%，占四川省兽类总数的57.33%，中国特有兽类22种，国家重点保护兽类共33种，国家级重点保护兽类大熊猫、川金丝猴、雪豹、扭角羚等13种；国家Ⅰ级重点保护兽类猕猴等20种；"三有"兽类27种。现有记录野生鸟类共530种，占全国鸟类总数的32.7%，占四川省鸟类总数的65.26%以上，有中国特有鸟类18种，国家重点保护野生鸟类共110种，包括青头潜鸭、白尾海雕、绿尾虹雉等。两栖类动物33种，占全国两栖动物总数的6.41%，占四川省两栖动物的30.56%，中国特有两栖类17种，国家Ⅰ级重点保护两栖类大鲵等4种。爬行类动物42种，占全国爬行动物的8.22%，占四川省爬行动物的39.25%，中国特有爬行类11种，国家Ⅱ级重点保护爬行类脆蛇蜥等3种。鱼类129种，占全国鱼类总数3.34%，占四川省鱼类总数53.53%，国家级重点保护鱼类有虎嘉鲑1种；国家Ⅰ级重点保护鱼类有胭脂鱼、长薄鳅等4种，蓝吻鳑鲏为成都特有种。

成都是我国独一无二的海拔落差最大、离珍稀动物最近，且拥有原始森林、国家公园的特大城市。丰富的生态资源为公园城市建设奠定了优厚的生态本底（图1-1）。

## 1.1.2　山水特色化

成都市地势差异显著，西北高，东南低，龙门山和龙泉山东西相对，西望群山罗列，特色鲜明，有海拔3000m以上的山体共126座，呈现"窗含西岭千秋雪"的美景。西部属于四川盆地边缘地区山地西段，属龙门山—邛崃山脉，以深丘和山地为主，海拔大多在1000~3000m之间，最高峰

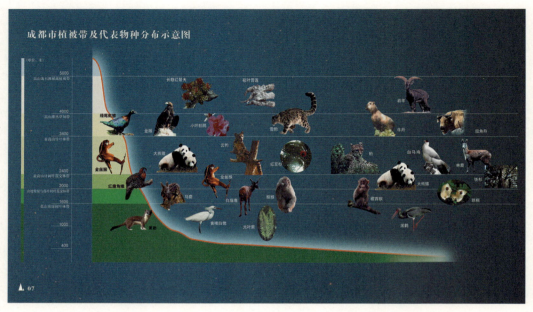

图 1-1 成都市生物多样性示意图
（图片来源：成都市林业和园林管理局画册《林海奇珍》）

在大邑县境内，海拔 5364m。中部为著名的成都平原腹心部分，分布在龙门山以东，龙泉山以西，平原总面积为 6200km²。东部由台地和部分低山丘陵组成，丘陵海拔多在 600~800m，为山地与平原之间的过渡带。差异巨大的海拔高度导致了水、热等气候要素的空间分布不均，西部山地区域的地表、水体及气候温度明显低于东部平原，并且山地内部呈现出热量差异显著的垂直气候带。这些因素使得成都市域范围内生物资源丰富多样，为农业和旅游业的发展也提供了有利条件（图 1-2）。

成都市河流纵横、沟渠交错，主要由岷江、沱江两大水系组成，河网密度高达 1.22km/km²，呈放射形网状自西北向东南流经全市。岷江是成都市最主要的河流，都江堰灌区属岷江水系，呈复合的纺锤状，干、支、斗、农、毛五级渠系纵横交错。除岷江、沱江干流从境外流入外，其余均发源于西部山区，河水主要由大气降水、地下潜流和融雪组成，在流入成都平原之前，河流主要流经高山峡谷等人为干扰极小的地区，水质优良，绝大部分指标都符合国家地表水二类水质标准的要求。河流湿地、湖泊湿地、农田湿地星罗棋布，极具特色的山水资源为公园城市建设提供了丰富而多样的生态基质、斑块、廊道空间及景观资源（图 1-3）。

图 1-2 雪山下的公园城市
（图片来源：嘉楠拍摄，2020 年）

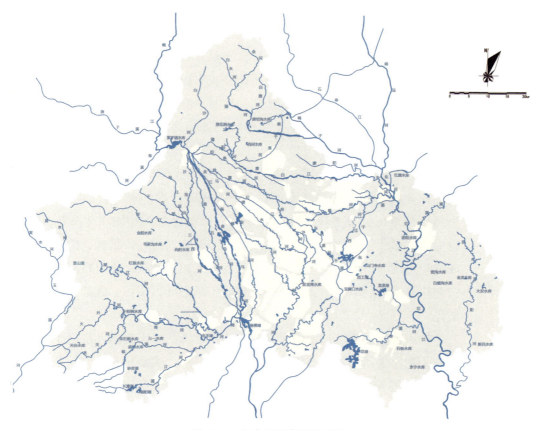

图 1-3 全域湿地资源保护图

## 1.1.3　文化典型性

成都有2300多年建城史，是我国首批国家历史文化名城，有"天府之国""蜀中江南""蜀中苏杭"等美称。成都历史文化悠久，文化遗产丰富，从金沙遗址到都江堰、杜甫草堂、武侯祠、永陵；从道教名山青城山到大慈寺、文殊院、宝光寺等佛教圣地；从司马相如、杨雄到巴金、艾芜等文坛巨匠，人才辈出。成都文化资源丰富多元，底蕴深厚，主要体现在以都江堰灌区为代表的水文化，以三星堆、金沙遗址为代表的古蜀文化，以蜀锦、蜀绣为代表的传统工商业文化和以茶馆文化、餐饮文化、酒吧文化为代表的休闲文化。

都江堰灌区是中国历史上最为重要的农耕地区之一，都江堰水利工程引领下的数千平方公里的成都平原形成了发达的水网和肥沃的土壤，水系支撑了众多城镇与乡村聚落两千年来的可持续发展，是全世界公认的维持人与自然和谐的典范地区。古蜀文明与华夏文明、良渚文明并称中国上古三大文明，而成都平原是古蜀文化、古蜀城邑、古蜀国的生长点，也是古蜀文化的最核心、最精华的区域，现存分布于都江堰到成都中心城区之间的文化遗址，大多与古蜀先民迁徙路线密切相关。从两汉一直到唐宋时期，成都平原的蜀绣、蜀锦、藤艺、竹器、漆器等奢侈品营造工艺一直处于高度发达状态；汉唐以来，成都的蜀锦、蜀绣闻名遐迩，漆器畅销全国，冶铁、制盐、丝织、漆器在全国也享有盛名；到宋代，成都的富商开始使用"交子"代替铁钱，是我国也是世界上最早使用的纸币；在近现代工商业发展的不断刺激下，如今成都逐渐形成了现代的都市CBD，成为西部最重要的商务中心之一。同时，成都也是一座注重生活情趣、懂得生活艺术的休闲之都。平稳发展的经济、宜人的气候条件、优美的自然环境与悠久的历史文化传统，形成了成都人知足常乐、悠闲自得的生活方式和热爱生活、享受生活、生性乐观的生活态度，孕育了成都独特的休闲文化。

道法自然的都江堰水网彰显了古代中国人的生态智慧，浸润了其间的每一个生产生活细胞，涵养积淀出"思想开明、生活乐观、悠长厚重、独具魅力"的天府文化特质，为公园城市建设提供了丰厚的特色文化资源（图1-4）。

图 1-4　鹤鸣茶社、都江堰水利工程

## 1.1.4　乡村田园化

成都因水而生、因水而兴,都江堰水网孕育了成都平原上星罗棋布的典型乡村聚落——川西林盘,共约 12.11 万个。优厚而稳定的自然环境条件为林盘的形成和发展奠定了物质基础,农耕时代自给自足的小农经济模式中,川西平原广袤的沃土、丰富的物产和丰沛的水资源供给,为成都平原提供了相对均衡的产业环境资源。川西平原的居民自古"师万物、法自然",在"水旱从人,不知饥馑"的环境中形成了顺应自然、悠闲自在的文化,于是形成了随田散居,宜聚则聚,处处流水穿行,家家茂林修竹的独特居住环境。

林盘聚落分布看似自由而有序,与"道法自然"的精神相吻合,实则是与林盘聚落产生、发展脉络紧密相关,林盘聚落与"田、水、路、林"等要素相依相融,随"田"而居,与"水"相依,临"路"而设,与"林"为伴,因"业"而兴,紧密地形成一个整体。田园是林盘聚落形态的基底、生态的基质,围合状的林木是林盘聚落形态的主体景观,宅院是林盘聚落内部重要的人工景观要素,人工与自然巧妙结合,形成了成都平原上集生产、生活、生态、景观为一体的独特林盘聚落。这些林盘聚落田园化、园林化特征明显,并与农业产业、花卉苗木产业、乡村旅游融合,部分林盘聚落具有较好的游憩性、艺术性,是成都田园化的大地景观和公园化的乡村园林(图 1-5)。

图 1-5 川西林盘聚落景观

### 1.1.5 园林基础优

成都自古有擅园林、兴绿化的传统。后蜀主孟昶在城周遍种芙蓉，花开时满城繁花似锦，故成都有"芙蓉城""蓉城""锦城花阁"等美称。唐代后期高骈挖掘人工河道，改道府河，形成如今"二江抱城"的城市格局。成都城市绿化具有"锦城花阁"的特点，使成都成为一座绿树成荫、花丛环绕的城市。优厚的自然生态条件与丰厚的历史文化交相辉映，孕育了水绿交融、文园同韵的成都园林，留存有唐代的东湖，宋代的罨画池，明代的桂湖，清代的望江楼等。这些传统园林呈现"自然飘逸、文秀清幽"的总体风格，它们同成都平原林盘聚落景观，共同形成了成都独特的城乡园林景观风貌。

2006 年成都成功创建"国家园林城市"。近年来，成都在风景园林之路上不断探索实践，通过立法确立 133km² 的环城生态区，严格控制原中心城区进一步环形放射蔓延；在天府新区规划建设中，优先保留、组织、利用生态山水资源，区别于中心城区"摊大饼"模式，采用"组合型、组团式"布局结构，优先大规模建设生态绿地和城市公园群，奠定城市与自然和谐共融的公园城市形态基础（图 1-6）。

图 1-6 崇州罨画池、望江楼

## 1.2 成都城市空间形态演变

成都古城是在成都平原纺锤形水系之间的鱼脊形高地上发展起来的,自先秦时期李冰"筑都江堰""疏浚三十六江"之后,成都沃野千里、水旱从人,一年成聚,二年成邑,三年成都,城市与水系和谐相融,形成了纵贯三千年的相互作用、交互耦合关系。从唐代后期高骈改道府河,直到1949年以前,成都城市基本格局均为"两江抱城"。其后的较长时间内,呈环形放射生长态势,市域卫星城呈圈层化蔓延;公元2000年后,通过中心城区外围规划环城生态区,限定中心城区增长边界,并在城市南部规划建设高新区和天府新区,加上卫星城的进一步生长,城市步入在环形放射基础上的轴向带状生长阶段;2017年成都市第十三次党代会提出城市格局从"两山夹一城"到"一山连两翼"的千年之变,形成"一心两翼三轴多中心"的全域多层次、网络化城市空间结构,成都城乡空间形态演变进入新的阶段(表1-1)。

城市空间与生态空间形态演变的阶段特征分析表　　　　　　　　　　　　　　　　　　　　　　表1-1

| 阶段 | 城市空间形态特征 | 形态演变主导因素 | 生态空间形态特征 | 公园绿地游憩体系特点 | 风景园林面临的主要问题 |
|---|---|---|---|---|---|
| 环形放射生长阶段（2000年以前） | 单中心聚集、环形放射状扩展、圈层式蔓延 | 人口、建筑、公共设施和交通单中心聚集，大规模住宅开发、公共设施、基础设施集中建设为主，建筑学、城市规划引领发展作用突出 | 城市基质迅速膨胀、生态斑块破碎化严重、连通性降低、多度和均度降低 | 规划绿地被政策性侵占，公园绿地总量少、分布不均衡、功能单一、系统弱 | 成都各区之间的间隔绿地大部分被开发，城市绿地不同程度地受到挤占，原有的生态绿地格局不断被打破 |
| 轴向带状生长阶段（2000~2017年） | 环形放射+轴向带状 | 通过立法确立 133km² 环城生态区，严格控制原中心城区进一步扩展；规划建设区别于中心城区"组合型、组团式"结构的天府新区，形成新的城市增长极，强化沿天府大道轴向带状生长；优先大规模建设生态绿地和城市公园群，奠定公园城市形态的发展基础。城市规划引领城市形态演变，风景园林的地位和作用越来越凸显 | 通过城市绿地系统规划和中心城区绿线划定，明确"九廊七河、四圈七片、多园棋布"的城市绿地系统空间格局；天府新区通过优先保护"山、水、田、林"生态本底，构建"一带两楔九廊多网"的生态格局 | 绿地总量快速增长，公园绿地游憩体系逐步优化 | 新增公园多在中心城区外围和城市新区，绿地规划建设的系统性、均衡性、功能性、生态化、特色化仍显不足 |
| 多中心、网络化发展阶段（2018年以后） | 城市发展向"一心两翼三轴多中心"的网络化城市空间结构演变 | 按照"东进、南拓、西控、北改、中优"差异化发展布局，新一轮总规确立了建设美丽宜居公园城市目标，在东部新城规划以森林、湿地、农田、绿地景观构筑城市生态绿隔，推动市域城乡形态从"两山夹一城"到"一山连两翼"，形成"一心两翼三轴多中心"的全域多层次、网络化城市空间结构；成都市委作出加快建设美丽宜居公园城市的决定 | 尊重自然生态原真性、保护山水生态基底、延续河网水系格局、严守耕地保护红线、落实各类保护区域，在市域内构建"两山、两网、两环、六片"的生态安全格局 | 以全域性、系统性、均衡化、功能化、景观化和特色化为原则，构建星罗棋布、类型多样的全域公园景观体系 | 风景园林尚待树立全新理念，通过系统改革、全面探索、勇于创新、大胆实践，主动发挥作为人居环境科学核心支撑学科的重要作用 |

## 1.2.1 拥城发展阶段（1949年以前）

公元前311年，蜀郡守张若参照秦都咸阳建制营建了成都城，其时成都的周边并无大河，直到李冰修建都江堰，"穿二江（检江、郫江）成都之中"（注：出自《史记·河渠志》），使成都形成了两江依双城的格局，直至明代才有所改变。明王朝出于政治威慑的考虑，兴建了规模庞大的蜀王府。蜀王府以正南北向为中轴线，外环萧墙，并与罗城形成"三重城套"的格局，基本奠定了近现代成都的城市格局，体现了王权至上的建城理念。成都整体空间格局采用的偏心斜轴布局是城市空间形态受到生态环境和城市内生长机制影响的典型例子。成都的地势西北高、东南低，由山地过渡到平原、丘陵，检、郫二江（今锦江）也是自西北流向东南，依山傍水，历代城市的道路都是偏心斜向的布局。这样的形态不仅有利于街道排水，也便于引入冬季日照和夏季来风，同时衔接古蜀商旅的交通线。

  清末及民国时期的二十世纪二三十年代，随着政治、经济文化的发展和城市人口的增多，成都城市已突破城墙的束缚而向郊区扩展，道路逐渐取代了河道并成为影响城市空间发展最重要的因素。抗战时期四川成为战略大后方，一大批内迁避战的工业企业在东郊奠定了成都的现代工业区，同时由四川大学、华西大学以及全国各地迁至成都的许多高校在城南华西坝和九眼桥一带形成了全国著名的大学文化教育区。由于城内人多拥挤，成都市政府在城东南处兴建了一批居住新村，并在紧靠城墙以内修建了长达 15km 的内环路，由此成都初步形成了放射加环路的城市格局，城市空间也表现出了圈层式向外扩张的态势。

  这个阶段的城市绿化具有"锦城花阁"的特点，而成都也逐渐成为一座绿树成荫、花丛环绕的城市；最突出的城市园林绿化景象当属满城的芙蓉及海棠。后蜀主孟昶令环城垣种植芙蓉，成都因此而得名为"芙蓉城"（简称"蓉城"）。清代乾隆四十八年增修成都城，郭外重栽芙蓉，重新形成了"一扬二益古名都，禁得车尘半点无。四十里城花作郭，芙蓉围绕几千株。""巍巍城雉足开襟，城外芙蓉密似林"的景象。成都的海棠"盛于蜀"为"天下第一"，宋代陆游诗云"碧鸡海棠天下绝，枝枝似染猩猩血"。到清代仍数海棠最盛，"垂丝贴梗一城芳，春海棠又秋海棠。如海秋花逢桂日，不馨香处也馨香。"成都的园林名胜也得到很大发展，最著名的有唐代的摩诃池、东湖、合江园，宋代的罨画池，明代的桂湖，清代的望江楼等。这些传统园林因地制宜，造园手法多样，景观内容丰富，具有浓厚的乡土气息和鲜明的地方特色。它们同成都平原上片片常绿阔叶林、市井河滨争奇斗艳的花木、田野民居宅旁的竹林一起，形成了成都独特的园林绿化风貌，奠定了成都园林绿化较好的发展基础。

## 1.2.2 环形放射生长阶段（1949~2000 年）

  1949 年之后，成都新增了一批近郊工业点和仓储区，旧城内部进行了规划和改造，对路网体系结构做了较大的调整。人民南路从红照壁直线向南延伸，确立了现代成都城市空间的正南北中轴线，并打破了保持上千年的路网格局，修建了第一条环状公路，成都确立了"放射加环路"的道路格局，并新建和整修了放射性干道，城市空间开始轴向扩展。1994年，第二条城市环路建成通车后，市区与郊县的8条主要出入口被打通，空间形态由轴向扩展转向轴间填充，并不断扩张。

20世纪80年代是我国改革和经济振兴的年代，也是成都城市园林绿化蓬勃发展的年代。特别是自1982年开展全民义务植树后，成都市城市园林绿化发展迅速，成绩显著，被多次评为全国绿化先进城市。至1989年底，城市园林绿地面积已达1516.34hm²，其中有城市公园23个，公共绿地达256.34hm²，人均公园绿地面积由1981年的1m²/人提高到1.78m²/人；街道绿化和单位附属绿地发展迅速，涌现出一大批绿化先进单位及地区。城市绿化覆盖率由1981年的10.2%提高到27.8%，绿地率提高到21.9%。城区东北方向新建了植物园、游乐园、塔子山公园、新华公园等公园，新建、改建了一批微绿地和小游园，逐步改善市区绿化面积少、公园布局不合理的局面，使城市绿地布局有了一定改善，绿地类型增加，绿化面积显著提高。成都市于1989年编制了新一版的《城市园林绿地系统规划》，该规划提出了建设府河、南河环城公园及沙河带形公园的设想。至90年代末，成都市各种类型的园林绿地已基本完备，分布趋于合理，绿地数量有较大增加，绿化水平上了新的台阶，初步形成城市园林绿地雏形。1996年，成都市结合城市总体规划修编，编制了新一版城市绿地系统规划。规划强调城市绿地系统由点线面向网、楔、圈结合发展，确定了"三圈七楔十六园"的基本结构，并提出2010年实现园林城市的目标。在这一规划指导下，成都城市绿化得到了较大的发展。

## 1.2.3 轴向带状生长阶段（2000~2017年）

21世纪初随着三环的建设，城市开始往外进一步拓展，城市用地功能向周边外溢，包括龙泉、桂湖、东升、华阳等卫星城，然而这些区域与中心城区空间距离过近，仅10km左右。而中心城功能过于集中，卫星城的商贸、文化等功能均处于中心城区的紧密辐射范围以内，其功能发展受到一定的抑制，很难发展为相对独立的城镇。因此，为了拓展生存空间，各卫星城便自发地向中心城区生长，并且逐步转变为中心城功能片区之一。这些卫星城区通过放射状和环状路网相向蔓延，且连为一片，形成轴间用地的内向填充，从而加剧了中心城区的承载压力，也隔断了中心城通往城市外围的生态廊道，形成又一轮城市形态的圈层。

公元2000年以后，随着社会经济的进一步发展，城市建设进入了快速发展期，市委、市政府更加重视城市园林绿化发展，对城市园林绿化的投入稳定增加，城市园林绿化建设不断加强，绿地功能不断完善、绿量持续增长、园林景观品质不断提升。完成了浣花溪公园、外环路两侧500m生态林带、健康绿道等多项绿地项目，初步形成了"四圈七片、九廊七河、多园棋布"的绿地系统格局。先后获评"国家园林城市""国家森林城市""中国最佳旅游城市"和"全国文明城市"。

## 1.2.4 多中心、组团式、网络化发展阶段（2018年以后）

2018年以后，成都城市布局由原来的"两山夹一城"转变为"一山连两翼"，以龙泉山为界，向西为中心城区，向东则规划东部新区，龙泉山由原来的生态屏障转变为城市绿心，在现有南北城市轴线基础上规划东西城市轴线，形成整个城市南北向、东西向联动发展格局。在《成都市国土空间总体规划（2020—2035年）》（公示稿）中确立了全面建成践行新发展理念的公园城市示范区的目标，以森林、湿地、农田、绿地景观构筑城市生态绿隔，规划东部新区，推动市域城乡形态从"两山夹一城"到"一山连两翼"，形成"一心两翼三轴多中心"的全域多中心、组团式、网络化城市空间结构。

新版《成都市公园城市绿地系统规划》尊重自然生态原真性、保护山水生态基底、延续河网水系格局、严守耕地保护红线、落实各类保护功能区域，在市域内构建"两山、两网、两环、六片"的生态空间格局。提出以全域性、系统性、均衡性、功能化、产业化和特色化为原则，构建系统完善、类型多样的全域公园体系。规划形成生态优良、功能完善、布局均衡、生物多样、景观优美的城市绿地系统。为塑造蓝绿交织、城园相融的公园城市形态奠定基础。

# 第 2 章

# 理念探索

## 2.1 成都公园城市建设的背景

### 2.1.1 发展背景——国内外城市理论探索与建设实践

以欧美为代表的西方国家自工业革命以来城市急剧扩张，城市发展面临各类问题，其在探索城市建设发展的过程中，形成一系列城市发展理论和实践。

19世纪后，城市绿色开敞空间体系和城市单元初期模型被提出。1858年，美国推动"城市公园运动"，改善城市卫生环境，促进公共健康，建设纽约中央公园。1877年英国认识到城市开敞空间对市民健康的意义，颁布《大都市开放空间法》。19世纪80年代，奥姆斯特德以连续不断的绿色空间"公园道"串联城市公园，形成波士顿"翡翠项圈"。1898年霍华德提出"田园城市"，其主张"城市应与乡村相结合"，以建设健康、舒适的生活场所。

20世纪后，城市建设发展模型、功能布局、分析方法、动态管理体系得到进一步探索和实践。在城市发展模型方面，1925年伯吉斯提出"同心圆学说"，该模型强调城市空间结构呈同心圆式，揭示了城市土地利用的价值分带。1945年哈里斯和乌尔曼提出"多核心学说"，其突出优点是涉及城市地域发展的多元结构。19世纪40年代沙里宁提出了"有机疏散理论"，以仿生学为基础，认为城市内部各功能之间与生命体内部各组织器官之间应一致。在功能布局、分析方法、动态管理体系方面，1933年国际现代建筑协会发布《雅典宪章》，以人本主义的理念，强调通过城市规划和功能分区来实现城市的有序发展。1939年霍伊特提出"扇形学说"，考虑交通作用对功能区的影响。1971年麦克哈格出版《设计结合自然》，首次运用千层饼叠图分析方法，倡导营造城乡健康人居环境。1977年提出《马丘比宪章》，更加注重城市功能的融合与动态发展管理。

20世纪后半叶以来，为缓解郊区化现象，"新城市主义"强调将城市中的旧城空间变成适宜居住和可持续发展的复兴之城，"精明增长"理论在于利用城市存量空间，形成紧凑、集中、高效的发展模式。1984年联合国提出"人与生物圈计划"，倡导生态保护，将自然融入城市。1997年查尔斯·瓦尔德海姆提出景观都市主义，从风景园林角度来思考城市问题。2002年，国际地方政府环境行动理事会正式提出"韧性城市"概念，强调城市系统在面临慢性冲击和长期压力时具备抵抗能力、恢复能力、适应能力和阶段演进能力，其内涵广泛扩展，进而与城市规划结合，沿用至今。

西方国家对城市建设及发展过程中出现的各种问题提出的解决方案，体现了不同的发展思路、规划方案、治理模式，这对世界城市发展历程产生了重要影响。

中国城市建设发展自古以来以山水城市营城理念贯穿，以朴素的山水自然观为理念对城市和园林进行营建，如中国园林造园过程中，自然山水园林强调对自然基底的尊重，人工山水园林追求"虽由人作、宛自天开"，将天然之趣深藏设计之中。

近代受到西方城市规划建设思想的影响，从天津、上海、青岛、武汉等租界区的建筑和绿地形态逐渐扩散，逐渐在自然环境中展开绿地系统的实践，带动游憩经济的发展，加速城市转型。1949年后，结合中国传统山水自然观，城市建设观念以传统建筑学、城市规划学、风景园林学空间规划技术为主。20世纪90年代钱学森提出"山水城市"理念，该理念继承传统"天人合一"的山水观念和营城理念，将中国山水诗词、古典园林建筑和中国山水画融合，并应用到城市建设中，旨在运用科学技术把现代城市建成一座超大型园林。

我国国家层面也开展系列探索实践：1992年当时的建设部制定了园林城市评选标准，提出建设分布均衡、结构合理、功能完善、景观优美、人居生态环境清新舒适、安全宜人的园林城市。2007年由住房和城乡建设部发起创建国家生态园林城市，旨在园林城市的基础上，利用生态学原理，植树造林，增加生物多样性，提高城市生态功能。2014年住房和城乡建设部明确提出建设海绵型城市。2015年住房和城乡建设部提出"城市双修"，其中"生态修复"强调要通过生态环境的保护和修复，"城市修补"强调通过对城市进行软硬件提升，推动城市环境改善、配套服务提升、发掘和保护城市历史文化等。

## 2.1.2 时代背景——习近平新时代中国特色社会主义思想新要求

习近平总书记高度重视生态文明建设，党的十八大把生态文明建设纳入中国特色社会主义事业"五位一体"总体布局，明确提出大力推进生态文明建设，努力建设美丽中国，实现中华民族永续发展。生态文明建设在

"五位一体"总体布局中具有突出地位,其发挥独特功能,为经济建设、政治建设、文化建设、社会建设奠定坚实的自然基础、提供丰富的生态基础,推动美丽中国的建设蓝图一步步成为现实。

习近平总书记在党的十九大报告中把坚持"以人民为中心"作为新时代坚持和发展中国特色社会主义的重要内容。他强调必须坚持人民主体地位,坚持立党为公、执政为民,践行全心全意为人民服务的根本宗旨,把党的群众路线贯彻到治国理政全部活动之中,把人民对美好生活的向往作为奋斗目标,积极回应人民群众诉求、满足人民群众需求,以尊重人民主体地位和创造精神,推动经济社会发展。

在城市规划建设工作方面,2013年12月习近平总书记在中央城镇化工作会议中提出,"让城市融入大自然,让居民望得见山、看得见水、记得住乡愁"。2015年12月,习近平总书记在中央城市工作会议上强调,"城市规模要同资源环境承载能力相适应。如果一个城市过度集中产业,过分拓展功能,人口就会过度集聚,就会占用更多农田和生态用地。"

总的来看,党的十八大以来,城市建设的新思想、新理念推动形成中国城市发展的许多成就,应运而生"低碳城市""智慧城市""海绵城市"等不同类型的建设蓝图。其涉及生态学、城市规划学、风景园林学、建筑学等多学科理念,这对于中国城市未来发展具有重要的前瞻性、指导性和战略性。

## 2.1.3 成都城市建设先行探索——从公园城市"首提地"到"示范区"

2018年2月习近平总书记在视察天府新区时发表"天府新区一定要规划好建设好,特别是要突出公园城市特点,把生态价值考虑进去"的重要讲话,同年3月在参加北京义务植树活动时,总书记再次提出"一个城市的宜居就是整个城市是一个大公园,老百姓走出来就像在自己家里的花园一样"。

公园城市的提出正是在系列探索实践的基础上,既顺应世界城市发展规律,又立足我国发展阶段,既针对我国城市发展问题,又着眼新时代战略目标,以习近平新时代中国特色社会主义思想为指导,坚持"五位一体",贯彻创新、协调、绿色、开放、共享五大发展理念,步入生态文明引领塑造新型城市形态、满足人民日益增长的美好生活需要的发展之路。

随后成都历经两年进行先行探索实践工作。2020年1月，中央财经委员会第六次会议明确支持成都建设践行新发展理念等公园城市示范区，进一步赋予了成都以新发展理念为指引、以公园城市为形态，积极探索新时代城市转型发展新路径的历史使命。

2022年1月，国务院正式批复同意成都建设践行新发展理念的公园城市示范区。同年3月国家发展和改革委员会、自然资源部、住房和城乡建设部正式发布《成都建设践行新发展理念的公园城市示范区总体方案》，提出要将"绿水青山就是金山银山"理念贯穿城市发展全过程，充分彰显生态产品价值，推动生态文明与经济社会发展相得益彰，促进城市风貌与公园形态交织相融，着力厚植绿色生态本底、塑造公园城市优美形态，着力创造宜居美好生活、增进公园城市民生福祉，着力营造宜业优良环境、激发公园城市经济活力，着力健全现代治理体系、增强公园城市治理效能，实现高质量发展、高品质生活、高效能治理相结合，打造山水人城和谐相融的公园城市。

从公园城市"首提地"到"示范区"，成都创新探索公园城市理念，深入推动建设实践。目前，成都市公园城市支撑体系初步构建，形态特征初步显现，示范场景不断呈现，创新实践的生机与活力不断增强。

## 2.2 成都公园城市的内涵分析

### 2.2.1 内涵研究综述

自公园城市提出以来，专家学者围绕公园城市内涵展开系列研究，对其理论溯源、价值意义、发展模式等方面进行解读。如吴岩等认为公园城市是满足人民日益增长的环境需求的理想城市建构，在城市发展中应优化市民、公园和城市之间的关系。曾九利剖析并提出公园城市是共赏、共建、共治、共享、共融的生态文明新时代城市发展方式的全新模式。傅凡等提出公园城市是新时代的山水城市，是中国古代哲学"天人合一"思想的继承，是综合性的城市治理模式。韩若楠等提出"美丽""宜居"是公园城市的重要内在要求。孙喆等提出公园城市是城市与自然和谐发展新的城市文明形态。

公园城市具有丰富内涵，其从多个维度满足市民对城市建设的需求，涵盖公共、生态、生活、生产等方面，既体现广义上城市治理观念和发展途径的转变，又强调城市生态基底的保护提升、生态空间的布局优化，其突出生产、生活、生态空间相宜，构建"城绿协同"发展模式，形成"城园融合"空间形态，最终实现人与自然和谐共生。

## 2.2.2 公园城市特征

### 2.2.2.1 以生态文明引领的发展观

作为有机生命体，城市的功能产业、资源利用、文化景观、生活服务、品牌塑造等各个方面在生态文明理念的引领建设下，着力于创造安全、绿色、活力、舒适、可持续的发展模式，形成"绿色+""公园+"发展理念，实现绿色空间和公共空间更加丰富、城市格局更加优化、公共服务更加均衡、城市功能更加完善、城市形态更加优美、城乡建设更加融合、产业转型更加绿色。

### 2.2.2.2 以人民为中心的价值观

公园城市理念突出"城市的核心是人"的价值取向，把"让生活更美好"作为使命方向。突出公园为"公"，做到共商、共建、共治、共享、共融；突出人民属性，以人民的获得感和幸福感为根本出发点；突出"服务所有人"，满足各类人群的多样化需求。

### 2.2.2.3 构筑生命共同体的生态观

公园城市按照自然生态的整体性、系统性、内在规律及对人类健康生存与永续发展的意义，保护山水林田湖草。通过培育高质量生态系统，从生命共同体的高度深入认识生态价值，以公园形态的空间结构承载城市发展的生态动力。通过促进自然与城市空间耦合，以有生命力的绿色共享空间作为纽带，实现山水林田湖草与城市相融。

#### 2.2.2.4 打造山水人城和谐相融城市形态

公园城市通过优化空间形态、改善人居环境，将"绿水青山就是金山银山"理念贯穿城市发展全过程，充分彰显生态产品价值，推动生态文明与经济社会发展相得益彰，促进城市风貌与公园形态交织相融，实现农耕文明、工业文明、生态文明交相辉映，山水人城和谐相融的城市形态。

### 2.2.3 内涵解析

#### 2.2.3.1 公共内涵

公园城市是习近平总书记"以人民为中心"的发展思想的生动体现，秉持以人为本理念，展现高效能治理特征，彰显公共参与和共享发展等"公共性"内涵。其坚持人民主体地位，旨在做到共商、共建、共治、共享、共融，体现我国致力于推动城市化发展路径从体力向智力转变的努力和探索实践，推进规划与治理体系的革新，引导城市发展从经济逻辑回归人本逻辑、从生产导向转向生活导向，在高质量发展中创造高品质生活，建设"人人共享的城市"，让市民在共建、共享发展中有更多获得感。

#### 2.2.3.2 生态内涵

公园城市厚植绿色生态本底，旨在让城市在自然中有机生长，统筹全域生态空间，提升城市自然环境，以生态本底为网络联通城市内外，推动绿地均衡布局和绿色基础设施共建共享。其将全域内的各类生态要素作为公园城市的组成部分来统筹规划建设，推动生物多样性保护、生态系统服务功能完善、人文与自然和谐共生，通过与自然建立深厚联系寻求保护和发展的模式，促进城市与自然共同发展，让绿色生态协同城市居住、交通、游憩等功能，把生态优势转化为发展优势，充分挖掘释放生态价值。

#### 2.2.3.3 生活内涵

公园城市建设应提高市民幸福感、安全感、获得感，旨在缓解当前发展"不平衡不充分"的主要矛盾，补齐城市生活短板，展现高品质生活特质，实现"职、住、医、教、休、商"六大城市生活的和谐统一。其通过营造高品质人居环境，改善公共服务，提高基本公共服务均等化水平，实现养老育幼、教育医疗、文化体育等服务更趋普惠共享，增进普惠的民生福祉，回应人民群众需求，提高生活品质，将城市发展成果转化为人民可感可及的美好体验，将生活城市宜居品质转化为城市长远发展的持久竞争优势。

#### 2.2.3.4 生产内涵

公园城市锚定碳达峰、碳中和目标，强调绿色引领、创新发展。以绿色化、智慧化、信息化、集约化为代表的新型建造方式，展现高质量发展特质，实现工程全过程资源节约、环境友好、品质提升、绿色统筹。其坚持发展以新经济为引领的生态环境友好型产业，大力发展绿色建筑，推广绿色建材和绿色照明，建立居民绿色消费激励机制，优化能源结构、产业结构、运输结构，形成绿色低碳循环的生产方式，引导新能源安全高效利用，形成绿色低碳的生产、生活方式，使社会经济朝着更有活力、更具质量、更永续的方向发展。

## 2.3 成都公园城市的概念初探

### 2.3.1 对公园城市提出的认知

百余年来，国际上先后提出并实践了花园城市、田园城市、有机城市、社会城市、生态城市、景观都市主义等理念。从我国来看，截至 2021 年底，城镇化率由 1949 年的 10.6% 增长至 64.72%，仅用了 70 年的时间就走过了西方国家 300 年的发展历程，但在快速城镇化的背后，自然山水格局遭到破坏，城市绿色空间面临蚕食，生态环境容量逐步下降。针对问题，我国先后在山水城市、园林城市、森林城市、生态园林城市等方面进行了探索实践。

"公园城市"的提出正是在上述系列探索实践的基础上，既顺应世界城市发展规律，又立足我国发展阶段，既针对我国城市发展问题，又着眼新时代战略目标，坚持"五位一体"，贯彻创新、协调、绿色、开放、共享五大发展理念，步入生态文明引领塑造新型城市形态、满足人民日益增长的美好生活必经的发展之路。

目前，成都概括提炼出对公园城市的阶段性认知：公园城市作为全面体现新发展理念的城市发展高级形态，坚持以人民为中心、以生态文明为引领，是将公园形态与城市空间有机融合，生产生活生态空间相宜、自然经济社会人文相融的复合系统，是山水人城和谐相融的现代化城市形态，是新时代可持续发展城市建设的新模式。

## 2.3.2 风景园林在公园城市建设中的地位与作用

吴良镛先生从整体论、系统论角度所提出的中国人居环境科学是一次思想变革，标志着以建筑学、城乡规划学、风景园林学为主体的学科既相互独立，又相互融合，共同构成人居环境科学的学科群主体，同时，也联贯其他相关的自然科学、技术科学与人文科学的部分学科（图2-1）。地景学（风景园林）要融合生态学等观念的发展，从咫尺天地走向"大地园林"，为人居环境创造可持续景观。风景园林与建筑学、城市规划三位一体、相互补充的紧密联系不仅不应削弱，而且必须加强。因此，风景园林是人居环境科学的主体支撑学科。

人居环境科学涉及全球、区域、城市、社区、建筑等多个层次，统筹社会、政治、经济、生态、文化等多个方面。人居环境科学关注的是整体的人居环境与综合的人类实践，强调对城市、乡村与自然进行整体、综合研究，注重人类聚落及其环境的相互关系和组织原则。公园城市作为新时代的复杂人居系统，针对公园城市的整体性、复杂性、系统性特征，其方法论要求必须"分析与综合并举，进行融贯研究"。过去的探索多囿于城市园林，缺乏从整体、系统的角度，在全域范围协调城市与自然的关系。风景园林正在成为生态文明和人居环境建设的重要载体，在推进美丽宜居公园城市的过程中将发挥重要的作用。

经分析，风景园林将在公园城市的5个维度方面发挥相应的重要作用（表2-1），由此可见，作为人居环境科学的重要支撑系统，风景园林将在公园城市建设中起到基础性、主体性、引领性作用，是实现城市与自然和谐共融的关键。

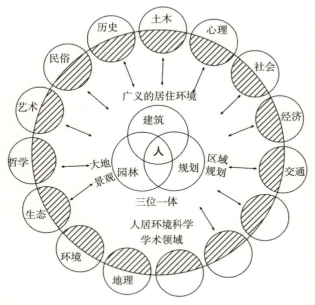

图 2-1　开放的人居环境科学创造系统示意——人居环境科学的学术框架
（图片来源：《人居环境科学导论》吴良镛著）

**风景园林在公园城市 5 个维度方面的作用**　　　　　　　　　　　　　　　　　　　　表 2-1

| 序号 | 维度 | 主要内容 | 风景园林的作用 |
| --- | --- | --- | --- |
| 1 | 生态维度 | 核心是人与自然和谐共生。深刻把握"绿水青山就是金山银山"的重要发展理念，要加大力度推进生态文明建设、解决生态环境问题 | 保护修复生态空间，构建生态安全格局，维持生物多样性，改善生态环境，缓解城市热岛效应、调节气候、涵养水源、防灾避险等 |
| 2 | 社会维度 | 社会主义本质坚持人民主体地位、以人民为中心的发展思想。满足人民日益增长的美好生活需要；解决发展不平衡不充分的矛盾 | 构建全域公园体系和公园化美丽宜居空间环境，提供休闲、游憩、交往的主要城市开敞空间，实现绿色生态产品的共享，改善群众健康，提高生活质量 |
| 3 | 文化维度 | 强调文化自信，展示中国特色 | 是融合展示地域文化特色、城市景观风貌的重要载体 |
| 4 | 政治维度 | 健全人民当家做主制度体系，发展社会主义民主政治 | 满足人民对自然生态、对良好人居环境的追求，增强民生福祉 |
| 5 | 经济维度 | 贯彻新发展理念，建设现代化经济体系，实现绿色发展 | 围绕人的多层次、多样化需求，实现复合功能，构建生活化应用场景，形成新业态，发展新经济；发挥风景园林的外部经济性，提高土地的利用价值，实现城市的可持续发展；发展生态绿色产业 |

## 2.4　成都公园城市的价值探索

### 2.4.1　绿水青山的生态价值

公园城市以习近平生态文明思想为引领，深入践行"绿水青山就是金山银山"理念，以人与自然和谐共生、城市与自然和谐相融为核心，锚固区域生态本底，构建城市与山水林田湖草生命共同体；锚固"双碳"目标实现，构建公园形态与城市空间融合格局，布局高品质蓝绿交织公园体系，缓解城市热岛效应、调节气候、涵养水源、防灾避险等。

伴随城镇化的快速推进与高质量人居环境追求的日益增长，公园城市的生态价值及其表达形式逐步从自然生态领域向城市宜居宜业、现代治理等重要价值服务保障领域转变。公园城市生态价值不仅是生态环境核心价值，还因环境质量提升带来的城市宜居、产业发展、创新集聚、人才吸引等多方面的派生价值。

1. 生态环境的本底价值——作为生态价值的核心和最直观的体现，生态环境价值是公园城市建设的内在要求和必然结果，展现于良好环境质量和生态服务两个维度。公园城市建设厚植绿色生态本底，推进精准科学系统治污，打造水清、天蓝、土净、无废的美丽蓉城；生态调节服务功能体现为城市生态系统对城市环境质量改善的贡献，主要包括水源涵养、土壤保持、生物多样性保护等。

2. 舒适宜居的环境价值——良好的生态环境是最普惠的民生福祉，公园城市建设着眼构建城市与山水林田湖草生命共同体，优化城市生态系统、空间布局、风貌形态、公园体系、环境品质，满足人民日益增长的良好生态环境需要。

3. 绿色生态的转化价值——以实现碳达峰、碳中和目标为引领，公园城市建设通过绿色生态投资，对其上下游产业带来正面激励。建强绿色低碳优势产业集群，促进水利、环境和公共设施管理等与之直接关联的产业发展，辐射周边现代服务业产业集群发展，进一步拉动旅游、文创、创新创造等产业发展，带动周边土地增值，促进城市整体价值提升，从而对

GDP 增长做出贡献。

4. 人才吸引的附加价值——公园城市建设通过改善环境质量突显高品质宜居优势，营造开放包容、人尽其才的良好环境，持续吸引高层次人才入驻，促进创新型、应用型、技能型人才成长、集聚、发挥作用，显著提升区域的创新能力。

5. 创新发展的驱动力价值——公园城市建设推动区域产城融合，促进公园形态与城市空间融合，依托高层次人才与高技术企业提高创新创造能力，培育战略新兴产业，推动区域创新能力提升、产业结构优化和高新技术产业聚集，推动区域创新驱动、协调发展。

## 2.4.2 诗意栖居的美学价值

随着社会发展和人民生活品质的提高，美学空间的体验与游憩逐渐成为城市层面的大众文化与社会时尚。公园城市以美学观点审视城市发展，应对美学空间体验消费需求。公园城市坚持生态优先、绿色发展，建立蓝绿交织的公园体系，塑造城园融合的优美格局，形成具有独特美学价值的现代城市新意象。

1. 城绿协同的形态美学价值——公园城市厚植生态本底，着力优化空间结构，推动"三个做优做强"提升城市整体功能，构建"园中建城、城中有园、推窗见绿、出门见园"的公园城市形态，体现城园交融之美。以生态安全格局限定城镇发展边界，以生态空间格局优化城镇空间布局，统筹划定落实"三区三线"，推动城市内部水系与外围生态用地连接，科学留白，打造从城内到城外一体化的生态服务体系。

2. 蓝绿交织的空间美学价值——构建"公园相连、布局均衡、功能完善、全龄友好"的全域公园体系。统筹布局全城公园，建设自然公园、郊野公园、城市公园，均衡布局社区公园、口袋公园、小微绿地，推进多维度全域增绿，推动形成融合开放、连绵有序的空间网络体系，提高公园与城市功能的融合度，满足全龄人群美好生活需求。

3. 特色风貌的城市美学价值——公园城市应顺应当地地脉和文脉，其建设发展应与市民生活习俗和需求相契合，统筹协调新老城区形态风格、文脉肌理，注重传承几千年文化历史沿革，凸显"雪山下的公园城市、烟火里的幸福成都"特质，体现城市风貌之美。通过统筹塑造地上、地下风貌，形成整体协调、大气时尚、文脉延续的城市风貌；寓建筑于公园场景，打造疏密有度、错落有致、显山露水的城市天际线与观山观水景观视域廊道，形成和谐统一、主次分明、强化识别的城市风貌。

## 2.4.3 以文化人的人文价值

公园城市作为融合彰显地域文化特色和城市景观风貌的重要载体，融入自然、人文，推进人文场所建设和文化产业发展，激发市民对绿水青山的感悟和对邻里亲情的向往。以保护传承、创新发展城市历史文化为导向，强调文化自信、展示中国特色，拓展城市文化价值链条作用，增强城市发展动力，提高文化影响力和城市文化软实力，丰富公园城市文化的新时代内涵。公园城市的人文价值体现在挖掘历史文化资源、营造多元文化场景、塑造城市文化品牌方面。

1. 历史文化的资源价值——公园城市传承保护历史、文物、民俗、建筑等资源，存储和见证历史事件、人物以及活动价值，开展历史文化名城和中国古都研究保护与宣传展示，加强文物保护利用与文化遗产传承，精心打造遗址公园，活化复兴特色街区，传承地域文化，使各类文化遗产更好地融入城市规划建设。

2. 文化场景的内涵价值——公园城市通过延展开敞空间功能，构建多元文化场景和特色文化载体，将公园作为表达文化内涵、开展文化活动的核心场所，发挥城市文化的社会价值和经济价值，突出本土特色文化主题，注重城市创意设计与美学表达，塑造特色公园城市风貌。

3. 文化品牌的综合价值——公园城市建设坚持用中华优秀传统文化、革命文化、社会主义先进文化，培根铸魂、润城化人，凝聚起奋进新征程的共同价值追求和精神力量，充分发挥城市文化的时代价值，凝练城市时代精神。充分树立文化自信，建设独具地域特色的地标，塑造 IP 品牌，增加认同感和归属感，提高城市文化软实力。

## 2.4.4 绿色低碳的经济价值

公园城市对经济价值的体现主要在生产组织方式转型和消费场景体验等方面。

1. 生产组织的转型价值——公园城市由单纯的经济导向转变为以人为本、生态文明引领的新型发展模式，把创新作为发展的主引擎，加快构建绿色低碳循环经济体系，激发公园城市活力。着力优化产业结构，深化生态环境导向的开发（EOD）模式试点，构建绿色低碳的生产方式，挖掘释放生态产品价值，发展新业态、培育新消费、植入新服务。实施建筑领域碳达峰、碳中和行动，加快既有建筑绿色化改造，推广新型绿色建造方式，促进绿色建材推广应用，强化绿色建筑技术创新和科学管理，更好地满足节能低碳与开放共享需要。同时，广泛运用5G、大数据、云计算、区块链和人工智能等技术，提高智慧城市发展水平，使城市治理与构建绿色经济体系相辅相成、高效协同。

2. 消费场景的体验价值——公园城市消费场景价值从消费观念、消费需求和消费体验三个方面体现。

树立绿色低碳的消费观念。公园城市建设充分考虑健康、品质等要求，逐步将消费场景从商城等传统空间延伸至公共开放空间，打造更加生态健康的线下消费体验，营造绿色生态的消费氛围，推动绿色低碳生活方式形成，引导简约适度、绿色低碳的生活风尚。

满足个性消费需求。公园城市关注人的个性、动机、需求等，注重人的体验度和舒适度，构建体验式消费场景，提高消费场景吸引力，有效激发消费需求；同时，公园城市建设催生更加多样化的消费场景和业态类型，不断增加消费主体的新奇感，进而引发新的消费需求。

注重数字智慧的消费体验。数字经济发展的背景下，人们逐渐开始追求非物质化的精神商品。随着人脸识别、人工智能和智能制造等技术的逐渐成熟，科技化、数字化、智能化与文化体验消费融合，公园城市探索以数字为底层构架的创新消费场景，通过大数据分析为消费者提供更好的消费体验。

## 2.4.5 简约健康的生活价值

公园城市结合城市绿色空间设置高品质生活服务场所，着力优化绿色公共服务供给，将示范区建设成果转化为市民可感可及的现实体验，让市民取得获得感、幸福感、安全感。

1. 开放共享的公益价值——公园城市创新"公园+"宜居宜游的公共空

间设计，注重优化自然环境和绿色空间，提升环境品质的同时融合丰富多元的服务功能，实现自然绿色空间的开放性、共享性营造，缓解后疫情时代市民心理压力，促进市民身心健康。

2. 需求满足的共赢价值——公园城市营造共商、共建、共活、共享、共融的城市空间环境，保障不同群体的多样化公共空间，实现"以人民为中心"的就业需求（产城一体空间）、精神需求（公共交流空间）、健康需求（休闲、娱乐、健身等游憩空间）和创新需求（创造性转化空间）。

3. 精神文明的潜在价值——公园城市通过构建多元文化场景，塑造可阅读、可参与、可感知的全景式文化体验，丰富市民精神文化生活，实现城市文化的市民共享。文化活动开敞空间为市民提供认知和体验城市的场所，引导和规范人们的价值观念、思维意识，潜移默化地影响公众的综合素质，全面提高城市文明程度。

4. 韧性发展的安全价值——公园城市建设通过保有与优化生态绿地，维系生物多样性、城市生态环境以及提升生态效益，持续发挥保障城市生态安全作用，提升抵御冲击和安全韧性能力；依托城市广场、公园、绿地等空间，平灾结合、以人为本，推进高质量应急避难场所建设，引导并鼓励学校、社区、慈善组织等相关机构开展防灾避难知识宣传，保障城市公共安全。

## 2.4.6 美好生活的社会价值

城市是经济繁荣、人文丰富、社会和谐、生态平衡的共建、共治、共享、共荣的人类聚落。"公园城市"是继"田园城市""森林城市""园林城市""生态城市"等城市类型后对城市治理提出的新目标，是城市治理对生态文明建设的正确应答，也是对不断满足人民美好生活需要的科学回应。

1. 城市发展的示范价值——公园城市是实现人与自然和谐共生、城市与自然和谐相融的城市发展新理念，其向世界输出了中国营城新模式，探索形成未来城市建设发展的中国样板，提供了解决城市建设问题的中国智慧示范。

2. 多维集成的目标价值——通过融合社会功能和自然系统以提供多样优质绿色生活空间，公园城市建设探索打造"共荣、共治、共兴、共享、共生"多维目标且系统集成的城市空间命运共同体，承载着人民对经济、政治、文化、社会、生态等全要素、多领域的美好期许。

3. 增强福祉的民生价值——公园城市的规划建设应体现多元价值集合的基本特征，契合城市治理现代化的顶层设计需要，全面彰显"城市让生活更美好"的鲜明主题与价值追求，促进经济、社会、环境和社区等多维度的城市治理能力现代化的全面提升；公园城市的建设实践应着力营造政府、市场、市民等多方主体参与的共建、共享新型发展共同体，让人民充分享受到公园城市建设带来的福祉。

## 2.5 成都公园城市的建设策略

### 2.5.1 构建生态空间与城市空间和谐相融格局

统筹空间与功能、城市与自然、生产与生活，着力厚植绿色生态本底、塑造公园城市优美形态、增进公园城市民生福祉、激发公园城市经济活力、增强公园城市治理效能，探索山水人城和谐相融的超大特大城市转型发展新路径。

以建设践行新发展理念的公园城市示范区为统领，优化市域空间格局，科学编制成都市国土空间规划，统筹划定落实三条控制线。科学划定耕地保护红线和永久基本农田并将其作为最重要的刚性控制线，保护成都平原良田沃土。划定落实生态保护红线，合理确定自然保护地保护范围及功能分区。依托龙门山、龙泉山"两山"和岷江、沱江"两水"生态骨架，推动龙泉山东翼加快发展，推动城乡形态从"两山夹一城"到"一山连两翼"，使城市成为"大公园"，构建公园城市空间格局。划定落实城镇开发边界，创新城市规划理念，做优做强"中心城区、城市新区、郊区新城"，加快形成多中心、组团式、网络化功能结构。完善城市内部空间布局，适度增加战略留白，调整优化生产生活生态空间比例，推动内部绿地水系与外围生态用地及耕地有机连接，实现生产空间集约高效、生活空间宜居适度、生态空间山清水秀。

## 2.5.2 构建公园城市生态安全格局

从全域的整体性、系统性出发，设定全域绿色空间底线。尊重自然生态原真性、保护山水生态基底、延续河网水系格局、严守耕地保护红线、落实各类保护功能区域，进一步深化改革，理顺管理机制，严格划定三区三线。重点构建以大熊猫国家公园为主体，包含国家公园、风景名胜区、地质公园、森林公园、湿地公园等的自然保护地体系，编制各类自然保护地总体规划，建立健全自然保护地管理机构。

构建公园城市"两山、两网、两环、六片"的全域生态空间结构，保护全域绿色空间肌理，修复生态受损区，推进全域增绿，强化生态空间的完整性和连续性，形成覆盖全域的生态空间系统。重点做好西部龙门山、东部龙泉山的生态保护和修复，强化都江堰水网和沱江水网的生态修复，管控环城生态区和二绕高速生态带，划定并严控防止城镇粘连发展的六片大型生态隔离区。

## 2.5.3 构建蓝绿交织全域公园体系

突破传统的城市公园体系规划范畴，强调绿色空间作为基础性、前置性配置要素与城市建设空间在功能和用地等方面混合布局，强调以绿色空间为载体，统筹生态、功能、景观、业态、活动组织等多维要素的共同营造城市氛围，提升城市的活力、吸引力和开放度等。将全域生态整体保护、修复、营建为一座"大公园"，在公园化的生态基底中营造城市，实现生态空间与城市空间的嵌套耦合、公园形态与城市功能的有机融合。

大力推进多维度全域增绿，开展"五绿润城"行动，建设大熊猫国家公园"生态绿肺"、龙泉山城市森林公园"城市绿心"、天府绿道"活力绿脉"、环城生态公园"超级绿环"、锦江公园"精品绿轴"。建立"公园相连、布局均衡、功能完善、全龄友好"的全域公园体系，统筹建设自然公园、郊野公园、城市公园3大类公园，结合自然及历史文化等资源条件、城市组团功能需求以及绿地规模，均衡布局社区公园、口袋公园、小微绿地，全面完成百个公园建设工程。依托岷江、沱江建设城市生态蓝网系统，打造引领城市高质量发展的 1000km 精品蓝网发展带。强化水源涵养、水土保持、河流互济、水系连通，构建"三江润城、百河为脉、千渠入院、万里织网"的整体格局（图 2-2）。

## 2.5.4 构筑和谐自然生境

图 2-2 "五绿润城"之锦江公园"精品绿轴"实景图

提升城市自然生态系统的质量，为动植物生存创造更好的生境，提升生物多样性，是公园城市高质量发展的又一体现。保护修复山水林田湖草生命共同体，合理划定 4 类保护分区，实施重大生态修复工程，提高自然系统稳定性和连续性。以生物视角构建三级生态廊道，将龙门山及龙泉山划定为一级生态廊道，并对生物多样性开展调查，按照物种生境要求实施建设；在全市范围内划定 57 条二级生态廊道，包括 28 条城市间隔离带和 29 条市级河道及两侧绿化控制带；在市域范围内划定三级生态廊道 41 条，沿成都绕城高速路、成都第二绕城高速路、成金简快速路等高快速路设置。

重点提升龙门山、龙泉山生态功能，保育秀美山林，夯实龙门山生态屏障功能和龙泉山"城市绿心"功能，开展增绿增景、减人减房、植被低干扰自然恢复等行动，推进生态修复重点工程，加强生物多样性保护，完善中小型栖息地和生物迁徙廊道系统，建设龙门山生物多样性基地。建设大熊猫国家公园成都片区，实施大熊猫种群保护和复壮重点工程，启动实施大熊猫栖息地修复重点工程，建立大熊猫生态廊道，有序推进居民和矿权退出，建设大熊猫国家公园入口社区（图 2-3）。

图 2-3 龙泉山"城市绿心"生态保护修复

## 2.5.5 创新生态产品价值实现机制

建立健全政府主导、企业和社会各界参与、市场化运作、可持续的生态产品价值实现路径。探索构建生态产权制度，完善生态产品调查监测机制，开展生态产品信息普查、确权登记。建立生态产品价值评价体系，开展以生态实物量为重点的生态价值核算，探索体现市场供需关系的生态产品价格形成机制。健全生态产品经营开发机制，打造特色鲜明的生态产品区域品牌，促进生态产品价值增值。启动探索 GDP 和 GEP 双核算、双运行绿色经济考评体系。

围绕绿色生态空间及其周边区域，植入新兴消费功能与新兴业态，推动绿色生态空间成为新场景集聚地与价值增值地，绿色生态空间在彰显最基本的生态价值之上，进一步凸显其美学、人文、经济、生活、社会等一系列综合价值，推动绿色生态空间效能的最大化，创新公园城市建设发展的可持续机制，从而实现"绿水青山就是金山银山"。深入公园城市"两山"发展指数评价体系研究，探索构建生态系统价值核算体系，营造"处处皆公园、时时见场景"公园城市建设新机遇。

创新推进林业产业、竹产业、森林康养、花卉产业等生态产业高质量发展。发挥大城市带大郊区优势，以产业"建圈强链"理念变革生态产业发展方式，建设现代林业产业园区和产业基地，推动形成产业集群集聚效应。创新发展森林碳汇，以实现"双碳"目标为引领，开展大熊猫国家公园生态效能与保护成效评估，策划包装龙泉山 3 万亩碳汇产品，整体打造龙门山、龙泉山碳汇品牌。探索建立核算体系，建立生态产品价值核算机制，构建大熊猫国家公园、龙泉山城市森林公园等特定地域单元生态系统服务功能核算指标和生态产品价值评价体系。

## 2.5.6 便捷舒适的"绿道+"绿色出行体系

构建总长16930km的天府绿道体系，绿道链接城市公共绿地和城市公共功能区域，引领绿色交通体系构建，强化"轨道+公交+慢行"三网融合绿色出行网络，以绿色出行与公共交通的接驳，促进城市绿色低碳交通发展。聚焦居民出行需求，以绿道为基底衍生出全新绿色生活方式，结合工作、通学、游憩等出行频率高的街道，设置步行优先的绿道，倡导绿色出行、健康生活。结合地铁站点TOD开发，打造舒适宜人的绿色换乘体验，全面提升公共交通占机动化出行比例与绿色交通出行比例。

以社区绿道"回家的路"推动街道一体化、河道一体化，锦江绿道与"回家的路"紧密结合，成网成链，塑造安全、活力、绿色街道空间，释放滨水慢行空间，推进体现"以人为本"的路权分配理念，打造低碳健康的绿色出行方式（图2-4）。

图2-4 高新区吉泰路活力公园以"绿道+"鼓励绿色出行

（图片来源：成都市高新区公园城市建设局）

## 2.5.7 绿色共享的"公园+"公共服务体系

以人为本、共建共享，大力实施幸福美好生活十大工程，推进公园生活无时无处不在，实现让居民在生态中享受生活、在公园中享有服务。推进公园城市与基本生活圈紧密衔接和完善是一项长期工作，绿色空间的发展不仅是特定地区的增绿，更要注重绿色空间改善过程中各类公共设施的增补提质。

依托山水林田湖优良自然生态资源，以各级公园、绿道为载体提升公共服务供给能力和服务层次，突出公园城市特色。按照"公园+"模式，布局优质均衡的绿色公共服务，充分植入互动性、体验性、趣味性、情感感悟、多元娱乐的人文化设施与活动，推动文化、康养、休闲、运动、教育、防灾应急与生态空间建设的有机融合。围绕城市级、片区级绿色开放空间，统筹布局各类重大区域型公共服务设施及功能性设施，提升全域城市核心功能和服务能级，让市民在家门口就能够享受到高品质、国际化的公共服务。围绕社区级绿色开放空间构建"一刻钟便民生活圈",增强基础保障类公共服务设施和特色提升类公共服务设施供给,构建更为完备的、精准服务的绿色公共服务设施体系。在公园绿地偏少、开放空间可达性差、公共设施不足的城市老旧小区,多种方式开辟小游园微绿地,聚焦"一老一小"和特殊群体,加快推动儿童友好型社区建设和公共空间适老适残化改造,推动建设全龄友好包容型社区。

## 2.5.8 场景营造推动公园城市绿色发展

成都公园城市建设突破基于单一物质空间的建造理念,从人的需求出发,改变传统园林绿化"填空式"建设方式,通过生态与城市产业、文化、生活协同融合建设,实现空间渗透、功能复合、业态多元、场景叠加、价值转化,营建满足全龄化人群、多样化需求的公园城市场景。坚持把公园城市作为发展新经济、培育新消费、植入新服务的场景媒介,推动生态场景与消费场景、人文场景、生活场景渗透叠加,深入实施"公园+"策略,加快培育6大公园场景,打造公园城市场景品牌,使公园城市成为新场景的价值增值之地,以优质绿色生态资源招引培育绿色生态产业,创新"公园+""绿色+"新产业体系、新经济业态和新消费场景,通过有机植入生活服务、商业增值、社会养成、景色观赏等复合功能,实现生态建设、宜居生活与产业发展的高度融合。

以"公园+""绿道+"构建绿色低碳生活场景,树立简约适度、节能环保的生活理念,推行绿色低碳生活方式,大力引导绿色出行、发展绿色建筑、促进绿色消费等,推进资源全面节约和循环利用,形成简约适度、绿色低碳的生活风尚。实施绿色生活创建行动,发布低碳生活清单,建立"碳惠天府"等绿色消费激励机制。推进城市建筑绿色转型,提升建筑绿色建造标准,推广绿色建材和绿色照明,提高建筑节能运行管理,建设节约型机关、绿色社区、绿色家庭。

## 2.5.9 营建城绿融合的未来公园社区

公园社区是公园城市的细胞单元,是指生态空间与社区形态有机融合,绿量充沛、尺度宜人、景观优美、设施完善、业态丰富、全龄友好、特色鲜明的绿色、美丽、共享、人文、活力、智慧社区。以城镇、乡村、产业三类公园社区构建公园社区体系,梯次建设未来公园社区。

建设高品质宜居城镇社区。依托环城生态公园大尺度、连续贯通的生态空间，统筹联动内外相邻七大楔形绿廊空间，打造未来公园社区。以旧城更新改造、老公园新活力建设、多维增绿等多层次多样化增绿手段推动已建社区的公园化提升，塑造生态空间与建筑空间和谐相融的公园社区形态。溶解公园边界，通过绿色空间的渗透、融合，塑造城绿交融、尺度宜人的公园化社区形态，全面提升公共空间绿视率和居民绿化感知度。开展"金角银边"场景营造，见缝插绿增设小游园、微绿地，以街区开放式绿地增加绿色公共开放空间，推动绿化空间与社区功能空间的有机融合。以社区环境改善、社区空间营造推动多元业态与社区生活有机融合，实施整街治巷、拆围增景、植绿聚人，主动融入社区发展治理大局，促进共建共享，打造城市治理样板。

建设诗意栖居的乡村社区。加强山水林草湖的保护和整治，严守生态保护、耕地保护红线，保护、培育和优化自然生态绿地系统，维持环状网络化生态空间结构。实施川西林盘生态和精华灌区保护修复工程，修复自然植物群落。系统保护、整治、传承、创新川西民居宅院，展示历史、乡土、民俗人文景观。推动公共服务、社会事业向农村延伸，提升乡村社区公共服务供给水平，以乡村社区建设引领乡村振兴。

建设环境友好、产城一体的产业社区。结合产业定位、资源禀赋，突出公园城市特质，通过推进高品质绿色空间建设，实施通透式设计的立体绿化建设等筑牢优良生态本底。以"公园+"场景强化高品质公共服务供给，营造布局生产、生活服务设施和公共空间，构建"绿色+"开放无界的公共空间体系，实现生产、生活、生态等多种功能相互融合。

### 2.5.10 以文润城塑造公园城市特色风貌

围绕"雪山下的公园城市、烟火里的幸福成都"，推动天府文化创造性转化、创新性发展，推进"三城三都"和世界文化名城建设，增强城市文化软实力。全面保护世界文化遗产、历史文化名镇（村）等历史文化资源，推进天府锦城"八街九坊十景"、少城国际文创硅谷等文创产业功能集聚区、猛追湾等文创特色街区、天府奥体城等重大公共建设；深度提炼和表达成都历史文化精神的时代价值，建设东华门遗址公园、天府艺术公园、四川大学博物馆等文化地标；创新面向世界的文化产品，提升文化旅游魅力，依托天府艺术公园等载体，打造城市会客厅，挖掘三国、大熊猫、三星堆—金沙、都江堰—青城山等特色文化主题，积极承办大运会、世园会等国际交流和城市大事件，办好公园城市论坛、国际非物质文化遗产节等活动，打响系列文化交流国际品牌。

以城市公园体系和开敞空间为城市文化载体，强化特色文化资源与自然生态禀赋的全方位融合。传承花卉文化源流，实施"增花添彩"，重现"花重锦官城"景象。传承并彰显传统园林特色，保护唐、宋、明、清等系列古典园林，展示历史名园名片，将优秀传统园林艺术延展运用到城市和区域，从咫尺园林走向大地景观。系统保护整治川西林盘聚落，传承、创新运用川西园林特点，进一步增强林盘聚落的功能性、游憩性、艺术性，保护整治典型林盘聚落群，优化提升旅游功能，完善配套服务设施，建设川西林盘保护发展示范区，塑造园林化的乡村聚落公园群（图2-5）。

图2-5 温江江安河川派园林景观实景图
（图片来源：成都市温江区住房和城乡建设局）

## 2.6 成都公园城市建设的实践路径

成立成都市公园城市建设领导小组、成都市建设践行新发展理念的公园城市示范区领导小组，组建公园城市建设发展研究机构和市、区两级公园城市建设管理机构，聘请相关领域的院士、知名专家组成顾问委员会，系统开展公园城市内涵、形态、生态价值、全域公园体系等多项专题研究。梳理这四年来成都公园城市建设实践，按照"建体系、强生态、促转化、塑品牌"的工作思路统筹推进公园城市发展战略研究、建设规划编制、重大生态项目建设和生态价值创造性转化工作，探索公园城市建设实践路径。

## 2.6.1 建体系，强化公园城市顶层设计

建立公园城市推进机制，成立市委主要领导任组长的公园城市建设领导小组，在机构改革中整合组建市、区两级公园城市建设管理机构，创新组建全国首个市级公园城市建设管理机构——成都市公园城市建设管理局，创新成立中共成都市委城乡社区发展治理委员会、等特色部门，为加快公园城市生态建设、加强社区发展治理、加速新经济新业态发展成势提供了坚实的组织保障。在国家发展改革委员会、自然资源部、住房和城乡建设部等国家部委指导下，深入推进城市发展理论创新、制度创新、实践创新，重点构建了公园城市理论研究、规划技术、指标评价、政策法规四大体系，组建了公园城市建设发展研究院、天府公园城市研究院和公园城市建设专家库，系统开展公园城市内涵、形态、价值转化等理论研究，编制了《成都市美丽宜居公园城市规划》《成都市"十四五"公园城市建设发展规划》《成都市全域公园体系规划》《天府绿道总体规划》等专项规划和《天府绿道规划建设导则》《成都市公园城市街道一体化设计导则》《公园城市示范片区建设技术指引》《成都市未来公园社区建设导则》等技术规范，出台《成都市美丽宜居公园城市建设条例》《成都市龙泉山城市森林公园保护条例》等政策法规。

## 2.6.2 强生态，塑造公园城市优美形态

以"青山绿道蓝网"为骨架，着力厚植绿色生态本底、塑造公园城市优美形态，加快构建天府绿道体系和全域公园体系，大力实施"五绿润城"行动，规划建设总面积 1275$km^2$ 的龙泉山城市森林公园城市"绿心"，推进"增绿增景"，建设"城市之眼""古驿十二景"等标志性项目；保护修复大熊猫国家公园"绿肺"，提升 1459$km^2$ 大熊猫国家公园成都片区栖息地质量和生物多样性水平；规划建设总长 1.69 万 km 的天府绿道，打造城市"绿脉"，至 2025 年绿道实现成网成势；规划建设总面积 133$km^2$ 的城市环城生态公园，打造超级"绿环"，创新探索增绿惠民、营城聚人、筑景成势、引商兴业建设路径，探索生态用地综合整治模式；规划建设总面积 34$km^2$ 的城市带状公园——锦江公园，打造串联水网街区的精品"绿轴"，高标准高质量推动锦江功能"第三次转型"，深入推进水生态治理、景观提升等"九大行动"；五绿润城、百花美城、千园融城的城乡美景将逐步呈现。

## 2.6.3 促转化，推动公园城市绿色发展

将公园城市作为生态价值向人文价值、经济价值、生活价值转化的重要载体，积极探索城市建设新模式的价值实现机制，持续提升城市核心竞争力。推进文体旅商融合发展。坚持"产业生态化、生态产业化"思路，依托公园、绿道等绿色资源和开敞空间，培育生态体验、文化创意、生活美学、体育运动等新兴业态和生活方式，公园城市成为新业态的成长发育之地，推进城市运营模式创新。以公园城市重点生态建设项目为载体，探索 COT〔是指从策划到运营的一站式托管服务，C 是 Consulting（策划）、O 是 Operation（运营）、T 是 Transfer（到期让回）。合作双方约定运营期限，借助专业团队力量，把科技园区运营成熟后，移交园区业主〕等政府社会合作共营模式，建立兼顾经济性和公益性的市场化城市运营体系。推进多维场景复合叠加。探索"两山"理论特大城市实践路径，创新"公园+""绿道+""林盘+"模式，依托绿色开敞空间优化布局文体旅商设施，打造山水生态、天府绿道等 6 大公园城市场景，推动绿色空间与产业发展、乡村振兴、社区生活有机融合。

## 2.6.4 塑品牌，提升公园城市整体形象

发掘生态文明时代未来之城建设逻辑，讲好公园城市故事。以建设世界文创、旅游、赛事名城和国际美食、音乐、会展之都为载体，打造以天府文化为特色、具有全球影响力的世界文化名城。在不断丰富活动内涵和创新组织形式的基础上，通过每年开展公园城市论坛等方式，打造"天府迎春赏花节""花开蓉城·苗绘未来"苗木供需对接会、公园城市频道等品牌。发挥赛事资源配置和流量吸引功能，链接全球高端要素资源，办好大运会、世运会等重大赛事。举办 2024 年世界园艺博览会、成都公园城市国际花园季。持续开展最美"回家的路"评选，组织立体绿化、花卉花境、金角银边、生态雕塑、环境艺术小品等方案征集与评选系列活动。办好《公园城市》融媒体矩阵和季刊杂志，不断提升公园城市影响力、美誉度。

# 第 3 章

# 支撑体系构建

## 3.1 制度机制

### 3.1.1 机制创新

为统筹全市公园城市建设工作，先后成立市委主要领导任组长的公园城市建设领导小组和建设践行新发展理念的公园城市示范区领导小组，将各级党委和政府主要负责人列为本行政区域公园城市建设的第一责任人，落实领导干部生态文明建设责任制，实行党政同责、一岗双责；健全市（区）县两级联动机制，加强部门协作配合，形成系统高效的工作推进机制。

在市（区）县两级联动机制下，街镇、社区实践探索创新活跃。成都系统全面地探索构建严格有效的生态建设和保护机制、创新协同的场景营造和价值转化机制、政府主导市场主体的投入机制、功能多元的产业发展机制、绿色低碳的综合开发机制、顶层发力的工作推进机制、全面覆盖的目标督查机制、惠及全民的共建共享机制。

### 3.1.2 组织保障

设立公园城市管理机构。整合组建市、区两级公园城市行政管理机构；组建公园城市研究机构。市公园城市建设管理局以市林业和园林管理局为基础，整合市国土局、市建委等部门的城市绿道、绿地广场、公园和小游园（微绿地）建设，世界遗产公园、风景名胜区、地质公园管理保护职责，创新组建成都市公园城市建设管理局，作为市政府工作部门。此次改革，带来了传统林业和园林部门职能的拓展，面对综合协调、融合创新职能的强化（表3-1、图3-1），风景园林工作者不断调整角色，不断适应公园城市统筹、创新工作要求，学习新理念，推进新实践。

**成都市公园城市建设管理局主要职能一览表**　　　　　　　　　　　　　　　　　　　　　　表 3-1

| 序号 | 主要职能 | 内容 |
| --- | --- | --- |
| 1 | 负责公园城市发展战略研究 | 拟订公园城市建设管理的政策、地方标准并组织实施；起草有关地方性法规、规章草案；组织开展公园城市建设管理政策研究；组织开展公园城市生态资源的动态监测与评价；负责推进智慧公园城市建设；指导区（市）县公园城市生态建设管理工作；制定全市公园城市生态建设目标并监督实施 |
| 2 | 负责公园城市建设规划编制 | 组织编制公园城市生态建设总体规划、林业园林专项规划、公园发展规划及公园、绿道等体系建设并组织实施；组织编制全市公园城市生态建设中长期发展规划，制定阶段性任务及年度工作计划并组织实施；参与城市总体规划编制；牵头协调公园城市生态建设总体规划与城市总体规划、国土空间规划的衔接平衡；会同市规划和自然资源局依法划定城市"绿线"并监督管理 |
| 3 | 负责公园城市生态场景建设管理 | 负责制定公园城市生态建设体系发展规划；负责公园城市生态建设监督管理；指导城市公园、森林公园、自然保护区等建设管理工作；负责生态建设项目的方案审批、设计审查、建设协调并指导运营管理 |
| 4 | 负责公园城市产业融合发展 | 负责制定公园城市生态产业发展规划；指导生态产业功能区、产业园区等建设和管理工作；指导花卉、特色经济林、森林林下经济、森林康养和生态旅游等生态产业发展；负责推进公园城市生态建设与重点项目、产业功能区的有机融合，组织建立生态价值转化机制和实现平台，健全环境资源交易制度；指导投入和运营方式的创新工作，统筹推进公园城市生态建设项目实现新经济成果转化；组织、指导林草等生态产品质量监督；指导生态扶贫相关工作 |
| 5 | 负责园林绿化、风景名胜区建设管理工作 | 组织编制全市园林绿化、风景名胜区、公园（含绿地广场、小游园、微绿地）发展规划及导则、行动方案并组织实施；牵头制定园林绿化、风景名胜区的行业规则、技术标准并监督实施；负责园林绿化企业的资质管理；负责职责范围内的各类绿地建设管理、保护养护工作；负责古树名木的鉴定和保护；负责全市风景名胜区规划、建设、保护和管理；承担全市地质公园监督管理职责；负责制定公园分级管理标准并指导实施；指导园林绿化基地的建设和管理 |
| 6 | 负责森林、草原、湿地保护管理工作 | 组织编制森林、草原、湿地专业规划并组织实施；负责林地、草原、湿地的建设管理和保护工作；指导基层林业工作机构的建设和管理；指导各类公益林保护、商品林培育和植树造林、封山育林及以植树种草等生物措施防治水土流失工作；负责造林、营林质量管理；组织实施全民义务植树、造林绿化工作；承担森林、草原和湿地应对气候变化相关工作；组织实施森林、草原、湿地等公园城市重点生态保护修复工程；组织编制森林采伐限额并监督执行；监督森林采伐迹地更新；负责林地管理和林木凭证采伐、运输；拟订林地保护利用规划并组织实施，指导公益林划定和管理工作；指导林业和草原有害生物防治、检疫工作 |
| 7 | 负责监督管理荒漠化防治工作 | 组织开展荒漠调查；组织拟订防沙治沙、石漠化防治及沙化土地封禁保护区建设规划和相关地方标准；监督管理沙化土地的开发利用；组织沙尘暴灾害预测预报和应急处置 |

续表

| 序号 | 主要职能 | 内容 |
| --- | --- | --- |
| 8 | 负责监督管理各类自然保护地 | 拟订各类自然保护地规划和相关地方标准，依法对其建设和管理工作进行监督检查；负责市级政府直接行使和代理行使全民所有权的国家公园等自然保护地的自然资源管理和国土空间用途管制；提出新建、调整各类自然保护地的审核建议并按程序报批；负责世界遗产申报及保护利用的监督管理；会同有关部门负责监督管理历史文化名城（镇、村）保护工作；负责公园城市重点生态保护修复工程的监督管理 |
| 9 | 负责监督管理陆生野生动植物资源 | 组织开展全市陆生野生动植物资源调查；提出全市重点保护的陆生野生动物、植物名录调整意见；指导陆生野生动植物的救护繁育、栖息地恢复发展、疫源疫病监测；监督管理陆生野生动植物猎捕或采集、驯养繁殖或培植、经营利用；按分工监督管理野生动植物进出口；负责生物多样性保护相关工作 |
| 10 | 指导推进林业和草原改革相关工作 | 拟订集体林权制度、国有林区、国有林场、草原等重大改革意见并监督实施；拟订农村林业发展、维护林业经营者合法权益的政策措施；指导农村林地承包经营工作；指导、监督全市森林、林木、林地的流转及权权管理；开展退耕还林还草，负责天然林保护工作；指导协调全市林权争议调处工作 |
| 11 | 指导国有林场基本建设和发展 | 组织林木种子、草种种质资源普查；组织建立种质资源库；负责良种选育推广，管理林木种苗、草种生产经营行为；监管林木种苗、草种质量；监督管理林业和草原生物种质资源、转基因生物安全、植物新品种保护；指导国有林场（苗圃）、森林公园和基层林业工作机构的建设和管理；指导国有林场分类经营 |
| 12 | 指导全市森林公安工作 | 监督管理森林公安队伍，指导全市林业重大违法案件的查处，负责相关行政执法监管工作，指导林区社会治安治理工作 |
| 13 | 负责全市森林防火管理等相关工作 | 负责落实全市综合防灾减灾规划相关要求，组织编制并指导实施森林火灾防治规划和防护标准；组织、指导开展防火巡护、火源管理、防火设施建设等工作；负责森林和草原火情监测预警、火灾预防工作，发送森林和草原火险信息；组织指导国有林场林区和草原开展宣传教育、监测预警、督促检查等防火工作 |
| 14 | 负责公园城市生态建设科技、教育培训和对外交流工作 | 组织公园城市生态建设重点科技项目攻关和科技成果推广转化，组织制定相关技术规程、标准并监督实施；组织实施对外交流与合作事务；会同有关部门开展生态建设相关国际公约的履约工作 |
| 15 | 负责公园城市生态建设管理统筹协调 | 牵头协调公园城市生态建设管理中的重大问题；组织协调全市公园城市生态建设示范项目等重大事项；参与公园城市生态建设项目专项资金的监督管理；组织实施林业和草原生态补偿工作；指导东部新城生态景观规划、建设和管理工作 |
| 16 | 负责职责范围内的安全生产和职业健康、生态环境保护、人才队伍建设、审批服务便民化等工作 | |
| 17 | 完成市委和市政府交办的其他任务 | |

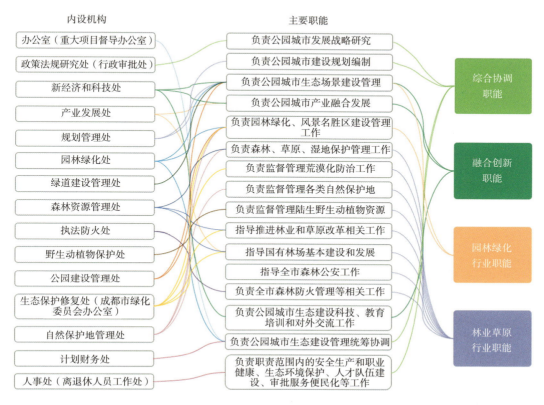

图 3-1 成都市公园城市建设管理局内设机构及主要职能分析图
（图片来源：自绘）

## 3.2 法规与技术体系

### 3.2.1 法规政策体系

围绕践行新发展理念的公园城市示范区建设，成都市公园城市建设管理局已经牵头制定、修订《成都市美丽宜居公园城市建设条例》《成都市园林绿化条例》《成都市古树名木保护管理规定》《成都市住宅小区绿化管理规定》《成都锦江公园管理暂行办法》等法规、规章和《关于全面推行建立林长制的实施意见》《关于推进竹产业高质量发展建设公园城市美丽竹林风景线的实施意见》《关于推进花卉产业高质量发展服务公园城市建设和市民幸福美好生活需要的实施意见》《成都市现代林业园区建设考评激励实施方案》《成都市林业草原生态环境损害赔偿工作实施方案（试行）》《关于进一步加强外来物种入侵防控工作的通知》《成都市森林草原防灭火标本兼治总体方案（2020—2025年）》等文件，并计划完善以下配套法规政策：

法规规章类：制定《成都市天府绿道保护条例》《成都市湿地保护条例》，修订《成都市公园条例》。

政策文件类：制定《成都市全国林业改革发展综合试点市实施方案》《成都市林长制运行规则（试行）》《成都市林长制工作督查制度（试行）》《成都市林长巡林工作制度（试行）》《成都市林长制信息制度（试行）》《成都市林长制目标考核评价制度（试行）》《成都市林长制部门协作制度（试行）》《成都市园林绿化管理体制机制改革方案》《成都市更新利用城市剩余空间打造"金角银边"三年行动方案》《成都市推进高质量增绿增景提升生态系统碳汇能力实施方案》《成都市公园（绿道）业态植入指引》《成都市园林绿化工程建设管理办法》《成都市立体绿化管理办法》《天府绿道管理办法》《成都市古树名木保护管理实施细则》《成都市住宅小区绿化管理实施细则》《成都市园林绿化信用评价管理办法》《城市公园分类分级管理规范》等政策文件，修订《成都市市级财政现代林业产业发展专项资金管理办法》。

## 3.2.2 建设规划体系

经过近年的探索实践，成都已初步建立从战略到实施的建设规划体系。2022年1月，《国务院关于同意成都建设践行新发展理念的公园城市示范区的批复》（国函〔2022〕10号）公布；2022年3月，《国家发展改革委 自然资源部 住房和城乡建设部关于印发成都建设践行新发展理念的公园城市示范区总体方案的通知》（发改规划〔2022〕332号）发布，从国家层面支持成都建设践行新发展理念的公园城市示范区；2022年5月，成都市委、市政府印发《成都市建设践行新发展理念的公园城市示范区行动计划（2021—2025 年）》，全面落实总体方案各项任务，一体谋划、整体推进示范区建设；2022 年 8 月，成都市人民政府批复《成都市"十四五"公园城市建设发展规划》，从生态、形态、生产、生活、治理五个方面，确定了"十四五"时期公园城市建设的主要指标、重点任务和重大项目，并围绕公园城市"三大"发展定位明确了"十四五"时期的示范重点。

自 2018 年提出公园城市理念以来，成都市首先编制《成都市美丽宜居公园城市规划（2018—2035 年）》，明确了公园城市理念内涵，提出打造山水生态、天府绿道、乡村郊野、城市街区、天府人文、产业社区 6 大公园场景，形成构建公园城市的 20 项规划策略。2018 年 7 月启动《成都市国土空间总体规划》编制，将公园城市的系列研究及规划成果融入国土空间总体规划，出台《关于建立公园城市国土空间规划体系全面提升空间治理能力的实施意见》，初步形成了具有成都公园城市特色的国土空间总体规划成果，以建设践行新发展理念的公园城市示范区为统领，推动城市在自然中有序生长。与此同时，编制《成都市公园城市建设规划》，从市级层面聚焦于统筹引领公园城市空间实体建设，并充分激励区（市）县开展探索实践，形成各区（市）县公园城市建设实施规划，两个层级交互衔接，相互支撑（图 3-2）。

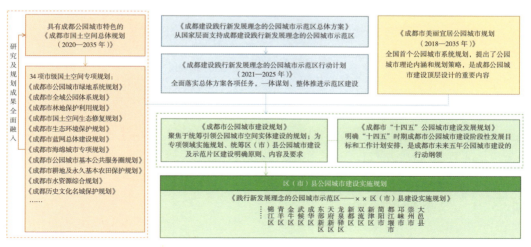

图 3-2　成都公园城市建设规划体系示意图
（图片来源：自绘）

### 3.2.3 相关专项规划

在公园城市建设规划体系下，成都还围绕生态、景观、公园建设、绿道建设、公园社区、植物运用等多个重点领域展开了规划编制，深化细化和补充完善公园城市建设规划体系（表3-2）。

其他相关专项规划一览表　　　　　　　　　　　　　　　　　　　表3-2

| 类别 | 序号 | 名称 |
| --- | --- | --- |
| 生态类 | 1 | 《成都市"十四五"自然保护地体系规划》 |
| 生态类 | 2 | 《成都市湿地保护发展规划》 |
| 生态类 | 3 | 《天府新区公园城市——全域森林空间布局规划》 |
| 生态类 | 4 | 《成都市东部新城生态园林景观规划》 |
| 公园类 | 5 | 《成都市公园建设发展规划（2020—2035年）》 |
| 公园类 | 6 | 《龙泉山城市森林公园总体规划》 |
| 公园类 | 7 | 《龙泉山城市森林公园增绿塑景规划》 |
| 绿道类 | 8 | 《成都市天府绿道总体规划》 |
| 绿道类 | 9 | 《成都龙泉山森林绿道总体规划》 |
| 绿道类 | 10 | 《成都市龙门山森林绿道总体规划及农商文体旅融合方案》 |
| 绿道类 | 11 | 《成都市第二绕城高速田园绿道总体规划及农商文体旅融合方案》 |
| 公园社区园林景观类 | 12 | 《金牛宾片区川西园林传承利用专项规划》 |
| 公园社区园林景观类 | 13 | 《交子公园社区园林景观规划》 |
| 公园社区园林景观类 | 14 | 《天府艺术公园园林景观规划》 |
| 植物类 | 15 | 《成都市特色植物、新优植物运用规划》 |
| 植物类 | 16 | 《花重锦官城——成都市增花添彩总体规划与详细规划》 |
| 植物类 | 17 | 《成都市东部新城特色植物运用布局规划》 |
| 其他类 | 18 | 《公园城市生态雕塑与环境艺术营建规划》 |
| 其他类 | 19 | 《成都市花卉苗木产业规划》 |

### 3.2.4 技术标准体系

公园城市规划建设技术标准体系以建设践行新发展理念的公园城市示范区为统领，以总体方案为发展总纲，构建起5大类25小类技术标准总体框架（图3-3）。

图 3-3　公园城市规划建设技术标准体系示意图
（图片来源：自绘）

按照一、二级框架，分规划管理类、技术导则类、技术标准类三类对公园城市规划建设技术标准体系进行补充完善（表 3-3）。

**公园城市规划建设技术标准体系清单**　　　　　　　　　　　　　表 3-3

| 一级框架 | 二级框架 | 编号 | 技术标准 | 标准分类 |
| --- | --- | --- | --- | --- |
| 夯实公园城市生态本底 | 强化底线管控 | 1 | 《成都市基本生态控制线和城市开发边界管理办法》 | 规划管理类 |
| | 生态格局类要素保护与生态修复 | 2 | 《成都湿地修复与生物多样性保育技术导则（试行）》（2018 年） | 技术导则类 |
| | | 3 | 《成都市建设用地土壤环境质量调查评估与修复工作指南》 | 技术标准类 |
| | 安全韧性城市建设 | 4 | 《城市综合减灾能力指标体系》DB 510100/T 257—2018 | 规划管理类 |
| | | 5 | 《成都市海绵城市规划建设管理技术规定（试行）（2017 年）》 | 规划管理类 |
| 强化公园城市格局塑造 | 五大分区差异发展 | 6 | 《成都市实施"西控"战略规划导则》 | 技术导则类 |
| | | 7 | 《成都市实施"南拓"战略规划导则》 | 技术导则类 |
| | | 8 | 《成都市实施"北改"战略规划导则》 | 技术导则类 |
| | | 9 | 《成都市实施"东进"战略规划导则》 | 技术导则类 |
| | | 10 | 《成都市实施"中优"战略规划导则》 | 技术导则类 |

续表

| 一级框架 | 二级框架 | 编号 | 技术标准 | 标准分类 |
| --- | --- | --- | --- | --- |
| 强化公园城市格局塑造 | 综合交通体系提升 | 11 | 《成都市城市轨道交通线网导向系统设计导则》DB 5101/T 9—2018 | 技术导则类 |
| | | 12 | 《成都市轨道交通接驳设施设计导则（试行版）（2017年）》 | 技术导则类 |
| 彰显公园城市空间特色 | 城市形态塑造 | 13 | 《成都市美丽宜居公园城市规划建设导则（试行）》 | 技术导则类 |
| | | 14 | 《成都市公园城市示范区建设技术指引》 | 技术导则类 |
| | | 15 | 《成都市中心城区城市设计导则》 | 技术导则类 |
| | | 16 | 《成都市东部新区形态、色彩、天际线控制导则》 | 技术导则类 |
| | | 17 | 《成都市郊野乡村风貌规划设计导则》 | 技术导则类 |
| | | 18 | 《成都市建筑规划设计导则》 | 技术导则类 |
| | 公园体系建设 | 19 | 《公园城市公园绿地系统规划标准》 | 技术标准类 |
| | | 20 | 《成都市中心城区小游园、微绿地规划建设设计技术导则（试行）》 | 技术导则类 |
| | | 21 | 《成都市"百个公园"示范工程建设技术导则（试行）》 | 技术导则类 |
| | | 22 | 《成都市公园规划建设技术导则（2014版）》 | 技术导则类 |
| | | 23 | 《成都市古树公园建设技术导则（试行）》 | 技术导则类 |
| | 特色廊道塑造 | 24 | 《成都市生态廊道规划技术导则》 | 技术导则类 |
| | | 25 | 《锦江两岸空间形态规划控制导则》 | 技术导则类 |
| | | 26 | 《成都市公园城市河道一体化规划设计导则》 | 技术导则类 |
| | | 27 | 《成都市航线区域大地景观再造工程提升技术导则》 | 技术导则类 |
| | | 28 | 《成都市航空廊道农田景观及作物种植技术导则》 | 技术导则类 |
| | | 29 | 《成都市公路沿线景观提升专项技术导则（试行）》 | 技术导则类 |
| | | 30 | 《成都市域高铁沿线环境品质提升工作导则》 | 技术导则类 |
| | | 31 | 《成都市公园城市特色廊道设计导则》 | 技术导则类 |
| | 绿色低碳城市建设 | 32 | 《成都市市政基础设施绿色化设计指引》 | 技术导则类 |
| | | 33 | 《成都市民用建筑绿色设计技术导则（2016版）》 | 技术导则类 |

续表

| 一级框架 | 二级框架 | 编号 | 技术标准 | 标准分类 |
| --- | --- | --- | --- | --- |
| 彰显公园城市空间特色 | TOD综合开发 | 34 | 《成都市轨道交通场站一体化城市设计导则》 | 技术导则类 |
| | | 35 | 《成都市公园城市轨道一体化规划设计导则》 | 技术导则类 |
| | 地下空间开发利用 | 36 | 《成都市城市地下空间开发利用管理办法（试行）》 | 技术导则类 |
| | | 37 | 《成都市地下综合管廊设计导则》 | 技术导则类 |
| | 城市有机更新 | 38 | 《成都市"两拆一增"生态景观建设技术指引》 | 技术导则类 |
| | | 39 | 《成都市"中优"区域城市剩余空间更新规划设计导则》 | 技术导则类 |
| | | 40 | 《成都市既有建筑立面整治提升导则》 | 技术导则类 |
| | | 41 | 《成都市立体绿化美化规划建设导则》 | 技术导则类 |
| | | 42 | 《成都市公园城市有机更新导则》 | 技术导则类 |
| | | 43 | 《成都市城市有机更新设计导则》 | 技术导则类 |
| | | 44 | 《成都市城镇老旧小区改造技术导则》 | 技术导则类 |
| 提升公园城市空间品质 | 天府绿道建设 | 45 | 《成都市天府绿道建设导则（试行）》 | 技术导则类 |
| | | 46 | 《成都市天府绿道绿化管理技术规定》 | 技术管理类 |
| | | 47 | 《成都市天府绿道绿化建设导则》 | 技术导则类 |
| | | 48 | 《幸福社区绿道建设工作指引》 | 技术导则类 |
| | | 49 | 《成都市公园（绿道）场景营造和业态融合指引（试行）》 | 技术导则类 |
| | 促进乡村振兴 | 50 | 《成都市大地景观再造工程规划与建设导则》 | 技术导则类 |
| | 建设产业社区 | 51 | 《成都市产业功能区规划设计导则》 | 技术导则类 |
| | | 52 | 《成都市高品质科创空间规划设计导则》 | 技术导则类 |
| | | 53 | 《成都市产业社区规划技术导则》 | 技术导则类 |
| | 天府人文环境塑造 | 54 | 《成都市中心城区特色风貌街道规划建设技术导则》 | 技术导则类 |
| | | 55 | 《成都市川西林盘保护利用建设技术导则》 | 技术导则类 |

续表

| 一级框架 | 二级框架 | 编号 | 技术标准 | 标准分类 |
|---|---|---|---|---|
| 提升公园城市空间品质 | 活力街区营造 | 56 | 《成都市公园城市街道一体化设计导则》 | 技术导则类 |
| | | 57 | 《成都市公园城市街道建设技术规定》 | 技术导则类 |
| | | 58 | 《成都市"小街区规制"建设技术导则》 | 技术导则类 |
| | | 59 | 《成都市"小街区规制"管理技术规定》 | 规划管理类 |
| | | 60 | 《成都市特色商业街区建设指引》 | 技术导则类 |
| | 社区生活品质提升 | 61 | 《成都市公园城市基本公共服务圈规划导则》 | 技术导则类 |
| | | 62 | 《成都市未来公园社区规划导则》 | 技术导则类 |
| | | 63 | 《成都市社区综合体功能设置导则》 | 技术导则类 |
| | | 64 | 《成都市公园社区人居环境营建导则》 | 技术导则类 |
| | | 65 | 《成都市公园城市住宅物业管理区域服务配套设施规划建设导则》 | 技术导则类 |
| | | 66 | 《成都城市社区商业规划导则》 | 技术导则类 |
| | | 67 | 《成都市家门口运动空间设置导则》 | 技术导则类 |
| | 智慧城市建设 | 68 | 《天府智慧小区建设导则1.0版》 | 技术导则类 |
| | | 69 | 《成都市公园城市智慧综合杆设计导则》 | 技术导则类 |
| 强化公园城市空间保障 | 强化空间传导 | 70 | 《成都市公园城市产城融合单元规划建设导则》 | 技术导则类 |
| | | 71 | 《成都市公园城市城乡融合发展片区规划管理技术规定（2020）》（暂定名） | 规划管理类 |
| | | 72 | 《成都市城乡融合发展片区规划（镇国土空间总体规划）编制办法》（暂定名） | 规划编制类 |
| | | 73 | 《成都市城乡融合发展单元及镇、村规划技术导则》（暂定名） | 技术导则类 |
| | | 74 | 《成都市分区详细规划编制技术导则》 | 规划编制类 |
| | | 75 | 《成都市多规合一实用性村庄规划编制办法》（暂定名） | 规划编制类 |

续表

| 一级框架 | 二级框架 | 编号 | 技术标准 | 标准分类 |
|---|---|---|---|---|
| 强化公园城市空间保障 | 优化土地资源配置 | 76 | 《成都市城市规划管理技术规定（2017）》 | 规划管理类 |
| | | 77 | 《关于加强新型产业用地（M0）管理的指导意见》 | 规划管理类 |
| | | 78 | 《关于加强科研设计用地（A36）管理的指导意见》 | 规划管理类 |
| | 强化用途管制 | 79 | 《成都市国土空间用途管制实施细则》 | 技术导则类 |
| | 优化存量低效用地 | 80 | 《低效用地识别标准》 | 技术标准类 |
| | | 81 | 《低效工业用地开发利用指南》 | 规划管理类 |
| | 推动土地综合整治 | 82 | 《全域综合土地整治与生态修复项目管理办法》 | 规划管理类 |
| | 片区综合开发运营 | 83 | 《成都市片区综合开发与运营导则》 | 技术导则类 |
| | | 84 | 《成都市东部新区片区开发导则》 | 技术导则类 |

此外，成都市公园城市建设管理部门从承担职能出发，按照示范片区类、公园类、生态类、绿道类、城市更新类、社区类、乡村类、场景营造类、道路绿化类、立体绿化类、绿化技术类、信息技术类构建了专项建设技术导则体系（表3-4）。

**公园城市建设管理局技术导则体系构建清单** 表3-4

| 类别 | 序号 | 类型 | 名称 | 适用范围 |
|---|---|---|---|---|
| 示范片区类 | 1 | 指引 | 《成都市公园城市示范区建设技术指引》 | 设计、建设 |
| 公园类 | 2 | 导则 | 《成都市"百个公园"示范工程建设技术导则（试行）》 | 设计、建设、管理 |
| | 3 | 导则 | 《成都市美丽宜居公园城市公园建设技术导则》 | 设计、建设 |
| | 4 | 指引 | 《成都市智慧公园建设指南》 | 设计、建设 |
| | 5 | 标准 | 《公园分类分级管理标准》 | 管理 |

续表

| 类别 | 序号 | 类型 | 名称 | 适用范围 |
|---|---|---|---|---|
| 生态类 | 6 | 导则 | 《成都市生态廊道保护与建设技术导则》 | 规划、设计、建设 |
| | 7 | 导则 | 《龙泉山城市森林公园规划建设导则》 | 规划、设计、建设 |
| 绿道类 | 8 | 导则 | 《成都市天府绿道绿化建设导则》 | 设计、建设 |
| | 9 | 技术规定 | 《成都市天府绿道绿化管理技术规定》 | 管理 |
| | 10 | 导则 | 《公园城市"回家的路"金角银边场景营造指引》 | 设计、建设、管理 |
| 社区类 | 11 | 导则 | 《成都市公园社区人居环境营建导则》 | 设计、建设、管理 |
| 乡村类 | 12 | 导则 | 《成都市公园城市乡村绿化建设技术导则》 | 设计、建设、管理 |
| | 13 | 导则 | 《川西林盘生态保护修复与景观提升导则》 | 设计、建设、管理 |
| | 14 | 导则 | 《成都都江堰灌区生态修复和景观提升导则》 | 设计、建设、管理 |
| 场景营造类 | 15 | 指引 | 《成都市公园（绿道）业态融合和场景营造指引》 | 规划、设计 |
| | 16 | 导则 | 《公园城市生态雕塑与环境艺术营建导则》 | 设计、建设 |
| 道路绿化类 | 17 | 导则 | 《成都市桥下空间绿化导则》 | 设计、建设 |
| | 18 | 导则 | 《成都市公园城市道路绿化建设导则》 | 设计、建设 |
| 立体绿化类 | 19 | 导则 | 《成都市公园城市立体绿化规划建设导则》 | 规划、设计、建设 |
| | 20 | 导则 | 《成都市桥体立体绿化设计导则》 | 设计、建设 |
| 绿化技术类 | 21 | 指引 | 《行道树配置模式指南》 | 设计、建设、管理 |
| | 22 | 指引 | 《成都市园林绿化竹类植物栽植技术要点》 | 设计、建设 |
| | 23 | 导则 | 《成都市湿生植物应用技术导则》 | 设计、建设、管理 |
| | 24 | 指引 | 《擦亮成都名片市树市花种植指南》 | 设计、建设、管理 |
| | 25 | 指南 | 《成都市公园城市花卉彩叶植物应用指南》 | 设计、建设、管理 |
| 信息技术类 | 26 | 地标 | 《公园城市绿地系统规划数据入库标准》 | 信息 |
| | 27 | 地标 | 《公园城市生态绿地信息平台数据接口标准》 | 信息 |

## 3.3 评价体系

成都市第十四次党代会提出构建公园城市"理论研究、规划技术、政策法规、指标评价"四大体系。构建和完善公园城市评价体系，不仅引导和促进人与自然和谐的现代化城市建设，不断满足人民对绿色宜居环境和美好生活的需求，而且是公园城市塑造城市竞争优势的重要抓手。通过运用公园城市评价指数对公园城市进行定量评价，能够切实地掌握城市的发展度、协调度与可持续度，发现公园城市建设中的不足和缺陷，指明公园城市建设进一步努力的方向和重点，为政府决策和管理者进行正确的决策管理提供理论依据。同时也为组织和领导公园城市建设以及考核各级党政领导班子绩效状况提供客观真实的评价依据。

### 3.3.1 国外相关指标体系研究

自2018年习近平总书记在天府新区提出"公园城市"理念以来，各地建设"公园城市"的步伐不断加速升级，对于"公园城市"理念、内涵、模式、指数、评价的研究也不断深入。如何准确衡量评价公园城市建设成效是当下留给公园城市建设者的时代问题。本书围绕国内外机构和学者与"公园城市的相关评价指数"进行分析与介绍。

#### 3.3.1.1 IUCN城市自然指数

为了使城市更易于进行生态监测，IUCN和合作伙伴开发了城市自然指数（UNI），即由30个嵌套在六个主题中的指标专题组成的新方法框架（表3-5）。该框架覆盖了生态影响的三个层级：城市、生物区域和全球。（来源于IUCN官方网站：IUCN Urban Nature Indices: A Methodological Framework | IUCN Urban Alliance）。

**IUCN 城市自然指数概述** 表 3-5

| 主题 | 指标 | 主题 | 指标 |
|---|---|---|---|
| 1. 消费驱动因素 | 物质消耗 | 2. 人为压力 | 城市蔓延 |
| | 危害性采集 & 贸易 | | 水污染 |
| | GHG 排放 | | 噪声污染 |
| | 不可持续的饮食 | | 光污染 |
| | 用水量 | | 入侵物种 |
| 3. 栖息地状况 | 土地使用/保护 | 4. 物种状况 | 动物物种 |
| | 生态系统恢复（陆地） | | 植物物种 |
| | 海岸线 & 河岸线 | | 功能多样性 |
| | 植被 | | 微生物群 |
| | 连通性 | | 特有种 |
| 5. 自然对人的贡献 | 自然接触 | 6. 治理措施 | 规划 |
| | 接触自然的机会 | | 法律 & 政策 |
| | 人类健康 | | 教育 |
| | 生计 | | 管理 |
| | 自然胜地 | | 激励措施 & 参与 |

### 3.3.1.2 温哥华 2015—2020 更绿色城市行动计划

该计划列出了 10 个目标领域和 15 个可量化的指标，分组为零碳、零废弃和健康的生态系统三个方面，每一项指标都有一个长期目标和 2020 年目标，并制定了 2050 年气候和可再生能源的长期目标。

### 3.3.1.3 美国 ParkScore 指数

该指数是美国 100 个人口最多城市的公园建设评价，根据五个类别来衡量公园系统：面积、进入、投资、服务设施和权益。该评价的一个重要结论表明，美国有一亿人（包括 2800 万儿童），在离家 10 分钟步行路程内没有公园。

此外，欧洲、美国、日本、新西兰等国家和地区也发布了一些相关的指标体系，具体指标体系见表 3-6。

**国外代表性指标体系特点**  表 3-6

| 指标体系 | 一级指标 | 指标数 | 特点 |
| --- | --- | --- | --- |
| 英国可持续发展指标体系 | 环境质量、生活质量、未来发展 | 58 项 | 缺少文化、经济发展的评价,服务于制度建设,侧重对环境状况的考量 |
| 芬兰可持续发展指标体系 | 生态、经济、社会文化 | 19 项 | 缺少对人居环境、制度保障的考量 |
| 欧盟生态城市指标体系 | 城市结构、交通、能源资源、社会经济 | 24 项 | 以城市空间高度协同多中心为指导理念,而忽视了对人与自然和谐相处的考量 |
| 美国可持续发展指标体系 | 经济、教育、环境、政府、健康、居住、人口、安全、娱乐、资源、社会 | 104 项 | 强调公共参与,考量维度全面,但指标体系过于庞大 |
| 美国准备经济分析的导则 | 环境政策效果、效益、成本 | — | 从"成本—收益"角度对可持续发展政策衡量 |
| 美国认真度指标 | 可持续、精明增长、土地规划、交通规划、减少污染的努力、能源资源的保护计划与效率、组织协调治理 | 34 项 | 侧重于对政府管理的考量,而缺少对城市整体经济、生态、人居、文化的考量 |
| 新西兰玛努卡市可持续发展指标体系 | 归属感、安全、建筑质量、健康、经济增长、教育就业、环境 | 40 项 | 侧重于从公民的主观角度评价,缺少客观性指标 |
| 日本循环经济指标体系 | 物质流动、社会努力 | 10 项 | 着重考量工农业的可持续发展 |

## 3.3.2 国内相关指标体系研究

国内相关评价体系主要有生态文明指标体系及绿色发展指标体系两类。

### 3.3.2.1 生态文明建设试点示范区指标体系

生态文明建设试点示范区指标体系是在 2013 年由原环境保护部根据党的十八大提出的建设生态文明的要求所制定的指标体系。该指标体系分为地级市、县/区的两类指标体系。地级市与县/区分别包含指标 30 个和 29 个,从生态经济、生态环境、生态人居、生态制度、生态文化五方面评价。在县/区级指标体系和市级指标体系中,生态制度和生态文化的指标是一致的,生态制度考核政府环境安全监管责任和企业环境安全主体责任的落实,生态文化则考核当地生态文明的良好社会氛围的形成情况。而在另外三个系统上,县/区和市级的指标则有所差异,县/区级指标对农业生产更重视而市级注重宏观生态环境的把控。

但其中有一些指标定义不明确，获取难度较大，如资源产出增加率、产业结构相似度、本地物种受保护程度等。此外，主要农产品中有机、绿色食品种植面积的比重等指标未随国家标准更新，可以进一步完善。

#### 3.3.2.2 国家生态文明先行示范区建设目标体系

国家生态文明先行示范区建设目标体系是由国家发展改革委同财政部、原国土资源部、水利部、原农业部、原国家林业局共同发布的。该指标体系更关注城镇工业污染对生态环境的影响，对绿色产业的转化衡量较少。该指标体系的评价目标是推进新型工业化，降低工业能耗和建设新型城镇，加大对自然生态系统和环境保护的力度。该指标体系评价对象主要是城镇（市/区），评价内容包括经济发展质量、资源能源节约利用、生态建设与环境保护、生态建设培育以及体制机制建设，共51项指标。由于这份指标体系仍在试点阶段，无相应的指标标准值。

#### 3.3.2.3 绿色发展指标体系

绿色发展指标体系是最新的生态文明相关的指标体系，是国家发展改革委、国家统计局、原环境保护部和中央组织部在2016年发布的。该指标体系是根据《关于加快推进生态文明建设的意见》《生态文明体制改革总体方案》具体制定的，用于衡量节能减排、大气污染防治、严格耕地保护等制度开展情况。

该指标体系的评价对象为省域，评价内容包括资源利用、环境治理、环境质量、生态保护、增长质量、绿色生活、公众满意程度7方面，共56项评价指标，采用综合指数法计算生成绿色发展指数，衡量地方每年生态文明建设的成果进展，侧重于工作引导。该指标体系为年度评价，同时五年规划期内年度评价的综合结果也将纳入生态文明建设目标考核。

该指标体系服务于制度建设和政策实施，侧重考核领导干部在资源环境保护的政绩，关注公众满意程度等绿色惠民的政策，以目标性考核为主，指标间联系较少。

#### 3.3.2.4 贵阳市建设生态文明指标体系

贵阳市建设生态文明指标体系是2008年贵阳市建立的。该指标体系涵盖了生态经济、生态环境、民生改善、基础设施、生态文化和廉洁高效 6 方面共 33 项指标，对贵阳市生态文明城市的建设进行了量化的监测评估。

该指标体系是我国第一套完整、可操作性强的生态文明城市的动态指标体系。它是一套贴合城市生态文明发展的指标体系，对空间布局以及生态文明建设任务都进行了具体量化，对西部乃至全国很多城市的生态文明指标体系的建设都具有示范和先导作用。该指标体系对贵阳成为我国首个生态文明示范城市起到了关键作用。

#### 3.3.2.5 县域"绿水青山"发展评价指标体系

县域"绿水青山"发展评价指标体系是目前最新的针对县域"绿水青山"建设情况的评价指标体系。该指标体系以县域特色经济、生态环境、民生发展、保障体系 4 方面共 21 个指标，对全国县域"绿水青山"建设和发展情况进行了量化评价和案例应用。

该指标体系是我国第一套、针对县域科学性高、可落地性强的动态指标体系。该指标体系侧重于提取"绿水青山"示范县发展路径核心因子，在进行评价的同时，对县域发展进行指导，并进行案例应用，总结可推广的"绿水青山"发展模式。该指标体系对我国县域"绿水青山"发展起到了关键作用。

#### 3.3.2.6 湖北省地方标准《公园城市建设指南》

湖北省基于当地城市规划、建设、管理的现状和需求，拟定了具有湖北特色的地方标准《公园城市建设指南》DD42/T 1520—2019，该标准从规划要求、生态环境、公园体系、生活环境、安全环境、特色风貌、产业发展、社会治理八个方面对公园城市建设提出了建设要求，并提出公园城市规划、建设和治理指标 38 项。

#### 3.3.2.7 中国风景园林学会《公园城市评价标准》（2022 年发布）

中国风景园林学会团体标准。围绕"人、城、园（大自然）"三元素，按照"规划—建设—治理"的过程逻辑，提出生态环境优美、人居环境美好、生活舒适便利、城市安全韧性、城市特色鲜明、城市发展绿色、社会和谐善治 7 个重点建设目标（表 3-7）。将公园城市建设目标设置 3 个等级，分别为初级、基本建成级、全面建成级。

**国内代表性指标体系特点** 表 3-7

| 指标体系 | 一级指标 | 指标数 | 特点 |
|---|---|---|---|
| 生态文明建设试点示范区指标体系 | 生态经济、生态环境、生态人居、生态制度、生态文化 | 30/29 项（市/县） | 评价对象分为县、市，考虑到不同功能区划特点，存在指标值不易获取、标准未更新等问题 |
| 国家生态文明先行示范区建设目标体系 | 经济发展质量、资源能源节约利用、生态建设与环境保护、生态建设、体制机制 | 51 项 | 评价对象主要为市、区，注重工业生产对环境的影响，而不从城市整体的"绿水青山"建设进行考量 |
| 绿色发展指标体系 | 资源利用、环境治理、环境质量、生态保护、增长质量、绿色生活、公众满意 | 56 项 | 评价对象为省域，服务于制度建设和政策实施 |
| 贵阳市建设生态文明指标体系 | 生态经济、生态环境、民生改善、基础设施、生态文化、廉洁高效 | 33 项 | 评价对象为城市，动态性及可操作性强，但贴合地域特色，全国普适性不足 |
| 县域"绿水青山"发展评价指标体系 | 特色经济、生态环境、民生发展、保障体系 | 21 项 | 评价对象为县域，科学、动态评价县域"绿水青山"发展情况，但评价对象是"县域"，对城市适用性小 |
| 中国风景园林学会《公园城市评价标准》 | 生态环境优美、人居环境美好、生活舒适便利、城市安全韧性、城市特色鲜明、城市发展绿色、社会和谐善治 | 72 项 | 评价对象为设区的城市，规定评价等级，评价指标丰富多样，但评价过程较为复杂，量化评价具有难度 |
| 湖北省地方标准《公园城市建设指南》 | 规划要求、生态环境、公园体系、生活环境、安全环境、特色风貌、产业发展、社会治理 | 38 项 | 适用于湖北省行政辖区，指标科学性、创新性有待进一步提升 |

## 3.3.3 公园城市建设系列评价指数研究

### 3.3.3.1 天府新区公园城市指数框架体系

基于天府新区公园城市建设实践探索，中国城市规划学会和四川天府新区管委会于 2020 年开展公园城市指数研究，于 2022 年发布"1-5-15"公园城市指数框架体系。该框架体系围绕 1 个总体目标，即和谐美丽、充满活力的永续城市；聚焦 5 大领域，即和谐共生、品质生活、绿色发展、文化传承、现代治理；构建了 15 个指数，即安全永续、自然共生、环境健康、城园融合、田园生活、人气活力、生态增值、生态赋能、绿色低碳、文化传承、文化驱动、开放包容、依法治理、基层治理、智慧治理。该指数框架体系为公园城市建设提供了目标导航和度量标尺（图 3-4、图 3-5）。

图 3-4　公园城市指数框架体系示意图

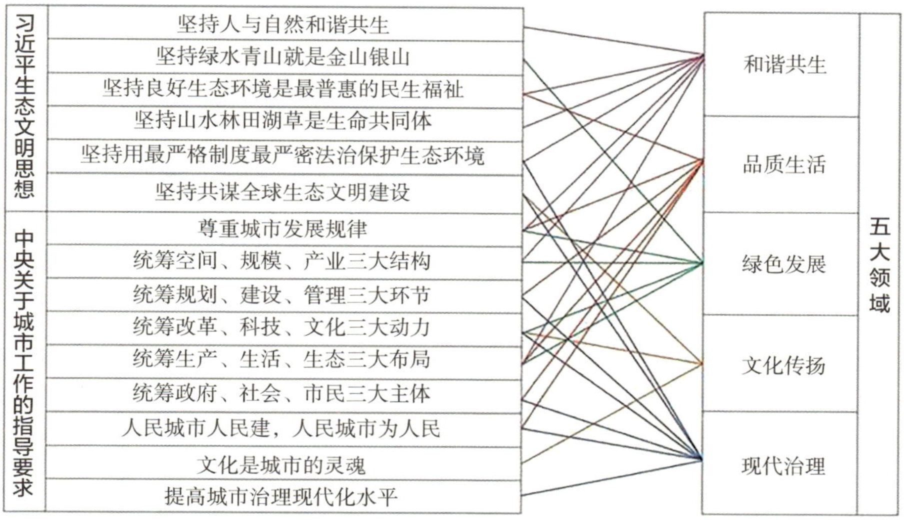

| 习近平生态文明思想 | 坚持人与自然和谐共生 | | |
| --- | --- | --- | --- |
| | 坚持绿水青山就是金山银山 | 和谐共生 | 五大领域 |
| | 坚持良好生态环境是最普惠的民生福祉 | | |
| | 坚持山水林田湖草是生命共同体 | | |
| | 坚持用最严格制度最严密法治保护生态环境 | 品质生活 | |
| | 坚持共谋全球生态文明建设 | | |
| 中央关于城市工作的指导要求 | 尊重城市发展规律 | | |
| | 统筹空间、规模、产业三大结构 | 绿色发展 | |
| | 统筹规划、建设、管理三大环节 | | |
| | 统筹改革、科技、文化三大动力 | | |
| | 统筹生产、生活、生态三大布局 | 文化传扬 | |
| | 统筹政府、社会、市民三大主体 | | |
| | 人民城市人民建，人民城市为人民 | | |
| | 文化是城市的灵魂 | 现代治理 | |
| | 提高城市治理现代化水平 | | |

图 3-5　公园城市指数五大领域逻辑推导

### 3.3.3.2 成都建设践行新发展理念的公园城市示范区指标体系

2022年8月成都市委市政府印发《关于做优做强中心城区、城市新区、郊区新城进一步完善城市功能的实施意见》，从绿色生态、宜居生活、宜业活力、治理效能4个维度，空间格局、公园体系、生态环境等26个领域，结合成都公园城市建设实践，归纳提出113个指标，并提出2025年目标值。该指标内容围绕示范区建设，涵盖领域丰富，指标较全面，目标值设定符合成都实际，具有一定的参考价值（表3-8）。

**成都建设践行新发展理念的公园城市示范区指标体系（试行）** 表3-8

维度一：绿色生态

| 序号 | 领域 | 指标 | 2025年目标值 | 单位 |
|---|---|---|---|---|
| 1 | 空间格局 | 耕地保护红线面积 | 严格落实国家划定指标 | km$^2$ |
| 2 | | 永久基本农田面积 | 严格落实国家划定指标 | km$^2$ |
| 3 | | 生态保护红线面积 | 严格落实国家划定指标 | km$^2$ |
| 4 | | 全域国土开发强度 | ≤ 30 | % |
| 5 | | 中心城区人口密度 | ≤ 1.42 | 万人/km$^2$ |
| 6 | | 蓝绿空间占比 | ≥ 78 | % |
| 7 | | 森林覆盖率 | ≥ 41 | % |
| 8 | 公园体系 | 建成区绿化覆盖率 | ≥ 45 | % |
| 9 | | 累计建成各类公园 | ≥ 1000 | 个 |
| 10 | | 公园绿化活动场地服务半径覆盖率 | ≥ 90 | % |
| 11 | | 每万人拥有绿道长度 | ≥ 2 | km |
| 12 | 生态环境 | 水土保持率 | 79 | % |
| 13 | | 地表水达到或好于Ⅲ类比例 | ≥ 96.5 | % |
| 14 | | 城市空气质量优良天数比率 | ≥ 83.7 | % |
| 15 | | 受污染耕地安全利用率 | ≥ 94 | % |
| 16 | | 生活垃圾资源化利用率 | >65 | % |
| 17 | | 修复大熊猫栖息地面积 | ≥ 200 | km$^2$ |

续表

维度一：绿色生态

| 序号 | 领域 | 指标 | 2025年目标值 | 单位 |
|---|---|---|---|---|
| 18 | 价值转化 | 绿色低碳优势产业规模 | ≥3000 | 亿元 |
| 19 | | 节能环保产业营业收入 | ≥1800 | 亿元 |
| 20 | | 绿色技术创新市级以上平台个数 | ≥150 | 个 |
| 21 | | 启动建设川西林盘 | ≥1000 | 个 |
| 22 | 城市风貌 | 历史建筑累计认定数量 | ≥480 | 处 |
| 23 | | 历史建筑、工业遗产有效利用率 | ≥50 | % |
| 24 | | 城中村改造量 | 6800 | 户 |
| 25 | | 老旧片区有机更新 | 173 | 个 |
| 26 | | 打造特色商业街区 | 200 | 条 |
| 27 | 城乡融合 | 常住人口城镇化率 | ≥80 | % |
| 28 | | 城乡居民收入倍差 | <1.7∶1 | — |
| 29 | | 休闲农业和乡村旅游收入 | ≥700 | 亿元 |

维度二：宜居生活

| 序号 | 领域 | 指标 | 2025年目标值 | 单位 |
|---|---|---|---|---|
| 30 | 养老托育 | 新增普惠性养老床位数 | ≥10000 | 张 |
| 31 | | 65岁以上老年人健康管理率 | ≥75 | % |
| 32 | | 每千人口拥有3岁以下婴幼儿托位数 | ≥4.74 | 个 |
| 33 | | 普惠性幼儿园覆盖率 | ≥88 | % |
| 34 | 医疗教育 | 人均预期寿命 | ≥82.42 | 岁 |
| 35 | | 每千人口医疗卫生机构床位数 | ≥8 | 张 |
| 36 | | 每千常住人口执业（助理）医师数 | ≥4.5 | 人 |
| 37 | | 义务教育优质均衡区（市）县比例 | ≥60 | % |
| 38 | | 劳动年龄人口平均受教育年限 | ≥12 | 年 |

续表

| 维度二：宜居生活 | | | | |
|---|---|---|---|---|
| 序号 | 领域 | 指标 | 2025年目标值 | 单位 |
| 39 | 住房保障 | 保障性住房覆盖率（常住人口） | 100 | % |
| 40 | | 新建住宅小区物业覆盖率 | 100 | % |
| 41 | | 人均住房建筑面积 | ≥ 38 | m² |
| 42 | 交通体系 | 中心城区建成区平均通勤时间 | ≤ 35 | min |
| 43 | | 中心城区公共交通占机动化出行分担率 | ≥ 60 | % |
| 44 | | 每万人轨道交通里程 | ≥ 0.6 | km |
| 45 | | 铁路公交化运营里程 | ≥ 560 | km |
| 46 | 品质社区 | 城市一刻钟便民生活圈覆盖率 | 100 | % |
| 47 | | 社区综合体居民覆盖率 | ≥ 70 | % |
| 48 | | 社区美空间 | 235 | 个 |
| 49 | 低碳生活 | 生活垃圾无害化处理率 | 100 | % |
| 50 | | 中心城区绿色出行比例 | ≥ 70 | % |
| 51 | | 新能源汽车充电桩 | ≥ 16 | 万个 |
| 52 | | 新能源车辆保有量 | ≥ 60 | 万辆 |
| 53 | 文化彰显 | 文创产业增加值 | ≥ 3100 | 亿元 |
| 54 | | 天府文化地标 | ≥ 130 | 座 |
| 55 | | 国家4A级及以上旅游景区 | 60 | 个 |
| 56 | | 具有国际国内影响力的博物馆 | ≥ 15 | 家 |
| 57 | | 大中型音乐演艺场所 | ≥ 60 | 个 |

续表

| | | 维度三：宜业活力 | | |
|---|---|---|---|---|
| 序号 | 领域 | 指标 | 2025年目标值 | 单位 |
| 58 | 经济发展 | 地区生产总值规模 | 2.6~2.8 | 万亿 |
| 59 | | 人均地区生产总值 | 12 | 万元/人 |
| 60 | | 社会消费品零售总额 | 1.1 | 万亿 |
| 61 | 绿色转型 | 新能源及其他能源消费比重 | ≥2 | % |
| 62 | | 单位GDP二氧化碳排放降低 | ≥18 | % |
| 63 | | 万元GDP用水量 | ≤24 | $m^3$ |
| 64 | | 城镇新建建筑执行绿色建筑比例 | 100 | % |
| 65 | 创新创业 | 每万名就业人员中研发人员 | ≥105 | 人 |
| 66 | | 每万人口高价值发明专利拥有量 | ≥16 | 件 |
| 67 | | 全社会研发经费投入年均增长 | ≥8 | % |
| 68 | | 科技进步贡献率 | ≥68 | % |
| 69 | 建圈强链 | 建设高标准农田面积 | ≥130 | 万亩 |
| 70 | | 高技术制造业营业收入占规上工业比重 | ≥42 | % |
| 71 | | 国家先进制造业集群 | ≥4 | 个 |
| 72 | | 数字经济核心产业增加值占GDP比重 | ≥14 | % |
| 73 | | 生产性服务业增加值占GDP比重 | ≥35 | % |
| 74 | 金融服务 | 本外币各项存款余额 | ≥6.5 | 万亿元 |
| 75 | | 金融业增加值规模 | ≥2800 | 亿元 |
| 76 | | 上市公司总量 | ≥180 | 家 |
| 77 | 开放枢纽 | 进出口总额年均增长 | 5 | % |
| 78 | | 航空货邮吞吐量 | ≥100 | 万t |
| 79 | | 机场年旅客吞吐量 | ≥8000 | 万人次 |

续表

### 维度三：宜业活力

| 序号 | 领域 | 指标 | 2025年目标值 | 单位 |
| --- | --- | --- | --- | --- |
| 80 | 开放枢纽 | 国际班列开行数量 | ≥5000 | 列 |
| 81 | | 国际互联网数据专用通道 | ≥140 | Gbps |
| 82 | 多元消费 | 消费对经济增长的贡献率 | ≥60 | % |
| 83 | | 旅游总收入 | ≥6300 | 亿元 |
| 84 | | 城市商圈数量 | ≥42 | 个 |
| 85 | | 打造示范性创新消费场景 | ≥40 | 个 |
| 86 | 营商环境 | 营商环境指数 | 进入全国先进档次 | — |
| 87 | | 世界500强企业入驻数 | ≥300 | 家 |
| 88 | | 实际利用外资年均增长 | ≥5 | % |
| 89 | | 普通程序行政处罚案件网上办理率 | ≥90 | % |
| 90 | 就业水平 | 新增就业人数 | ≥115 | 万人 |
| 91 | | 城镇调查失业率 | <5.5 | % |
| 92 | | 居民人均可支配收入增长 | 与GDP增长基本同步 | % |

### 维度四：治理效能

| 序号 | 领域 | 指标 | 2025年目标值 | 单位 |
| --- | --- | --- | --- | --- |
| 93 | 智慧治理 | 政务云基础算力 | ≥15 | 万核 |
| 94 | | 感知终端数 | ≥5000 | 万 |
| 95 | | 5G基站数 | ≥9 | 万个 |
| 96 | | 网上政务服务能力 | 全国领先 | — |
| 97 | | 社会诉求"一键回应"问题解决率 | ≥85 | % |
| 98 | | 智慧蓉城运行管理平台场景数量 | ≥110 | 个 |
| 99 | | "天府市民云"集成服务事项数 | ≥1000 | 个 |

续表

维度四：治理效能

| 序号 | 领域 | 指标 | 2025 年目标值 | 单位 |
|---|---|---|---|---|
| 100 | 安全韧性 | 粮食综合生产能力 | ≥ 230 | 万 t |
| 101 | | 能源综合生产能力 | ≥ 650 | 万吨标准煤 |
| 102 | | 全市用水总量控制 | ≤ 70.85 | 亿 m³ |
| 103 | | 重大传染病疫情有效处置率 | 100 | % |
| 104 | | 建成区海绵城市（年径流总量控制率达到70） | ≥ 50 | % |
| 105 | | 地下综合管廊总里程 | ≥ 360 | km |
| 106 | | 人均避难场所面积 | ≥ 2 | m/人 |
| 107 | 基层治理 | 居民小区（院落）"四有一化"完成率 | 100 | % |
| 108 | | 社区群众工作之家设立率 | 100 | % |
| 109 | | 示范智慧社区建设数量 | ≥ 100 | 个 |
| 110 | 内涵发展 | 民生支出占一般公共预算支出比重 | ≥ 70 | % |
| 111 | | 单位国内生产总值建设用地使用面积下降率 | ≥ 20 | % |
| 112 | | 新增城市地下空间建筑面积 | ≥ 3000 | 万 m² |
| 113 | | TOD 示范项目基本呈现 | ≥ 14 | 个 |

#### 3.3.3.3 公园城市"两山"发展指标体系构建

聚焦"两新"时代使命、"三区"发展定位、"三高"建设要求和"四个着力"重点任务，成都市公园城市建设发展研究院与浙江大学张清宇教授团队合作，持续开展公园城市"两山"发展指数研究。该研究从生态经济、生态环境、生态人居、生态文化、制度体系 5 个维度确定 40 个指标，初步构建了公园城市"两山"发展指标体系，并对全国 34 个主要城市的"两山"发展指数进行初步核算，本文选取成都、杭州、深圳三个城市进行"两山"发展指数核算分析（表 3-9）。

公园城市"绿水青山"发展指数指标体系                                    表 3-9

| 维度 | 指标 |
| --- | --- |
| 生态经济 | 人均 GDP |
| | 经济生态生产总值（GEEP） |
| | 城乡居民人均可支配收入 |
| | 生态建设经济增加值 |
| | "三新"经济增加值 GDP 占比 |
| | 绿色第二产业对 GDP 的贡献度 |
| | 第三产业对 GDP 的贡献度 |
| | 绿色发展指数 |
| 生态环境 | 生态环境状况指数 |
| | GDP 自然资源消耗值 |
| | 生态带绵延度 |
| | 物种多样性指数 |
| | 环境空气优良天数 |
| | 地表水水体优良率 |
| | 土壤质量达标率 |
| | 城市功能区声环境达标率 |
| 生态人居 | 幸福指数 |
| | 蓝绿空间指数 |
| | 公众对公园城市建设满意程度 |
| | 城市智慧化水平 |
| | 千人绿道长度 |
| | 绿道服务设施丰度 |
| | 城市公园绿地 500m 服务半径覆盖率 |
| | 绿色交通分担率 |
| 生态文化 | 生态的人文价值转化率 |
| | 公园城市的美域度 |
| | 生态文化发展指数 |
| | 公众共建共享指数 |

续表

| 维度 | 指标 |
|---|---|
| 生态文化 | 生态文明宣传教育普及 |
| | 城市省级以上非遗万人拥有量 |
| | 高等教育毛入学率 |
| | 万人博物馆面积 |
| 制度体系 | 健康寿命年 |
| | 生态空间执行率 |
| | 公园城市建设质量纳入政绩考核 |
| | 每千名老人拥有的养老床位数 |
| | 每千人拥有医生数 |
| | 低保人口比例 |
| | 生态文化推广体系 |
| | 城市生态建设相关荣誉 |

### 3.3.3.4 公园城市"两山"发展指标体系应用

该研究将2018年作为评价年确定指标值的年份，抽取国内省会及生态建设较好的城市进行公园城市"绿水青山"发展指数核算，将评价标准划分为如表3-10所示的五个等级。将各城市计算出的公园城市"绿水青山"发展指数与之对比即可得到当前该城市的公园城市"绿水青山"发展程度。

**公园城市"绿水青山"发展指数划分标准**　　表3-10

| 评价等级 | 划分标准 | 综合指数 | 公园城市"绿水青山"发展水平 |
|---|---|---|---|
| A+ | [0, 10%) | (0.600, 1.000] | 优秀 |
| A | [10%, 25%) | (0.489, 0.600] | 良好 |
| B | [25%, 50%) | (0.399, 0.489] | 及格 |
| C | [50%, 75%) | (0.318, 0.399] | 较差 |
| D | [75%, 100%] | [0.221, 0.318] | 差 |

公园城市"绿水青山"建设的关键就在于将弱势项进行优化，找到适应当地社会发展的平衡点。通过分析不同公园城市"绿水青山"发展程度的城市的五大指数值，可以得到不同公园城市"绿水青山"发展层次的分指标分布趋势。通过对比成都、杭州、深圳三个城市的公园城市"绿水青山"发展情况，可以明确各个城市在建设过程中的优缺点，并借鉴城市的成功经验，为后续的公园城市建设提供指导意见。

在综合指数方面，成都和杭州这两个城市在"绿水青山"发展中各方面都较均衡，在维护好生态环境质量的同时，都注重生态价值转化。虽然这两个城市的公园城市"绿水青山"发展水平相近，但发展路径有所区别。相较于成都，杭州公园城市"绿水青山"建设在生态经济方面得到较大发展，这得益于2003年杭州提出的建设生态城市目标，其不断调整产业结构、倒逼企业转型，不断吸引人才和创新企业，让生态友好型产业和"绿水青山"产业推动生态经济增长。而成都市则在生态人居方面优于杭州，很好地弥补了生态经济的不足，生态人居的建设不仅为成都旅游业带来了机遇，同时传播了成都文化，还吸引了大批人才和企业前往，从而进一步促进了成都"绿水青山"价值转化。成都"绿水青山"发展取得的成果得益于其公园城市建设，其在公园城市建设过程中的经验可供其他城市参考。

在生态经济方面，成都市生态经济建设相较于杭州、深圳较弱。成都人均GDP、城乡居民可支配收入、第三产业对GDP贡献度、绿色发展指数与杭州、深圳都存在着差距，在一定程度上这与三所城市经济发展现状和经济结构的不同有关。成都市近几年虽然经济发展迅速，涌现了多个独角兽企业，绿道建设也为成都带来了生态价值的提升，推动了生态经济的增长，但居民富裕程度与东部沿海城市相比差距还是较大。同时，成都市的绿色发展水平也存在不足，生态型"绿水青山"产业占比和多样性需要进一步提高。目前成都正在开展生态经济增加值相关研究，这也是成都市探索适合自己"绿水青山"经济发展路径的重要一环，值得其他城市借鉴。

三个城市生态环境指标相差不大，生态环境发展已经有了保障基础，同时三个城市的生态环境分指标发展趋势基本一致发展趋势有所相似。在生态环境指标中三个城市的生态环境状况指数分值最大，其他各项分布平均，在接下来的生态环境建设中还需要进一步加强其他分指标的建设。三个城市虽然生态环境指标分值较近，但各自优势项有所差异。杭州生态环境状况指数最优，说明其生态环境一直都保持得比较好；成都物种多样性具有明显优势，物种多样性有助于维持生态平衡；而深圳的优势则体现在土壤质量达标率，在本研究数据采集过程中，只有深圳公布了土壤质量达标率，信息公开透明也是生态环境建设的保障。

三个城市生态人居发展趋势存在相似，但成都更加注重公众对公园城市建设的满意程度，这也是成都生态人居最优的关键所在，杭州和深圳在进行公园城市"绿水青山"发展的生态人居建设时还需进一步增加公众的参与情况。同时，成都绿道建设无论是服务设施丰度还是长度都较好，这与城市幸福指数呈正相关，也进一步提高了生态人居水平。因此，成都在"绿水青山"发展过程中的绿道建设经验可以为国内城市提高幸福指数，提高生态人居水平提供借鉴。

在对城市文化建设和生态理念的宣传教育上，三个城市都有一定基础。其中，杭州和成都作为中国古都，历史文化底蕴深厚，这两个城市充分利用这一优势在输出文化的同时，形成了新时代生态文化。

成都和杭州的制度体系建设情况相似，杭州市生态空间执行率高，而成都市则成立了公园城市建设管理局，深圳与前两者相差较大。在对居民生活和生态环境保障上，三个城市均有了一定基础，其中，杭州、深圳缺少对公园城市建设的明确制度保障，成都和深圳则缺少生态空间执行率。成都在下一步制度建设过程中，明确了要增加相应的考核体系，增强和完善生态空间执行率的保障措施。

## 3.3.4 公园城市信息平台建设与动态评估

### 3.3.4.1 平台建设背景

21世纪以来，随着新一代信息技术的快速发展，大数据分析、仿真建模、云平台、物联网及人工智能等技术逐步运用到城市各领域。信息技术逐步成为实现城市智慧化的重要手段。城市运行和管理逐渐突破传统方式的局限，信息技术的赋能带来了更全面、更精准、更理性的科学决策和高效运行。在城市规划、城市建设和城市治理等领域已有多个团队进行了前沿技术的创新应用研究，如清华大学软件学院BIM课题组研发的BIM-Checker智能工具，可以在多种规范、标准的指导下，自行检测 BIM 模型，并出具合理准确的检测结果，为 BIM 未来更深层次的应用以及智慧城市治理提供支持。以 BIM 模型技术为基础，CIM、LIM 模型也被逐步提出，如同济大学团队自 2010 年开始研究城市智能 CIM 模型（city intelligent model，CIM），梳理出 CIM 模型从园区管理中枢系统到融合城市大脑、小脑及迷走神经系统的综合智能系统的发展过程，探索新的城市研究方法。各行各业都在加入数字化转型的时代浪潮中，相信在信息技术高速发展的未来，城市的发展也会更智能、更科学。成都市公园城市建设发展研究院运用现代信息技术，围绕公园城市典型特征，探索公园城市生态绿地智慧信息平台的建设。

#### 3.3.4.2 平台建设策略

围绕公园城市目标，深入调研并建立多层次、多方面角色的需求模型，通过科学的顶层设计，搭建统筹、协同、科学、清晰的技术架构和运行流程，依托地理信息技术和新型前沿信息技术，探索跨部门数据横向协同、跨层级数据纵向打通的多领域关联、多层级嵌套的共享交换和智慧协同新模式，整合汇聚管理多源异构公园城市相关数据，建设具备灵活的信息交互显示、全量的数据资源联动调度、智能的分析研判学习等智慧功能的平台。其支撑公园城市建设管理的数字化转型，促使公园城市建设管理从临时拉练向常态长效转变、从被动粗放向主动精细转变、从传统管治向现代法治转变。

公园城市生态绿地智慧信息平台具体包含四方面内容。一是顶层设计，系统集成、标准统一、数据主导、协同共治，科学统筹公园城市生态绿地智慧信息平台顶层设计；二是协同共治，整合信息，融合共享，实现业务系统纵向横向通畅；三是感知网络，基于影像对比、自动更新、3S 技术、物联网、传感器建立信息感知网络；四是智能推演，运用 AI 等技术对已有的数据、模型等进行学习积累，实现智能推演，辅助智慧决策。

#### 3.3.4.3 基于信息平台的动态监测

2018 年，着眼公园城市建设发展目标，以城市规划建设用地内的绿地信息为主体，打破行业边界，将全域森林、湿地、林盘、绿道等绿色空间信息纳入平台建设，实现生态绿色信息的全域化。整合 3S 集成技术、数据库技术、大数据分析和三维展示等技术，因地制宜地初步构建了覆盖全域、类别丰富、结构清晰、协同决策、特色运用的成都公园城市生态绿地信息平台。平台建成后已应用于成都市生态绿地分布特征及时空演变规律探索，实现多尺度空间、长时间序列的动态化、可视化展示，实时演算绿地率、公园绿地服务半径覆盖率等关键性指标，开展绿色空间与生活空间协同性分析等相关工作，较大地促进了公园城市生态绿地数字化升级转型。初步构建成都公园城市生态绿地动态监测体系，包括绿色空间演变、景观格局演变、公园绿地供需评价等内容。

### 1. 绿色空间演变

基于信息平台，综合运用遥感和 GIS 技术，对近十年来成都的绿色空间的时空变化进行分析，主要包括绿色空间的总体面积、不同类型绿色空间的面积变化以及不同时期绿色空间的转换特征。通过对绿色空间演变分析，厘清绿色空间演变因素，对于保护和规划城市绿色空间至关重要。

### 2. 景观格局演变

运用景观生态学方法，开展成都市绿地景观格局动态变化分析，通过监测斑块数、斑块类型面积、平均斑块面积、斑块密度、最大斑块指数、总边缘长度、边缘密度、形状指数等景观指数，反映快速城市化及城市扩张背景下成都的绿地景观演化过程。

### 3. 公园绿地供需评价

为提升城市公园绿地服务效率、优化绿地空间布局，构建公园绿地供需匹配指标评价体系，并在信息平台上建立匹配模型，定期通过供需匹配类型、耦合度和协调发展度动态评价成都公园绿地供需情况，为城市公园绿地的管理、建设提供理论支撑，而公园绿地供需评价对提升市民福祉及公园公平性至关重要。

# 第 4 章

# 建设实践

## 4.1 总体概述

### 4.1.1 生态文明引领的城市实践

公园城市是贯彻落实习近平生态文明思想的全新实践，公园城市理念提出后，成都市委作出加快建设美丽宜居公园城市的决定。公园城市作为生态文明引领城市发展的战略目标，作为全面体现新发展理念的城市表达，成都把创新、协调、绿色、开放、共享理念完整、准确、全面贯彻到公园城市建设发展治理各领域全过程。

成都的公园城市实践是生态文明引领的系统治理，不是单一的绿色生态空间建设。公园城市着眼于推动高质量发展、创造高品质生活、实现高效能治理，坚持以人民为中心，坚持生态优先绿色发展，将公园形态与城市空间有机融合，从理论探索、规划制定、政策法规出台、指标评价体系构建，到多层次、多类型的公园城市示范场景营造，使系统治理的战略谋划与充满活力的实践创新相得益彰。

### 4.1.2 公园城市建设实践成效概述

#### 4.1.2.1 统筹布局，构建城市与自然和谐共融的公园城市空间格局

以新发展理念编制支撑公园城市发展的国土空间规划，优化城镇空间、科学划定城市开发边界和生态红线，构建与生态资源禀赋、环境承载容量相适应的"一心两翼三轴多中心"城镇空间格局，推动城镇格局由"两山夹一城"向"一山连两翼"转变。着力改变单中心集聚、圈层式蔓延的发展模式，构建多中心、组团式、网络化的公园城市空间格局。西翼的中心城区呈"风车状"形态，绿环绕城、绿楔入城，实现了城市空间和生态空间、农业空间和谐共融。东翼的东部新区以森林、湿地、农田、绿地景观构筑生态绿隔，以沱江—绛溪河生态走廊为主轴，多层次生态廊道、东部绿道、生态路网交织成网，构建城市空间与生态空间嵌套耦合、和谐相融

的整体空间形态格局。

#### 4.1.2.2 全域增绿,保护修复"山水林田湖草"自然生态本底

依托山水交融的自然本底,构建公园城市"两山、两网、两环、六片"的全域绿色生态空间结构,保护全域绿色生态空间肌理,修复生态受损区域,推进全域增绿,强化绿色生态空间的完整性和连续性,形成覆盖全域的绿色生态空间系统。截至2021年底,全市森林覆盖率达40.33%,城市绿化覆盖率达44.08%,建成区绿地率达38.01%,人均公园绿地面积达11.74m²/人。

#### 4.1.2.3 "五绿润城",构建公园城市"青山绿道蓝网"生态骨架

统筹生产、生活、生态三大空间布局,以大尺度生态廊道区隔城市组群,以高标准生态绿道蓝网串联城市社区,推动公共空间与自然生态相融合。重点推进"五绿润城"行动,即建设大熊猫国家公园生态"绿肺"、龙泉山城市森林公园璀璨"绿心"、天府绿道体系城市"绿脉"、环城生态公园超级"绿环"和锦江公园精品"绿轴",完成龙泉山城市森林公园"增绿增景"14万亩,累计建成绿道总里程6158km。

#### 4.1.2.4 示范引领,推进先导性、引领性、创新性公园城市示范片区建设

以山水生态、天府绿道、乡村田园、城市街区、天府人文和产业社区6大公园场景为核心依托,建设山水型、绿道型、郊野型、街区型、人文型和产业型公园城市示范片区,按照"公园+"布局模式,依托公园、绿道等绿色资源和开敞空间,整合周边资源,促进业态融合发展,推动生态场景与消费场景、人文场景、生活场景渗透叠加,培育新经济,引导生态体验、文化创意、生活美学、体育运动等新兴业态和生活方式。2020年成都市启动首批76个公园城市示范片区建设,截至2021年已初步建成23个公园城市示范片区。

#### 4.1.2.5 共建共享,不断提升公园城市绿色生活幸福指数

成都始终围绕共建共享,把人民对美好生活向往作为公园城市建设的初心。一是让生态环境质量成为公园城市的底色。实施"铁腕治霾""重拳治水""科学治土"行动,2021年全市空气质量优良天数达299天,PM2.5

浓度降至 39.8μg/m³，中心城区遥望雪山次数从 2017 年 50 次增加到 2021 年 63 次，"窗含西岭"的胜景不断重现，"雪山下的公园城市"成为靓丽品牌。二是让公园社区成为市民美好家园。创新党建引领城乡社区发展治理模式，在旧城，将公园城市理念与城市有机更新结合，营建公园化人居环境；在新区，探索实践公园社区建设。三是让绿色服务成为民生普惠福祉。全面优化绿色公共服务供给，构建"轨道＋公交＋慢行"绿色交通体系，地铁网、公交网、绿道网融合，以社区绿道"回家的路"连接生活社区、公交站点、农贸市场、中小学校等设施。

## 4.2　系统建设

开展国土空间规划背景下各类生态空间保护创新研究和生态类专项规划。跨行业融合、多专业协作、信息化支撑、系统性创新、多规划融合，着眼公园城市示范区建设目标，面临多类用地交叉重叠的现实矛盾，围绕国土空间规划背景下的空间资源博弈，超前进行生态资源布局规划研究，通过城乡规划、林学、风景园林、地理信息等多专业人员协作，将城乡规划、土地利用规划、林地保护利用规划和绿地系统规划等多规划融合，以期实现空间落地。完成《公园城市森林空间布局规划研究》《公园城市湿地保护修复规划研究》等多项生态类规划研究成果。

### 4.2.1　公园城市空间形态塑造

保护市域生态系统，优化成都城乡形态，面向未来的可持续发展，推动市域城乡形态从"两山夹一城"向"一山连两翼"转变，形成"一心两翼三轴多中心"的多层次网络化城市空间结构：以龙泉山城市森林公园"都市绿心"为城市空间结构的"重心"，通过划定大型生态绿环和生态绿楔，严格管控中心城区城市形态；以森林、湿地、农田、绿地景观构筑城市生态绿隔，规划建设东部城市新区，与中心城区共同形成城市空间结构的"两翼"。强化多轴生长，形成南北城市中轴、东西城市轴线和龙泉山东侧新城发展轴"三轴"，维持城市形态与绿色空间相互交融的整体格局。着力改变单中心集聚、圈层式蔓延的发展模式，构建多中心、组团式、网络化的公园城市新格局。

#### 4.2.1.1　科学配置空间资源

创新编制国土空间规划，统筹划定三区三线，全面落实生态文明发展理念，以资源环境为前提，限定城市规模、布局、产业和形态，促进成都绿色发展、集约发展。结合双评价成果，以建设公园城市示范区为目标，锚固绿色空间底线，明确发展方向。将生态底线作为城镇空间布局必须避让的基本前提。保护成都平原良田沃土，布局发展大地自然景观。创新城市规划理念，有序疏解中心城区非核心功能，合理控制开发强度和人口密度。完善城市内部空间布局，调整优化生产生活生态空间比例，促进工业区、商务区、文教区、生活区及交通枢纽衔接嵌套，推动城市内部绿地水系与外围生态用地及耕地有机连接，适度增加战略留白，实现生产空间集约高效、生活空间宜居适度、生态空间山清水秀。

#### 4.2.1.2　锚固生态空间本底

保护山水生态基底、延续河网水系格局、严守耕地保护红线、落实各类保护功能区域，构建"两山、两网、两环、六片"的生态安全格局（图4-1）。

两山：构建以龙门山和龙泉山城市森林公园为基础的生态屏障。在成都市现状生态基底、水土保持、水源涵养及生物多样性保护等多个要素中，西侧龙门山和东侧龙泉山均是成都市重要的生态屏障。

两网：由岷江水系网和沱江水系网组成，贯穿城乡生态系统网络。两网是成都市重要的生态基底和水源涵养的重要区域，贯穿了整个成都市域，是维护市域生态安全格局的重要基础。

两环：即二绕、三绕生态环，避免出现城镇圈层式粘连发展。广袤的成都平原是成都市的重要生态本底，为了更好地保护城镇重要的生态空间使其不被侵占，控制都市核心区规模，构建"两环"作为重要的生态廊道。以适量的集中建设引导"两环"内既有零散村镇建设用地的减量和更新，

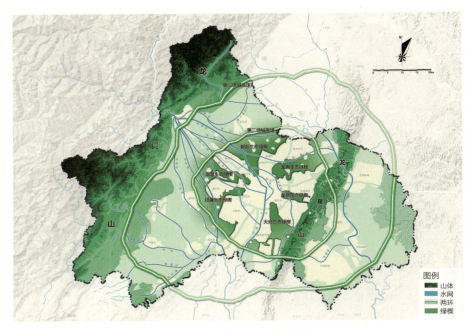

图 4-1　市域生态空间结构图
（图片来源：《成都市公园城市绿地系统规划（2021—2035 年）》）

逐步减少存量村镇建设用地，增加生态用地比例，提高生态用地使用率和环境质量；以"两环"生态公园的建设，严控双核及都市组团城镇发展规模，约束城市发展边界，防止城市连片扩张，并预留城市上风侧通风廊道，减轻城市热岛效应的影响。

六片：依托城市发展走廊、通风绿楔和都江堰精华灌区划定的"温郫都灌区、崇大灌区、邛蒲丘陵区、人民渠灌区—毗河青白江区、东部丘陵区、双流—新津农业区"六片生态绿隔区；二绕内部与龙泉山东侧的城镇隔离绿楔。充分发挥连片田园的生态阻隔作用，通过大型田园斑块保育，防止城区过度向西拓展，同时分离田园斑块内部城镇簇群。充分发挥田园地区气候调节作用，保证龙门山区产生的新鲜冷空气能够顺利输送至中心城区。

### 4.2.1.3　引导公园城市优美形态

（1）形成山水相融的优美城市形态。强化对临近山体、河流、公园、历史文化片区的"四边"区域建筑高度管控，形成透风见绿、疏密有致的城市空间形态。沿重要开敞空间重点构筑观山视域廊道，构建"望山见水"的城市景观眺望系统，再现"窗含西岭千秋雪"的盛景。结合天府广场、兴隆湖、天府公园、环城生态区等大型开敞空间，营造中轴线、门户地区、城市中心等城市标志性天际线。在东部城市新区，开发强度总体以中低强度为主，在城市中心、轨道交通站点可适当提高；在中心城区及其他城区，优化城市形态，降低开发强度，形成清新明亮、绿意盎然的宜人环境。

（2）构建绿道蓝网交织的全域公园体系。构建天府绿道体系，引领全域绿道建设，落实生态文明理念、践行绿色发展，探索成都特色绿道模式的全新实践，在新的城市发展阶段，充分响应高品质生活需求，积极回应市民美好生活向往，打造最普惠的民生工程。成都公园城市建设以生态为本底、以产业为支撑、以田园为基调、以文化为特色，依山、傍水、串园。全市层面，构建了最具代表性的"一轴、两山、三环、七带"（一轴为锦江绿道，两山为龙门山和龙泉山绿道，三环为锦城绿道、熊猫绿道和田园绿道，七带为主要河流滨河绿道）核心绿道骨架。维持和保护市域"沱江岷江两江、二十七河"的水系空间格局，加强对水库、湖泊周边的农田、林地、绿地的保护，建设水源涵养林，并充分利用现有的坑塘、洼地，在此基础上形成水面。结合成都市域的生态条件、资源禀赋等特色，形成自然公园、郊野公园和城市公园构成的全域公园体系，彰显"绿满蓉城、花重锦官、水润天府"的蜀川胜景，建成公园相联、城园相融的公园城市。

（3）改善城市通风环境。成都作为高静风频率城市，在保护风源的总体原则之下构建三级通风廊道体系，进一步明确其功能并对体系进行完善。一级通风廊道以保护风源为原则，通过科学方法研究风源空间规律，明确位于城市生态区的一级通风廊道；二级通风廊道以引风入城为原则，将自然风源引入城区，扩大风源效益，明确位于城市内部的二级通风廊道；三级通风廊道以补充风源为原则，构建促进冷热循环的气流交换通道，明确城区内部三级风道。

## 4.2.2 自然生态系统保护修复

森林、湿地是公园城市的重要生态基底，是公园城市的重要绿色生态空间，森林、湿地空间布局是国土空间规划背景下的重要基础性、前置性、关键性专项内容，其对保护自然生境、丰富生物多样性有着非常重要的作用。

### 4.2.2.1 构建市域森林

近年来，成都市全面开展市域森林构建探索研究工作，保护提升市域森林，围绕"保、补、筑、增"森林空间布局策略，构筑"绿斑—绿廊—绿网"完整的森林生态骨架，铺垫公园城市绿色肌理，营建公园城市森林生态系统（图4-2~图4-4）。四大策略为：

保：严格保护现有森林资源、优化提升森林质量。2021年底，成都市域森林覆盖率40.33%。森林作为公园城市最重要的生态系统之一，面临多类用地交叉重叠的现实矛盾。从历史成因、必要性、重要性多角度分析，严格保护现有森林资源、优化提升森林质量是必须的策略。

补：按照"占补平衡"的思路，探索补充因建设项目而征占的林地，同时，科学地创新探索提升"城市绿化"生态质量。

筑：构筑"绿斑—绿廊—绿网"森林生态骨架。通过强化零散化的绿斑，构建结构化的绿廊，织补系统化的绿网，构筑"绿斑—绿廊—绿网"完整的森林生态骨架，铺垫公园城市绿色肌理。

增：结合森林空间布局、城乡建设演变时序，在重要生态节点、重要生态片区、重要生态廊道、重

图4-2 现有森林资源分布图

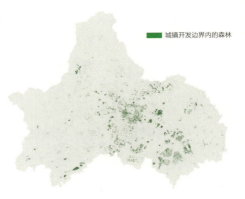

图4-3 城镇开发边界内森林分布图

图4-4 近期建设规划图—模型

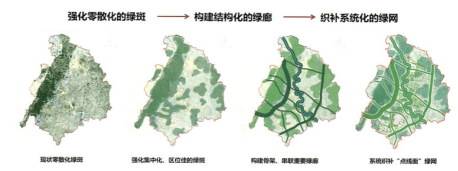

图 4-5　东部森林空间形态生长演变图
(图片来源:《东部新区生态园林景观规划》)

要生态区增加培育森林，优化森林结构，提升森林质量，增强碳汇能力，引导城市形态演变，铺就公园城市绿色基底，形成城市与自然和谐相融的公园城市森林生态景观格局。

根据成都市域生态本底空间特征，结合城市空间战略，生态相对脆弱的东部新区、天府新区是公园城市全域森林营建的重点。

东部新区森林生态系统营建。营建从自然区域渐进到城市区域的森林，构筑一山、一水、六片、十九绿廊、公园棋布的森林骨架空间结构。建成"山水呼应、绿楔入城、蓝绿交织、公园棋布"的森林空间布局结构。全面提升森林质量，全面完善生态结构，在森林生态骨架基础上，织补形成东部区域系统化的东部森林（图4-5）。

天府新区森林化建设。利用山水林田湖多元生态要素汇聚的优势，全域化、系统性、多空间、多层次地构建天府森林生态绿化体系，形成"一山、两楔、三廊、五河、十二带、十个森林公园和湿地公园森林斑块、万点微森林"的空间体系结构，织补系统化的森林"绿网"，营造具有天府新区特色的植物景观，推动多种方式增绿，科学推动"城市绿化"向"城市微森林"转变（图4-6）。

#### 4.2.2.2　保护修复全域湿地

通过构建湿地保护结构，划定湿地保护等级，加强湿地保护修复，提升湿地生态系统质量，实现全市湿地既定保有量。

构建"一核三江多带多点"的湿地保护空间结构。一核指中心城区水网渠系，严格保护环城生态公园、兴隆湖湿地公园等区域内的湿地，开展湿地网络保护、水系连通、河湖湿地岸带整治和景观提升。三江包括岷江、沱江和锦江，重点加强湿地保护、湿地生态效益补偿、湿地恢复建设和湿地可持续利用，提高水源涵养林比重，增加江河源头径流，提升水源涵养能力。多带指江安河、西河、毗河、邮江、斜江河等主要河流水系，构建河流生态廊道，修复河流自然岸线，建设生物滞留湿地，保证动物迁徙廊道的畅通，注重生物多样性保护。多点指市域境内的库塘、湖泊。加强饮用水源地水源涵养，以自然恢复、植被恢复等措施为主，恢复湿地功能，在水资源可支撑条件下，合理补充湖泊湿地和人工湿地（图4-7）。

图4-6 天府新区森林生态绿化体系结构图
（图片来源：《天府新区成都直管区公园城市——全域森林绿化空间布局规划》）

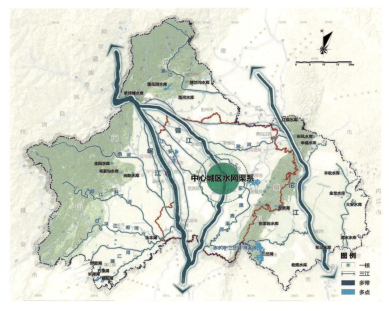

图4-7 市域湿地保护结构规划图
（图片来源：《成都市公园城市绿地系统规划（2021—2035年）》）

构建湿地保护等级体系。据湿地的生态区位、面积以及维护生态功能、生物多样性的重要程度，分为重要湿地和一般湿地 2 个湿地保护等级（表 4-1）。

市域湿地保护等级划分一览表  表 4-1

| 序号 | 等级 | 湿地名称 | 湿地类型 | 保护方式 | 备注 |
| --- | --- | --- | --- | --- | --- |
| 1 | 重要湿地 | 新津白鹤滩市重要湿地 | 河流湿地人工湿地 | 自然保护地体系自然公园 | 成都市第一批市重要湿地名录 |
| 2 | | 都江堰天府源市重要湿地 | 河流湿地人工湿地 | 饮用水水源保护区 | |
| 3 | | 邛崃小南河石河堰市重要湿地 | 河流湿地人工湿地 | | |
| 4 | | 蒲江长滩湖市重要湿地 | 人工湿地 | | |
| 5 | | 朝阳湖湿地 | 自然湿地 | 自然保护地体系中自然公园 | 拟纳入重要湿地 |
| 6 | | 龙泉湖湿地 | 人工湿地 | | |
| 7 | | 桤木河湿地公园 | 自然湿地 | | |
| 一般湿地 | | | 除重要湿地以外的湿地 | | |

加强湿地保护修复。一是加强湖库湿地保护，恢复退化湿地。加强紫坪铺水库、向阳水库、龙泉湖、三岔湖等湖库湿地的保护修复；在水资源可支撑条件下，恢复退化湿地；保护河流交叉水口天然湿地，因地制宜营建湿地群落。二是推进小微湿地建设。加强坑、塘和景观湖池等小微湿地的保护，提升湿地生态系统质量和稳定性，同时加大降雨就地消纳和利用比重，缓解城市内涝。三是开展湿地生物栖息地恢复。推进沱江、白沙河、柏条河等河流驳岸生态化改造，逐步恢复自然岸线；丰富湿地植物种类，培育水生生物群落，提升湿地生物多样性，营造健康湿地生境。

## 4.2.3 构建城市绿地系统

在建设践行新发展理念的公园城市示范区总体目标下，以习近平生态文明思想和绿色发展理念为引领，构建青山映城、蓝绿交织、城园相融、布局均衡、绿量充沛、生物多样、功能完善、景观优美、特色彰显的生态绿地系统，实现"绿漫蜀都、花重锦城、水润天府"盛景。

#### 4.2.3.1 厚植绿色生态本底

承接《成都市国土间总体规划（2020—2035 年）》等上位规划要求，顺应自然地理特征，构建市域生态保护格局。传导国土空间"双评价"结果，落实生态保护红线要求，划定生态控制区和城市绿线，保护市域重要生态空间和城区绿地空间。统筹市域森林、湿地等各类生态要素保护和修复，加强生物多样性保护，提高生态系统质量和稳定性。强化"两山、两网、两环、六片"的市域生态空间结构，形成覆盖全域、城乡一体的网络化布局模式。

（1）加强龙门山、龙泉山生态保护与修复。强化龙门山的生态屏障作用，充分发挥其生物多样性保护、气候调节、新鲜空气供应等生态功能；保护和建设森林生态系统，继续加强龙门山大熊猫栖息地生态修复和生态廊道建设，强化水源涵养和水土保持功能，筑牢生态屏障。突出龙泉山近郊生态氧吧功能，打造综合生态休闲游憩载体，持续推进龙泉山保护修复，深入实施龙泉山"增绿增景、减人减房"，打造森林景观，夯实"城市绿心"功能。

（2）全面优化岷江、沱江水系网。统筹协调沿河城乡建设和河道空间需求，恢复重要历史河道、新增支流沟渠，完善水网体系，实现"六河贯都、百水润城"。构建沱江绿色发展轴，系统修复岷江、沱江等流域自然岸线，协同建设沿江生态廊道，完善生态、补水、防洪、健身、休闲等功能。统筹保障河流、湖泊生态基流，积极修复、恢复河流生境，恢复提升河流、湖泊生态系统功能与质量。

（3）加快完善环二绕、三绕生态环。提高成都第二绕城高速生态环绿色空间比重，形成以生态农业和郊野公园为主的环状绿化带。依托成都平原森林城市群建设，推进成都第三绕城高速景观绿化。

（4）严格保护六片生态绿楔。依托"温郫都灌区、崇大灌区、邛蒲丘陵区、人民渠灌区—毗河青白江区、东部丘陵区、双流—新津农业区"六片生态绿隔区，充分发挥连片农田的生态阻隔作用，防止城市粘连发展。坚决落实最严格的耕地保护制度和节约用地制度，坚持耕地保护优先、数量质量并重，严守耕地红线，强化规划硬约束，要求城市建设避让优质耕地。着力保持农村特色、生态环境和田园风光，推进农村风貌和综合环境整治、川西林盘保护和农村散居院落的改造提升，全面改善农村人居环境，依托乡村生态资源，在保护生态环境的前提下，加快发展乡村旅游业。引导农村居民在房前屋后、道路两旁植树护绿。

#### 4.2.3.2 推进城绿充分融合

从全域视角，统筹城乡，推进全域公园体系建设和三级绿道体系建设，充分依托山地、森林、水系等自然要素，促进城园融合，形成多层次、多类型、网络化的游憩体系。构建"六环九廊、公园棋布、绿道交织、多维绿网"的绿地系统结构，其中"六环"包括府南河滨河绿环、一环路绿环、二环路绿环、三环路绿环、环城生态公园和五环路绿环，增加沿路沿河绿地空间规模，建设环城生态公园，形成城市绿地系统的重要基底和骨架；"九廊"包括成万高速、成灌高速、成绵高速、沪蓉高速、成渝高速、成温邛高速、成雅高速、机场高速、天府大道九条城市骨干道路交通绿色廊道，重点强化廊道内生态系统连续性，建立城区内外生态通道；"公园棋布"是指构建由自然生态公园、乡村郊野公园、城市公园三大公园类别组成的全域公园体系，强化绿色空间与城市功能的融合，满足市民及游客多元化休闲游憩需求；"绿道交织"指构建由区域级—城区级—社区级三级绿道组成的天府绿道体系，打造覆盖全域、串联城区、连接城市功能设施及公共服务设施的绿道网络；"多维绿网"指在常规绿化基础上，通过墙体绿化、屋顶绿化、桥体绿化、窗台阳台绿化、护坡绿化等立体绿化形式和先进立体绿化技术塑造多维绿网。"分类施策"指根据新老城区的不同特点，针对性提出不同建绿措施，提高绿地空间分布的合理性、均衡性（图4-8）。

#### 4.2.3.3 提升城市绿地品质

推进全域增绿增景，优化城乡人居环境，围绕中心城区宜居水岸工程、锦江景观轴滨水绿化工程，推进市域水网水系滨水生态绿化建设。加强城市道路绿化景观提升优化，大力开展林荫路建设工作。通过老公园品质提升、增花添彩、街道一体化设计等方式，打造绿地空间景观亮点。持续推进增花添彩，优化城市附属绿化、道路绿化，以建筑墙体和屋顶、河流驳岸为重点实施立体绿化，建设空中花园、垂直森林，美化城市第五立面，着力推动具备条件的城市公共建筑立体绿化覆盖，塑造城市高品质绿化景观。

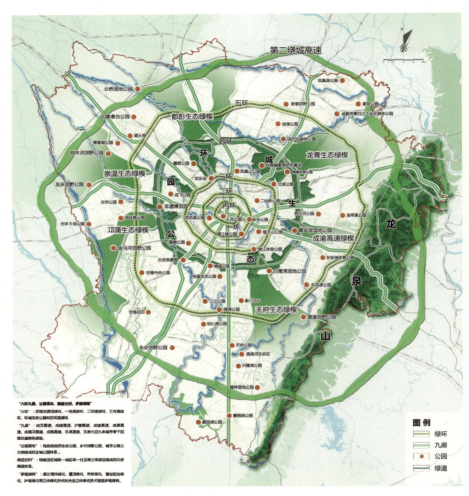

图 4-8 中心城区绿地系统规划结构图
(图片来源:《成都市公园城市绿地系统规划(2021—2035 年)》)

完善绿地服务功能,提高基础设施服务水平,丰富活动空间,提升绿地游憩功能;增强绿地的综合防灾避险能力以及调洪、滞洪、蓄洪能力,提升绿地安全韧性;从满足居民健身、康养、保健等需求出发,提升绿地公共健康功能。塑造"公园+"场景,结合多元化活动植入,激活城市绿地空间,推动绿地生态价值转化。

#### 4.2.3.4 彰显城市风貌特色

积极推动城市建设与自然景观、文化景观有机结合,充分依托现状山水资源,加强山体保护和滨水空间建设,凸显山水城市景观特征,传承

"花重锦官城"意象,以中心城区、东部新区为重点,突出对开发强度、建筑高度及风貌的管控,加强对城市中轴、门户、老城等各类天际线管控,加快构建望山见水的城市景观眺望系统,处理好山水城之间的关系,彰显"雪山下的公园城市"特色,呈现"窗含西岭千秋雪"美景。充分保护利用川西园林、川西林盘等特色资源,加强乡土植物、特色植物、特有植物的应用,突出成都地域文化特色。

## 4.2.4 全域公园体系布局

公园城市不仅是建设城市公园,更是建设系统完善的公园体系。根据成都市域的生态条件、资源禀赋、功能特色、现状实际和规划可行性,创新构建市域公园体系(表4-2),形成全域覆盖、类型多样、布局均衡、功能丰富、业态多元、特色彰显的全域公园体系,彰显"绿满蓉城、花重锦官、水润天府"的蜀川胜景,建成公园相联、城园相融的公园城市。

**市全域公园体系一览表** 表4-2

| 大类 | 种类 | 小类 | 内容 |
|---|---|---|---|
| 全域公园体系 | 自然生态公园 | 大熊猫国家公园 | 以保护具有国家代表性的自然生态系统为主要目的,实现自然资源科学保护和合理利用的特定陆域或海域,是我国自然生态系统中最重要、自然景观最独特、自然遗产最精华、生物多样性最富集的部分,保护范围大,生态过程完整,具有全球价值、国家象征、国民认同度高 |
| | | 自然公园 | 保护重要的自然生态系统、自然遗迹和自然景观,具有生态、观赏、文化和科学价值,可持续利用的区域。确保森林、海洋、湿地、水域、冰川、草原、生物等珍贵自然资源,以及所承载的景观、地质地貌和文化多样性得到有效保护。包括森林公园、地质公园、海洋公园、湿地公园等各类自然公园 |
| | | 风景游憩公园 | 具有观赏、文化或者科学价值,自然景观、人文景观比较集中,环境优美,可供人们游览或者进行科学、文化活动的区域。包括风景名胜区和其他具有较高生态价值的区域 |
| | 乡村郊野公园 | 休闲农林公园 | 延续乡村记忆,以展示特有乡村农林风貌、农业休闲游憩为主,具有农业观光、休闲度假、农业文化体验和农业科普等功能,具备必要服务设施的绿地 |
| | | 乡村产业公园 | 依托川西林盘、农业产业园、花卉苗木产业园等设立的乡村公园,以乡村农林风貌和大地景观展示为主,具有游憩休闲、农业文创与体验、科普教育等功能,具备必要服务设施的绿地 |

续表

| 大类 | 种类 | 小类 | 内容 |
|---|---|---|---|
| 全域公园体系 | 乡村郊野公园 | 乡村人文公园 | 根据成都乡村地区人文资源分布实际特点而设置，位于城市建设用地之外，以乡村人文资源保护利用为主，把自然、人文、历史融为一体，展示人文内涵与地域特色的游览空间 |
| | 城市公园 | 综合公园 | 内容丰富，适合开展各类户外活动，具有完善的游憩和配套管理服务设施的公园绿地 |
| | | 社区公园 | 用地独立，具有基本的游憩和服务设施，主要为一定社区范围内居民就近开展日常休闲活动服务的公园绿地 |
| | | 专类公园 | 具有特定内容或形式，有相应的游憩和服务设施的公园绿地 |
| | | 游园 | 用地独立，规模较小或形式多样，方便居民就近进入，具有一定游憩功能的公园绿地 |

#### 4.2.4.1 突破城市边界和用地分类，整合全域资源

针对成都市现状公园绿地空间分布不均衡、全域性和系统性考虑不足、城园界面缺乏渗透与联系、场景业态较为单一、公园管理体制机制不够完善等问题，结合城乡居民的生活、游憩需求，立足市域的生态条件、资源禀赋、功能特色、现状实际和规划可行性，系统构建公园城市全域公园体系。

打破城市建设用地边界，将城市建设用地内的公园绿地与城郊的区域绿地、自然保护地（可游览部分）纳入公园体系中，系统统筹全域游憩资源，并通过绿道连接；同时突破用地分类界限，以绿色为基调，将城市公园、街头绿地、郊野公园、田园林盘、森林湿地等满足生态安全要求、具备可达性、拥有相应的游览内容和服务设施配置条件的绿色生态资源纳入公园体系中，构建由自然生态公园、乡村郊野公园、城市公园组成的全域公园体系。

#### 4.2.4.2 优化公园布局，构建市域公园体系

针对自然生态公园、乡村郊野公园、城市公园不同特点，优化公园布局，促进公园增量提质，形成布局均衡、级配合理、功能完善、特色鲜明的"一心一园、两带六片、多园棋布"市域公园体系（图4-9），并对各类公园提出建设指引（表4-3）。

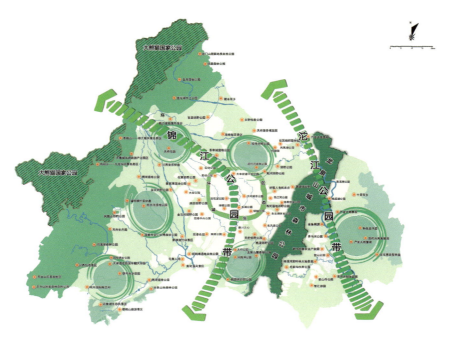

图 4-9 全域公园体系结构

**公园分类建设指引一览表** 表 4-3

| 类别 | | 建设指引 |
|---|---|---|
| 自然生态公园 | | 依托自然山水,展示成都地区差异化多维度的自然风貌,结合历史人文,植入旅游服务、休憩娱乐、文化展示等功能,打造青山碧水交织共融、人与自然和谐共生的公园城市建设生态示范区、成都山水生态文化名片、中国西部特有动植物展示区 |
| 乡村郊野公园 | | 继续推进"大地景观再造工程",通过整田护林、兴业增产、丰富业态、提升服务,重塑川西田园风光,展现农耕文明和大地景观,培育美丽休闲的乡村田园景观,具有天府特色的郊野旅游基地,打造成为公园城市乡村表达的重要展示窗口 |
| 城市公园 | 综合公园 | 围绕建设践行新发展理念的公园城市示范区,结合结构性绿地建设、一园一策、凸显示范,打造公园城市的生态标识和建设成果的展示平台;同时将公园融入市民生活,构建服务全部人群的综合性户外游憩服务基地 |
| | 社区公园 | 依据成都市公园社区建设要求,优化公园—社区形态,将公园与各类社区公共服务设施功能渗透融合,围绕市民日常生活,植入多元场景,激发空间活力,供给面向全年龄、具有成都烟火气的日常休闲游憩服务 |
| | 专类公园 | 挖掘与凸显成都古蜀文化、市井文化、三国文化、熊猫文化等文化资源,打造特色标识,彰显城市文化内涵,助力"三城三都"城市文化品牌打造;延续公园城市理念,建设发展"世界一流、全国领先"的体育公园、儿童公园,体现城市温度 |
| | 游园 | 结合老城微更新灵活布局、针灸嵌绿、增花添彩,并注重功能配套的完善和精细化景观塑造,提升品质服务,打造微场景激活城市的公共绿色空间 |

其中"一心"指龙泉山城市森林公园,"一园"指大熊猫国家公园,"两带"为锦江公园带、沱江公园带,"六片"为依托六片农业保护区形成的六个郊野公园群,"多园棋布"则为分布在全域的各类公园。

同时对新旧城区实施差异化布局。针对老旧城区改造难度大、限制多的特征,坚持微更新,增加开放式集中绿地,提高公共空间绿视率。城市新区则按照公园城市的要求,高标准进行规划布局和建设,构建格局完整的开放空间系统,并与外部绿色空间相衔接,实现公园绿地服务半径覆盖率达到95%以上,塑造精致实用的环境景观品质。

#### 4.2.4.3 营造开放互渗的城园界面,提高公园开放性和可进入性

鼓励构建全面开放的绿地建设模式,通过整合社区绿地、集中式附属绿地、庭院绿地和各种开放空间,优化"公园—城市"的互动衔接,构建绿地开放空间系统,推进公园与城市多层次、多维度的融合发展。

通过多种方式提升城园开放互渗水平。采取拆除隔离、柔化边界、人行道一体化设计等措施,统筹城园界面的城市设计,提高公园界面开放性,将公园有机融入城市空间结构,形成无边界公园。因地制宜采用绿道桥、人行道、下穿道路等措施,建立完整的街区慢行系统,增强公园连通性与可达性,降低城市道路对公园临城界面的割裂,促进城园深度融合。

#### 4.2.4.4 强化业态调控,加强场景营造,促进生态价值转化

针对不同公园类型,精准定位、合理布局,结合场景营造,激活公园"造血"功能,促进城园业态协调,互相引流,引导增效,促进维管良性运转。

#### 4.2.4.5 完善公园服务功能,提升公园景观品质

以全龄段居民的多层次需求为导向,重点关注"一老一小"需求、无障碍场景营建和智慧韧性安全城市建设,打造融合业态消费、游憩观光、文化体验等复合功能的公园体系。

充分发挥公园的生态保护和休闲游憩功能,通过强化生态功能,完善服务设施,加强防灾避险与公共健康功能,提升安全保障水平,全方位增

强公园服务功能。通过加强特色塑造，传承天府文化特色、川西园林与川西林盘特色、山水生态特色与乡土植物特色，因地制宜打造"一园一主题、一园一特色、一园一故事"公园景观，精细化提升公园景观品质。

## 4.2.5 天府绿道体系建设

天府绿道是结合成都特色、贯通城市、连接社区的一种线性绿色开敞空间，是连接自然山水资源、特色产业资源、历史文化资源、城市功能单元、促进农商文旅体融合发展，集生态保护、体育运动、休闲娱乐、文化体验、绿色生活、科普教育、旅游度假等为一体的绿色廊道体系。

天府绿道以人民为中心、以绿道为主线、以生态为本底、以田园为基调、以文化为特色，规划构建三级结构、五大体系、八大功能，展现天府文化、体现国际水准，描绘绿满蓉城、花重锦官、水润天府的蜀川画卷（图4-10）。

图4-10 天府绿道布局结构图
（图片来源：《成都市天府绿道总体规划》）

#### 4.2.5.1 三级结构

天府绿道体系由区域级、城区级、社区级三级绿道构成，规划总长16930km。

区域级绿道：规划全长1920km，依托市域生态资源与山水格局，规划形成"一轴、两山、三环、七带"主干绿道网，串联市域各城市组团，体现"蜀山蓉水"自然情趣。分别是：200km锦江绿道，350km龙门山森林绿道、200km龙泉山森林绿道，100km熊猫绿道、200km锦城绿道、300km田园绿道，570km七条滨河绿道。

城区级绿道：规划全长5380km，在城市各组团内部成网，与区域级绿道相衔接，与城市慢行系统紧密结合，体现"绿满蓉城"宜居品质。

社区级绿道：规划全长9630km，打造慢行优先、绿色低碳、活力多元、智慧集约、界面优美的社区绿道网络体系，同步植入智慧购物、智慧阅读、智慧科普场景，创新设置早餐售卖、净菜供应点位，规划建设"回家的路"社区绿道，构建15分钟社区生活服务圈。

#### 4.2.5.2 五大体系

绿色生态体系：串联市域生态区、绿带、公园、小游园、微绿地五级绿化。

绿色功能体系：充分融合全域文化、体育、旅游、农业、商业等功能及资源。

绿色交通体系：串联公交、轨道站点，接驳慢行系统。

绿色产业体系：串联产业园区，打造文体旅商农融合消费场景。

绿色生活体系：串联城乡社区、公共服务设施，创造宜人宜居宜业高品质生活。

#### 4.2.5.3 八大功能

生态保障功能：天府绿道作为成都市全域生态廊道，将城乡生态环境中多样生态基质、廊道、斑块连接成网络，构建"6+X"城市通风廊道，为生物提供栖息地及迁徙廊道，保护提升城乡生态环境。

慢行交通功能：统筹自行车、步行交通网等慢行系统建设，绿道与地铁、公交、社区、景区等高效接驳，构建"轨道+公交+慢行"绿色交通体系，推动城市绿色低碳发展。

休闲旅游功能：建设不同规模、形态、特色的园区、林盘、院落、亭楼等驿站，形成500m半径综合服务圈，服务观光游客、自驾人群以及附近居民。

城乡统筹功能：将乡村作为体现公园城市的绿色基底和最大载体，以乡村绿道推动沿线文商旅体农融合发展，提升沿线土地价值，培育现代农业生态链生态圈，创新乡村振兴模式。

文化创意功能：利用天府绿道展示成都自然与人文特色，起到保护、利用文化遗产，展示、弘扬、传承天府文化，促进交流交往、社会和谐发展的作用。通过大规模植入文化创意设施，补齐城市短板，其中，环城生态公园植入文化设施点位420处。

体育运动功能：大规模植入体育设施，策划高规格体育赛事活动，为市民提供亲近自然的健身场所和途径，其中，环城生态公园植入体育设施点位1050处。

景观农业功能：溶解城市边界，深入开展都江堰精华灌区和川西林盘保护修复工程，打造精品林盘聚落体系，重塑"沃野环抱、密林簇拥、小桥流水人家"川西田园景观，将山水林田湖草等自然生态景观引入城市。

应急避难功能：利用天府绿道沿线的开放空间，建设各类应急避难场所，布局应急避难基础设施，其中，环城生态公园建设应急避难场所50处。

#### 4.2.5.4 实施路径

规划建设上，以"顶层设计+实践创新"实现统分结合。一是统筹谋划、分级组织，成立领导小组，分类分级落实建设主体，科学合理安排建设时序，组建专业化运营公司，确保绿道开发建设和模式创新有序推进。二是统一规划、分步实施，会同国内外知名团队、本地实力单位，市区联动、多规合一，编制三级天府绿道规划体系，明确总体部署。三是统一标准、分类建设，编制形成《天府绿道建设导则》，统一指导天府绿道规划建设工作，以法定图则引领和塑造绿道形态，各级绿道实现定位协同、功能互补。

推进策略上，以"示范引领+梯次建设"强化远近协同。天府绿道建设开发过程中，采取近中远协同的推进策略，明确各地各级绿道建设方向和重点。近期，依托"一轴两环"绿道创建绿色发展先行示范区，以骨干绿道先行示范，打造标杆性项目，探索形成运营管理经验、增强社会投资信心；中期，每年确立和实施一批示范项目，定期召开建设现场推进会，形成项目梯次滚动实施、绿道整体生态持续生长的良好局面；远期，构建永续开发经营管理维护机制，将绿道脉络延伸至城市功能分区和居民生活社区，塑造山水人城和谐相融的公园城市形态。

功能营造上，以"系统耦合＋开放共融"贯通内外资源。一是推动互联互通、成片成网，以绿道串联城市组团、产业功能区及特色镇，厘清城市开发边界，破解连绵发展问题，形成城景相融的城市空间形态。二是推动功能复合、配套完善，将天府绿道作为复合功能空间整体打造，依托四级驿站建设，统筹布局公共服务设施，推动天府绿道系统生态成网、功能成链。三是推动标识统一、品牌培育，推行天府绿道导视系统，推动各地各级绿道标识一致、宣传合力、营销协同。

产品开发上，以"供给优化＋需求创造"推动供需升级。一是突出用户导向、从需求侧着眼优化供给侧，构建差异化绿道区段功能定位，以公众的感受体验对绿道建设进行完善，顺应高频次"用户"多样化需求，优化绿道多元产品供给。二是突出场景营造、从供给端引导创造需求，规划建设文、体、旅、商设施，大力创构新型消费场景。三是突出前瞻思维、推动供需两端联动升级，常态化开展马拉松等活动，创建品牌赛事，创新引入新兴赛事活动。

## 4.2.6 公园城市场景体系营建

自2018年2月习近平总书记在成都提出"公园城市"理念以来，成都规划建设从"单纯物质空间建造"向"以人为中心的场景营造"转变，以人的幸福感和获得感为出发点，围绕人的需求，从使用者角度营建多样场所、策划多种活动，增强空间归属感，秉持场景赋能理念，通过场景供给引领新经济发展，构建多维度多层次公园城市场景体系，赋能群众高品质生活、生态高价值转化、经济高质量发展、城市高效能治理，实现公园城市营建模式的创新探索。

### 4.2.6.1 场景发展历程

20世纪70年代，美国新芝加哥学派学者克拉克将场景引入到城市社会的研究中并提出"场景理论"。其内涵有别于"城市作为增长机器"范式所强调的土地、劳动力、资金和管理要素推动城市增长发展，场景理论强调"一个区域的文化、价值观蕴藏在当地的文化活动、人文景观、人口特征中，外化表现为地区生活便利设施的布局、结构、功能以及种类多样性的总和"。场景蕴含着特定的文化价值取向，吸引各类不同需求导向的阶层集聚，进行消费实践、文化生产等活动，从而影响城市的发展。

2017年，成都应用城市场景理论，通过不断探索创新企业服务方式，以应用场景建设为抓手，持续推出城市机会清单、城市未来场景实验室、创新应用实验室、场景示范工程等工作措施，为新经济企业发展搭平台、聚资源，推动"给优惠"向"给机会"转变。

2018年成都围绕建设"践行新发展理念的公园城市"，推动绿色空间体系与消费商圈相链接，培育绿色消费场景和消费品牌，推动生态资源和商业资源高效联通，以开敞化生态空间引导商业流量聚焦，满足市民个性化、多样化的高品质消费需求。

2019年成都以"场景营造+产业植入"促进产业转型和生态价值转化。推动场景营造引领功能叠加，依托生态场景叠加生态体验、生活美学、文化创意、体育运动等新兴消费功能，推动公园城市成为新场景的价值增值之地。

2020年成都加快营建以绿道网络为纽带的绿色经济体系，沿绿道线路营造高品质生活场景和"全时可游"新消费场景，引导人口、消费等资源要素向产业功能区、特色镇（街区）、川西林盘等绿道节点集聚，举办新场景新产品发布会，面向全球发布1000个新场景、1000个新产品，释放城市场景建设项目投资，吸引社会资本。

2021年以来，成都高质量建设践行新发展理念的公园城市示范区，以场景为载体打造城市发展新空间，通过生态景观的营造、生态场景的构设、生态项目的实施，开展各类场景的氛围营造、公共空间的美学设计、人本需求的舒适构造、精神追求的物化表达，赋予人们幸福美好生活体验，探索高质量发展营城路径。

### 4.2.6.2 公园城市场景内涵

公园城市场景的本质是重新构建"人、物、场"的连接方式，体现公园城市理念的城市社会空间，以人民为中心，以生态为引领，以消费为基础，以生活为导向，以设施为载体，以文化为内涵，统筹生态、用地、景观、业态、活动组织等各类要素，精准匹配城市场景与美好生活需求，公园城市场景是营建公园城市人居环境的重要手段，是生态价值转化的实现途径，是彰显未来生活空间和美好生活体验的价值场所。

#### 4.2.6.3 公园城市场景营建逻辑

公园城市场景立足美好生活品质的场景重构。成都以需求催化场景，以场景提升能级，以能级壮大市场主体，以市场主体促进产业发展，以产业发展启发改革方向，以改革举措增强发展动力，通过构建公园城市场景体系，依托绿色空间集聚高端资源，探索生态投资和价值转化的新途径，形成新的城市价值洼地，激发新经济活力，驱动公园城市可持续发展。

#### 4.2.6.4 公园城市场景体系

场景作为城市空间功能的重要载体，是城市资源要素有效汇聚、协同作用、价值创造的系统集成，是人们文化认同、美好生活、美学价值的关系网络，具有可识别、可策划、可体验、可投资、可消费、可运营的特征。成都以新发展理念为"魂"、以公园城市为"形"，把公园城市场景作为发展新经济、培育新消费、植入新服务的场景媒介，有机植入生活服务、商业增值、社会养成、景色观赏、全龄友好等复合功能，并将文化贯穿系列公园城市场景。创新构建"1个公园城市场景统揽+6个核心场景支撑+N个专类场景覆盖"的公园城市场景体系（图4-11），以践行新发展理念的

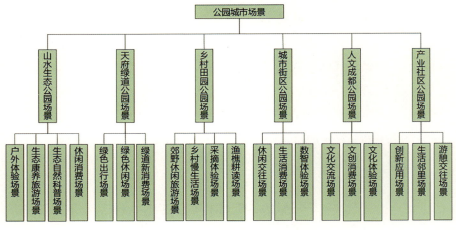

图 4-11　成都公园城市场景体系图
（图片来源：自绘）

公园城市示范区为成都最大的应用场景,以山水生态公园场景、天府绿道公园场景、乡村田园公园场景、城市街区公园场景、人文成都公园场景和产业社区公园场景为六大核心场景,推进场景构建与城市空间结构、人文氛围、商业价值有机统一,重塑城市形态,提升城市品质,完善城市功能,优化城市环境,改善城市民生,为新技术、新业态、新模式的融合创新与突破提供新的成长沃土,为企业提供更多城市新机会,为市民提供更多美好生活新体验。

#### 4.2.6.5 公园城市场景营建

##### 1. 山水生态公园场景

(1) 山水生态公园场景特征

山水生态公园场景依托山地、丘陵、湖泊、湿地等优质生态资源,通过人文景观与生态环境有机融合,合理引导发展体验化、主题化、品质化特色场景,以"生态+"带动周边片区发展,促进生态价值转化。

(2) 山水生态公园场景营建

山水生态公园场景通过森林、湿地、草地、雪山和水系等的生态要素进行场景营建,把生态因子作为吸引人群的"消费"点,科学合理配置舒适的自然和人工生态设施。依托森林、雪山和湖泊等自然资源,开展登山、滑雪、露营、漂流、极限运动等户外活动,打造丰富多样的户外体验场景。聚焦人与自然和谐相融,充分发挥生态系统对市民的陶冶、疗愈作用,打造亲山亲水生态地标,探索"旅游+体育+产业"的发展模式,营造回归自然、舒适宜人的生态康养旅游场景。依托森林、湿地和草地等生态系统,开办可体验的科普研学活动,增设可感知的科普驿站设施,打造"全域博物馆"式生态自然科普场景。通过大熊猫国家公园(成都片区)入口社区、龙泉山城市森林公园、鱼凫湿地等消费载体,厚植生态消费,布局特色设施,营造快节奏与慢生活兼备、品质化与大众化共生的多元沉浸式体验的休闲消费场景(图4-12)。

图4-12 成都彭州市鱼凫湿地山水生态公园场景
(图片来源:成都市公园城市建设管理局)

## 2. 天府绿道公园场景

### （1）天府绿道公园场景特征

天府绿道公园场景是一种线性绿色开敞空间，是连接山体、水系、林盘、田园、风景名胜区、自然保护区、城市绿地以及城镇乡村、现代产业园区、历史文化古迹等自然和人文资源的绿色廊道。集生态保护、休闲娱乐、体育运动、科普教育、文化体验、应急避难、旅游度假等功能为一体，供游客和城乡居民骑游、步行、交往、体验和学习。

### （2）天府绿道公园场景营建

1）构建"轨道+公交+慢行"绿色出行场景

天府绿道公园场景充分利用沿途自然景观，构建慢行优先的绿色出行场景，体现"以人为本"路权分配理念，统筹自行车、步行交通网等慢行系统建设，绿道与地铁、公交、社区、景区等高效接驳，构建"轨道+公交+慢行"绿色交通体系。结合地铁站点TOD开发，打造连通周边产业建筑及商业空间的地下步行通道，以生态开放的慢行空间由地面向轨道站点延伸，强化地下车站和街区联动，打造舒适宜人的绿色换乘体验，推动城市绿色低碳发展。

2）推动农商文旅体融合，营造绿色休闲场景

依托绿道周边的开敞绿地、水体、田野等景观资源，推动沿线文商旅体农融合发展，营造绿色休闲场景，充分挖掘绿道沿线文化，建设不同特色、形态、规模的林盘、院落、园区、亭楼等驿站，形成500m半径综合服务圈，服务观光游客、自驾人群以及附近居民。

3）植入新业态，营造绿道新消费场景

结合绿色生态空间以及绿道周边，嵌入大众化、精品化的公共服务设施，融入高端服务、研发设计、创新孵化等新型功能，植入文化创意设施，引导个性化、体验化、品质化的绿道新消费场景，全面彰显生态的多元价值，满足创新人才等的各项需求（图4-13）。

图4-13 成都天府新区兴隆湖天府绿道公园场景
（图片来源：成都市公园城市建设管理局）

### 3. 乡村田园公园场景

#### （1）乡村田园公园场景特征

乡村田园公园场景以川西林盘、田园景观和水系景观为载体，溶解城市边界，结合乡村特有的文化底蕴、资源禀赋，植入现代复合型功能业态，促进绿色消费，重塑"密林簇拥、沃野环抱、小桥流水人家"乡村田园景观。

#### （2）乡村田园公园场景营建

乡村田园公园场景在保护地域性的耕地和农业景观的基础上，塑造和强化乡村田园景观风貌，保护并维持支撑传统农业景观的山水林湿自然系统以及库塘沟渠等农业水利工程系统，促进农业休闲旅游业态发展。发掘、保护和展示乡村田园地区的文化底蕴，完善基础设施，植入农业会展、农耕博览、休闲农业等多种业态，构建功能复合的郊野休闲旅游场景。在重要节点和有条件的农田，在保护农田的基础上，根据季相变化，运用大面积水稻、油菜、小麦、向日葵等粮油作物作为田园景观种植本底，进行景观化微处理，并配置小规模大地装置艺术，刻画以田园风光、乡愁记忆为主的乡村慢生活场景。结合农业产业园建设，通过农业景观设计，营造亲近自然的采摘体验场景。通过对乡村文化、农耕文化的深入提炼与创新展示，打造恬淡诗意的渔樵耕读场景（图4-14）。

图4-14 成都大邑县南岸美村乡村田园公园场景
（图片来源：成都市公园城市建设管理局）

### 4. 城市街区公园场景

#### （1）城市街区公园场景特征

城市街区公园场景以生活人群为中心，体现城市高品质生活、高质量发展、高效能治理。以高品质社区生活，精细营造居住、工作、出行、邻里交往等"社区公园+"场景，提升人群幸福感。以高质量社区发展，有机融合微生态、细分生产、市井生活，突出协调发展，提升人群荣誉感。以高效能社区治理，有效激发公众参与度和多元共治机制，提升人群归属感。

### （2）城市街区公园场景营建

城市街区公园场景以"设施嵌入、功能融入、场景代入"为理念，通过提升绿地和开放空间的规模和品质，推动文化、休闲、运动、康养、教育、防灾应急与社区生态空间建设的有机融合，统筹建设多层级、高品质的社区公共服务设施，深度发掘社区地域文化特质，注重人性化、艺术化设计，提升社区空间品质与文化品位，建设富有文化气质、独具魅力的特色街区和公共空间，打造社区文化品牌。依托高品质绿化空间策划开展各类文化活动与公益活动，依托公园、绿道、广场、金角银边等公共绿色空间，布置多样化服务设施，构建满足不同社群的休闲交往场景。植入智慧购物、智慧餐饮、智慧娱乐等新经济业态，打造国际化的生活消费场景。聚焦"智慧蓉城"建设，利用数字技术重塑城市街区空间，推进大数据、物联网、人工智能等要素融合聚变，依托城市街区体验数字经济，展现创新活力的数智体验场景（图4-15）。

图4-15 成都高新区吉泰路城市街区公园场景
（图片来源：成都市公园城市建设管理局）

### 5. 人文成都公园场景

#### （1）人文成都公园场景特征

人文成都公园场景以历史人文为特质，注重文化传承，塑造彰显历史文脉、体现乡愁记忆、融入时代精神的文化识别体系，推动天府文化的可阅读、可欣赏、可参与、可感知、可消费。

#### （2）人文成都公园场景营建

1）修旧如旧，重现川西建筑原有风貌

人文成都公园场景营建遵循"修旧如旧"原则，保留区域内原有历史环境、历史空间和历史肌理等历史文化要素，对建筑状况良好、有价值、有特色的建筑进行维护修缮，保持原有建筑外轮廓不变，对原有风貌特征不明显、保护等级较低的建筑立面以结构加固为主，修补加固具安全隐患的构件，清拆后期加建的破坏原有风貌的部分。同时，植入川西园林景观，增加邻里花园和开敞空间，配套现代化设施，重现川西建筑原有风貌和空间形态。

2）产业更新活化，彰显特色文化主题

围绕天府文化的遗产性资源、标志性符号，成都充分挖掘人文成都公园场景内的历史文化与产业特色，打造文化景观符号，改变原有部分建筑功能，导入创客空间、非遗文化展示、创意办公、餐饮民宿等产业，配套无明火餐饮、青年公寓、文化展览等功能，注重老字号、传统产业与非遗文化的培育、传承与展示，不断提升历史文化街区活化水平，形成区域特色鲜明的文化主题与文化品牌，塑造高显示度的文化IP。

3）营造丰富多彩文化活动场景

通过发挥企业、民间团体等组织的积极作用，结合高品质绿色空间吸引主题艺术集会、三国文化展、音乐节等大型文化交流活动入驻，营造可感知、可参与的文化交流场景，推动天府文化发扬传播。聚焦文脉传承，赓续人文内涵、留存都市乡愁记忆，以罨画池、新繁东湖、望江楼公园等富有成都文化底蕴的历史名园为依托，构建独具成都蜀风雅韵的文创消费场景。结合传统节日、特色民俗、历史典故等文化资源，针对人文成都公园场景内重要传统生活方式，以"展演性"形式复现，多维度构建吸引力强、参与度高、创意性足的文化体验场景。宣传人文成都公园场景内特色生活方式，鼓励游客深入感受成都生活，引导游客体验温情和煦、诗情画意的生活方式（图4-16）。

图4-16 成都天府艺术公园·蜀园人文成都公园场景

（图片来源：吕德星 拍摄）

### 6. 产业社区公园场景

（1）产业社区公园场景特征

产业社区公园场景根据产业人群和企业的实际需求，通过空间环境塑造和功能设施配置提升城市空间环境，实现激发多样人群活动的目标，围绕产业社区提供的工作、居住、交通、游憩四类基本服务构建创新场景、生活邻里场景、游憩交往场景。

（2）产业社区公园场景营建

1）营造凸显产业特性的创新应用场景

围绕产业发展全生命周期需求，促进产业社区功能和布局融合、提供弹性产业空间、优化创新创业环境、完善专业化生产服务，运用"智慧+"，引入科技元素，升级服务模式，创新生产、运营、管理手段，营造精准智能的创新应用场景。楼宇型社区依托核心生态要素的打造，以绿道为脉，主要形成环形布局式、廊道串联式、组团嵌套式等"公园+"布局模式。厂区型社区优先集约利用生产空间，主要在社区中心布局小型公园绿地，临近绿地布局居住、办公和服务功能，形成中心布局模式。部分具有较强对外联系和展示需求的厂区型社区，其公园绿地结合对外交通布局在社区门户区域，围绕公园布局相应的居住、办公、服务功能，形成门户布局模式。

2）营造凸显活力共享的生活邻里场景

以精准化、品质化、多样化的居住设施、餐饮设施、国际化设施以及其他设施，关爱人才，形成活力共享的生活邻里场景。楼宇型社区结合"公园+"理念，采用"社区级+单元专业级+服务综合体"三级布局方式，结合开敞空间在产业社区中心布局社区公共级服务设施，打造共享客厅。厂区型产业社区采用"厂区服务中心+产业邻里"两级布局方式，厂区服务中心主要结合内部开敞空间布局，产业邻里则结合轨道站点、快速公交、生态空间，在产业社区中心布局。

3）营造凸显开放无界的游憩交往场景

以舒适的过渡空间、多维的观赏空间，打造有吸引力的多元目的地，激发人群参与多样活动，形成开放无界的游憩交往场景。打造产业社区与城市空间的过渡空间，利用公园绿地、商业服务设施、公共服务设施等柔性边界界面作为产业社区与城市空间的结合处和中介体，将城市活动引入到产业社区空间。拆除实体围墙或通透化处理，增强产业社区的可达性与开放性。打造产业社区内部各功能组团的过渡空间，通过连廊、平台、架空空间等柔性化手段，促进产业社区内部形成连续的整体空间，方便人群进入和使用（图4-17）。

图4-17 成都高新区月牙湖产业社区公园场景
（图片来源：成都市公园城市建设管理局）

#### 4.2.6.6 公园城市场景机制实践探索

**1. 创新公园城市场景建设运营机制**

建立健全共建共享机制，探索"市—区—街道"生态资源配置联动机制，鼓励新经济企业、科研院所、专业服务机构、政府部门组建场景建设"联合体"，探索组建专营公司、资产租赁、产权入股等方式推进公园城市场景项目市场化运作，以特许经营、以规引资、利益分享等机制引导市场主体投资建设运营公园城市场景，以EOD（生态环境引导开发）、AOD（公共预算引导开发）、SOD（公共服务引导开发）等模式开展场景建设，以公园城市场景赋能提升消费产品和服务附加值，以商业收益扩大反哺公园城市场景运维成本，推动形成"公园城市场景投资建设—环境改善—土地增值—价值反哺"的动态良性循环。

**2. 创新公园城市场景机会清单发布机制**

持续增强公园城市场景供给，围绕"建设践行新发展理念的公园城市示范区"目标，按照"策划征集、精准对接、成果发布"思路，开展公园城市场景机会清单发布活动。充分调动政府部门、国有企业、产业功能区和市场主体，围绕季度发布主题，结合区域资源禀赋和发展实际，深度摸排包装场景机会，编制政府供给、市场需求、企业协同、企业能力四张清单，通过线上"城市机会清单发布厅"、线下召开新闻发布会、清单推介会和清单对接会、资源链接会等"线上＋线下"多种形式发布推介场景机会。定期举办公园城市场景机会清单成果集中发布会，集中展示区（市）县发布的主题城市机会清单对接成果，同步收集一批优质公园城市场景需求信息，发布一批新机会、宣传一批新成效、推出一批新点位，提升城市公园城市场景机会清单的实效性、品牌度。

#### 4.2.6.7 公园城市场景展望

未来，公园城市场景营建将创造性落实供给侧结构性改革，创造新供给、激发新需求，通过开展各类场景的氛围营造、公共空间的美学设计、人本需求的舒适构造、精神追求的物化表达，赋予人们幸福美好生活体验，是全景式呈现新发展理念的城市表达。未来公园城市有美景，更有场景，点亮未来新生活，助力成都高质量建设践行新发展理念的公园城市示范区。成都，围绕建设充满活力的新经济标杆城市，坚持把新发展理念贯穿城市发展全过程，以公园城市场景为载体营造城市发展新空间，营建山水生态公园、天府绿道公园、乡村田园公园、城市街区公园、人文成都公园和产业社区公园6大公园城市场景，提升人民美好生活新体验，为高质量打造山水人城和谐相融的公园城市增强内生驱动力（图4-18）。

图 4-18　成都公园城市国际花园季暨第五届北林国际花园建造周公园场景
（图片来源：吕德星　拍摄）

## 4.3　重点行动

### 4.3.1　全域增绿与五绿润城

#### 4.3.1.1　全域增绿

2017年7月中共成都市委办公厅、成都市人民政府办公厅印发《实施"成都增绿十条"推进全域增绿工作方案》，提出了成都"全域增绿"工作总体要求、目标任务和重点工作。一方面，按照"景区化、景观化、可进入、可参与"理念，遵循自然、生态、开放法则，加快开放式生态景观工程规划建设，形成公园绿化、滨水绿化、道路绿化、小区绿化景观体系，包括公园增绿、滨水增绿、城市道路增绿、小区绿化与立体绿化增绿、增花添彩。另一方面，加快推进天府绿道、龙泉山城市森林公园、大熊猫国家公园、环城生态区等重大生态项目建设，加快建设绿色生态廊道和多彩通道，实施生态管护与修复工程，夯实长江上游生态屏障，包括天府绿道增绿、生态廊道增绿、龙泉山植被恢复增绿、龙门山植被提升增绿、生态管护与修复增绿。

### 4.3.1.2 "五绿润城"

成都以重大生态工程为牵引，实施"五绿润城"城市人居环境提升行动，全面提升公园城市格局之美、肌理之美、风貌之美，探索美丽中国城市形态建设新路径。

推进公园城市基础性、引领性、示范性重大工程，建设大熊猫国家公园打造生态"绿肺"，加快国家公园入口社区建设，启动旗舰物种及典型生态系统保护项目。建设龙泉山城市森林公园打造城市"绿心"，高质量实施龙泉山国家储备林项目、国家国土绿化试点示范项目等重大生态项目，加快推动龙泉山中国西部林业种质资源库、天府动植物园建设，积极争创国家"绿水青山就是金山银山"实践创新基地。建设天府绿道体系打造活力"绿脉"，通过全方位梳理各级各类绿道的规划与现状情况，形成天府绿道规划建设"一张图"，促进绿道网络"成网成势"，推进天府绿道保护条例出台。建设环城生态公园打造超级"绿环"，实施农田保护持续推进"增绿筑景"，加快建设特色小镇、特色园区、川西林盘、亭台楼阁形态的休憩服务设施。建设锦江公园打造精品"绿轴"，综合提升绿道景观、慢行街区、子街巷和沿线重要节点，高质量打造"锦江旅游带"（图4-19）。

图4-19 "五绿润城"行动布局示意图
（图片来源：自绘）

## 4.3.2 公园城市示范片区建设

### 4.3.2.1 厘清概念，有效发挥示范片区带动作用

为加快推进建设践行新发展理念的公园城市示范区，成都市以具有先导性、引领性、创新性的公园城市示范片区作为公园城市建设实施重要抓手。公园城市示范片区是具有代表性的资源要素，落实当前发展目标和战略定位，系统践行新发展理念，带动全域示范区建设的重点区域，通过合理营造场景、促进城绿融合等公园城市理念下的建设措施，集中推进行动计划和重点工程，以期促进公园城市高质量发展。按照片区综合开发理念，秉持示范价值突出、类型特色明确、政府统筹主导、建设实施可行的原则，坚持以绿色生态资源为依托，科学谋划示范片区的选址、规划、建设、运营，引领城市单元提升生态、优化形态、融合产业、传承文化。分批次分类型建设好、运营好公园城市示范片区，落实城市发展建设领域一系列有序实施、持续运营、示范推广的项目，为公园城市建设探索路径、积累经验、形成示范。

### 4.3.2.2 科学谋划，统筹推进示范片区遴选划定

遵循"示范引领+梯次建设+效果评价"的推进模式，成都市公园城市建设管理局出台示范片区管理办法、申报指引、评估指标体系、建设技术指引和技术要点等，统筹"三个做优做强"背景下不同区域示范片区的典型特征，鼓励各区县结合自身实际和示范要点，在六类核心公园场景的基础上持续创新，探索具有代表性的公园城市示范片区类型体系。

在成都分类分级建设覆盖全域的公园城市示范片区，并通过初步筛选，按照"示范价值突出、带动效益显著、多元均衡兼顾、主体功能匹配、近期实施可行"等原则，先期启动25个并取得阶段性成效，对其他示范片区的示范起到引领作用。同步推进对示范片区的动态评估工作，制定并实施示范片区评价办法、评价标准和指标体系，将重点建设工作纳入年度目标考核，指导并激励示范片区高质量规划、建设和运营，推进相关行政管理工作流程（图4-20）。

图 4-20　武侯区金江街区型示范片区
（图片来源：成都市武侯区公园城市建设和城市更新局）

### 4.3.2.3　共建共治，构建高传导高协同平台

积极与国内外研究机构持续开展合作，由市公园城市建设管理局牵头组织编制市、区两级公园城市建设实施规划，不断完善公园城市示范片区建设规划和标准体系，并且印发公园城市示范片区建设规划编制指南、技术要点等，出台公园城市示范片区申报指引、指标体系和管理办法等，并持续完善相关内容。

以"先规划、再建设"为基本原则，在成都市公园城市示范区建设总体布置下，组织各区（市）县编制公园城市建设实施规划、近期行动方案，围绕近期行动计划项目库的目标实现，促进各个示范片区围绕范围划定、示范要点、建设计划、可持续运营模式等方面开展探索实践。强调"片区综合效益""先策划后规划""共谋共建共治共享"，以片区综合开发统筹推进示范片区的策划、规划、建设、管理、运营环节。突破单一的空间建设和单线推进规建管的模式，实施顶层策划—系统规划—综合运营—维护管理的全周期开发引导控制，统筹推进重点项目的城市设计、经济分析、可持续运营模式构建。遵循政府主导、市场主体、社会参与、共建共营，把握新时代公众对更高品质生活的需求方向，充分发挥对示范片区内项目的牵引力和支撑作用，积极争取国家、省、市层面在融资、产业等的政策支持,探索超大城市转型发展的成都新路径。

#### 4.3.2.4 六大核心场景,创新示范片区建设模式

##### 1. 绿意盎然的山水型公园城市示范片区

山水型公园城市示范片区,以绿色可持续发展为示范重点,是成都市保护生态资源本底、推进生态价值创造性转化的核心空间载体。以"两山"等地区自然风景和特色生态资源为重点,系统性保护修复生态本底和生态屏障,结合优质特色的风景资源,集约高效布局休闲旅游和文化服务设施,提高公园场景布局密度,培育风景旅游、户外运动、康体养生、自然教育等的生态型休闲产业,探索绿色低碳转型发展。

以白鹤滩山水型示范片区为例,遵循"全面保护、科学修复、合理利用、持续发展"的方针,顺应生态原色营造由植物群落、湿地生态水岸、园区陆生景观组成的自然野趣景观;以湿地自然保护为前提,满足市民娱乐、游憩等需求,打造活动空间场景;利用环境优势,依托生态场景叠加生态体验、文化创意、生活美学、体育运动等新兴消费功能;坚持市场主体,采用"政府平台公司管理+合作经营"模式加快共建共享共治(图4-21)。

图 4-21 新津区白鹤滩山水型示范片区
(图片来源:成都市新津县公园城市建设局)

##### 2. 美丽休闲的郊野型公园城市示范片区

郊野型公园城市示范片区,以城乡协调、融合发展为示范重点,是成都市公园城市理念下推进乡村振兴和城乡融合发展的核心空间载体。以乡村郊野田园为重点,加强林盘修复和景观风貌塑造,植入创新创意、休闲度假、文化博览、都市农业、商务商贸等丰富业态,创新农旅融合发展模式。

以锦江红砂村示范片区为例,围绕都市田园乡愁的精神内核,描绘蜀川画卷、展示故乡生活。以"乡愁"为底蕴,以乡村旅游为载体,基于都市人群的自然山水向往和故乡记忆,丰富公园城市的田园表达,打造花乡休闲产业集聚区、文化创意产业集聚区,转变红砂村传统农家乐的

消费业态，提升乡村人居环境的同时，提升当地居民家庭收入（图4-22）。

### 3. 贯联成网的绿道型公园城市示范片区

绿道型公园城市示范片区，以绿色可持续发展为示范重点，是成都市完善公共生态产品、整合绿道沿线资源要素聚集发展的核心空间载体。以

图4-22　锦江区红砂村郊野型示范片区
（图片来源：成都市锦江区公园城市建设和城市更新局）

区域级绿道为骨架，城市级绿道和社区级绿道相互衔接，构建天府绿道体系，串联城乡公共开敞空间、丰富居民健康绿色活动、提升公园城市整体形象。对绿道及其周边区域实施整体提升打造，实施生态保护，完善慢行交通，植入景观农业、文化博览、休闲娱乐、健康运动、多元消费、应急避难等复合功能，营建公园场景，推动形成新产业、新业态，促进生态和文化价值转化。

以江安公园城市示范片区为例，依托江安河滨河生态绿带，以全域覆盖的多级天府绿道体系为核心载体，结合"海绵城市""天府绿道""宜居水岸"理念，进行河道清理，打造沿线河堤和滨水绿道景观，实施"绿道+人文服务、社区协同、景观提升、产业升级"系列工程，增设配套服务设施，植入创新性消费场景，融合社区特色商业街区建设，带动沿线生态休闲、文化消费、慢行交通、都市农业等多元功能发展，提升城市品质和韧性（图4-23）。

图4-23　温江江安公园绿道型示范片区
（图片来源：成都市温江区城乡建设局）

### 4. 亲切宜人的街区型公园城市示范片区

街区型公园城市示范片区，以公共共享、人本发展为示范重点，是成都市探索超大城市现代化治理、促进城市结构优化的核心空间载体。围绕

绿色空间，以城市街区为重点，织补绿道网络，加强绿色开敞空间建设提质，面向街区不同人群需求，以"公园+""绿色+"精准植入优质共享的公共服务，促进街区城绿融合，打造有人情味、归属感的公园式人居环境和健康舒适工作场所。

以猛追湾示范片区为例，其采取拆围增绿、车退人进、提档升级业态等措施，以滨河休闲带"串联聚集"特色街巷，培育发展"夜游、夜秀、夜市、夜娱、夜宿"等夜间经济；培育发展引进文化体验和网络餐饮等新业态项目，并在此基础上不断迭代更新，成功打造猛追湾故事馆、香香巷等特色场景。组建街区综合党委，整体规划建设"一塔一带两湾"望平国际化社区，采用"EPC+O"模式公开招标运营公司，举办"天府社区游""十二月市"等特色活动，长期吸引成长性文创企业入驻，拉动片区能级增长的同时持续增强市民获得感和满意度（图4-24）。

图4-24 成华区猛追湾街街区型示范片区
（图片来源：成都市成华区公园城市建设与城市更新局）

**5. 特色鲜明的人文型公园城市示范片区**

人文型公园城市示范片区，以共享人文化发展为示范重点，是成都市建设世界文化名城、传承发展天府文化的核心空间载体。结合"三城三都"城市品牌，以历史遗存和世界文化名城功能空间为重点，提高公共空间建设品质，加强历史文化保护传承和现代文化交流发展，促进相关文化功能聚集，植入艺术博览、文化创意、艺术展演、文化消费和文化旅游业态，筹办文化体育品牌赛事活动，促进文化交流交往、创造性转化和创新性发展，构建面向不同群体的多元文化场景，形成意象鲜明、丰富多彩的人文体验。

以邛崃市邛窑遗址示范片区为例，以邛窑遗址为核心，在传承保护历史遗存的基础上，结合公共开敞空间，营造环境优美、出行便捷、居住舒适、尺度宜人的产业空间和生活空间。活用示范片区内文博文旅文创资源，立足于邛窑遗址文化资源，推动文化传承和文物保护，发挥文创产业优势，通过对邛窑遗址核心区的保护及景观提升，大力发展"文博文创+"产业，形成以文博休闲、文化旅游、文创设计为主导，文化演艺、文创制造、时尚产业等融合发展的产业生态圈（图4-25）。

图4-25　邛崃市邛窑遗址示范片区
——遗址公园
（图片来源：邛崃市公园城市建设服务中心）

**6. 创新引领的产业型公园城市示范片区**

产业型公园城市示范片区，以创新驱动高质量发展为示范重点，是成都市以创新驱动动能转换、培育现代产业集群的核心空间载体。强化主导产业建圈强链的基础上，以产业功能区为核心，以公园绿地等高品质绿色开敞空间和公共空间串联组织产业空间、居住空间和各类服务设施，打造创新引领的产业社区公园场景。

以崇州明湖产业型示范片区为例，立足"两湖两河"（白马河、黑石河、明湖、金鸡湖）生态本底，按照宜业宜居、功能复合、职住平衡、服务完善的理念，充分把握新经济赋能传统产业创新发展的趋势，聚力强链补链。由"生产型园区"向"城市新型社区"转变，打造高品质宜居生活场景，以"公园+""绿色+"理念深化布局生产、商业、社区及各类基础型和特色型公共服务体系，全面打造特色鲜明的公园城市产业社区，推动产城融合发展（图4-26）。

图4-26　崇州明湖产业型公园城市示范区
（图片来源：崇州市规划和自然资源局）

## 4.3.3 "百个公园"示范工程

成都从2018年起启动了"百个公园"示范工程，计划新建、改扩建（提升）公园110个，通过示范推动片区资源联动，激活释放公园绿地的外部经济效应，实现生态价值创造性转化。

为确保"百园"示范性工程的典型性和代表性，保障项目落地的建设品质和成都特质，在项目前期专门组织专家对"百园"方案概念方案逐个进行评析，并针对方案中的生态化不足、功能性不足、文化性不足、特色化不足、经济性不足等共性问题，提出导引，编制《成都市"百个公园"示范工程建设技术导则》，明确了坚持生态性、功能性、经济性、地域性、历史性五项基本原则，列出应规避的负面清单（避免生态环境的破坏、避免铺张浪费、避免地域性缺失、避免历史文化资源的破坏、避免功能与布局不足）和在生态、功能、文化、经济、景观等方面应遵循的正面导向（表4-4，图4-27），提出"一园一主题、一园一特色"，来强化典型性和代表性。

**"百个公园"示范工程建设负面清单和正面引导一览表**  表4-4

| 不良倾向 | 负面清单 | 正向引导 |
| --- | --- | --- |
| 生态环境的破坏 | ①大填大挖，挖山造湖降低水文及生态联通性，破坏原生生态环境；<br>②植物种类选择单一、群落结构简单，导致公园绿地生态功能低下、景观效果差；<br>③危险性入侵物种的使用，破坏原有生态系统；<br>④硬质铺装面积过大，导致绿色空间不足；<br>⑤铺装透水材料使用不充分导致的公园生态循环受阻；<br>⑥滨水区域设置硬质驳岸切断生态廊道的连续性；<br>⑦园林夜景照明选用不当，选用高耗能产品造成光污染；<br>⑧对雨水回收利用缺乏调研分析和科学测算 | ①应充分保护和利用原有的地形地貌，保护水文及生态联通性，营造符合当地生态环境的自然景观；<br>②以植物多样性为基础，合理配置乔、灌、草、地被，形成复层近自然群落；<br>③避免使用危险性入侵物种，保护原有生态系统；<br>④不宜设计大广场；<br>⑤结合海绵城市，以防滑透水铺装材料为主；<br>⑥以生态性驳岸为主，提高岸线的自然化率；<br>⑦园林夜景照明应积极选用高效率低耗能的新型生态环保产品，并建立照明设施废弃物安全回收及处理手段；<br>⑧应系统研究绿地与周边环境高程及城市排水系统的关系，根据当地气候、水文、绿地和排水设施现状等确定具体的径流控制目标，最大限度地吸收汇集雨水 |
| 铺张浪费 | ①盲目设置喷泉及水景，增加建设管理维护投入和难度；<br>②过度使用大草坪或过度密植树种；移植甚至砍伐大树和古树；<br>③盲目追求植物材料的"新、奇、特、洋、贵"，导致绿地建设成本高昂、植物存活率低、后期管养困难且代价高；<br>④大面积使用花草打造"花海" | ①严格控制喷泉及大面积人工水景的应用比例；严禁建造偏离资源保护、雨洪调蓄等宗旨的人工湿地；<br>②合理控制尺度、合理把握苗木规格及种植密度；反对移植大树、严禁移植古树；<br>③坚持适地适树，以乡土树种为骨干树种，同时鼓励引种、培育新优植物；<br>④绿化彩化应多用花树和色彩植物 |
| 地域性的缺失 | 园林景观的同质化，盲目照搬照抄外来园林景观 | 挖掘本地特色文化，讲好成都故事 |

续表

| 不良倾向 | 负面清单 | 正向引导 |
|---|---|---|
| 历史文化资源的破坏 | ①对历史园林和建筑进行大拆大建等建设性破坏行为；②人文环境空间格局和形态的破坏；③在造景过程中将文化资源具象化、片面化、简单化和世俗化 | ①严格保护历史园林和建筑；②禁止拆真建伪及改变历史园林和建筑原有的自然地形、地貌、水系、植被特别是古树名木的行为；严禁挖湖堆山、裁弯取直、筑坝截流；③认真、深入研究文化资源的内涵和意义，不盲目创新 |
| 功能与布局的不足 | ①动（闹）静分区错位，干扰公园周边居民；开敞活动空间过多而休息空间不足；②中高端经营性设施过多而公益设施不足；③布局同质化、简单化、功利化倾向 | ①考虑动静分区，控制动静分区的比例；②控制公益性设施和经营性设施比重；严禁在公园内设立为少数人服务的会所、高档餐馆、茶楼等；③突出"一园一主题、一园一风格、一园一故事" |

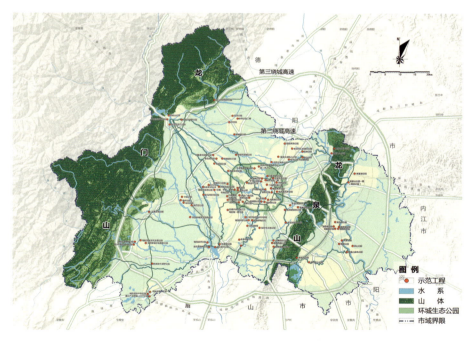

图4-27 "百个公园"示范工程分布图

## 4.3.4 老公园新活力提升

成都作为历史文化名城，具有悠久的建城历史和深厚文化底蕴。在城市发展过程中，形成许多烙印在成都人民记忆中的公园，但随着时间推移，诸多公园的功能和环境品质逐渐下降，失去往日的风采和人气。进入新时代后，随着公园城市建设契机的到来，为了满足人民日益美好的生活需求，诸多老公园迎来新生的机遇。

2020年4月8日，按照市领导在市政府驻京办《北京市公园管理体制机制的调研分析》上的批示精神，成都市公园城市建设管理局制定并印发《成都市"老公园·新活力"三年提升行动计划（2020—2022）》（简称《行动计划》），并将其执行情况纳入市委市政府"三重"考评体系进行考核。2020年7月21日，为加快老公园景观提升、治理提升和业态提升等相关工作有效推进，成都市公园城市建设管理局印发《关于深入推进成都市"老公园·新活力"提升行动计划2020年工作通知》。由此，成都市公园城市"老公园·新活力"提升行动正式开启。

#### 4.3.4.1 目标原则

"老公园·新活力"建设行动基于公园城市建设理念和目标，旨在对成都市老旧公园进行升级提质，加快建设践行新发展理念的公园城市示范区和国际消费中心城市战略部署，强化增景提质，创新公园治理，打造多元业态场景，促进公园生态价值转化。

建设行动首先遵循生态优先原则，坚持生态保护，城市修补与生态修复相结合，坚持集约节约，倡导节约型低碳园林建设。其次，遵循创新发展原则，坚持引导公园空间与城市街道空间、社区治理、多元业态有机融合，通过开展"公园+"的探索实践，发展公园经济，推进价值转化，实现景观提升、治理提升和业态提升。再次，坚持文化传承原则，坚持公园景观与城市文脉、人文精神相结合，塑造文园同韵的公园体验。最后，严守保护利用原则，坚持保护与利用相结合，传承并创新发展传统园林造景，以乡土植物、园林造景塑造新时代风景园林。

为保证行动的有效监管和落地实施，按照《行动计划》要求对建设目标进行定量化拟定：到2022年全市完成100个城市公园景观提升及场景营造工作，提升公园品质与服务水平；创建省重点公园6个，提升公园管理水平；完成市属公园管理体制机制改革试点，向全市公园推广；打造共建、共治、共享示范公园28个，全面推广共建、共治、共享做法；塑造30个公园特色品牌，促进"公园+文体旅商农"融合发展。

#### 4.3.4.2 策略举措

**1. 景观提升，促进城园融合**

聚焦老公园空间形态提升和街区融合建设。通过拆围、透绿、增花、添彩、筑景等提升措施，拓展"可进入、可参与"的绿色开敞空间，促进公园形态与城市空间融合，推进"拆围增景"公园景观升级工程。根据各实施主体单位具体情况，具体建设举措和实现路径如下。

——2020年，按照《成都市公园"拆围增景"实施方案（2020）》，实施人民公园、苏坡公园、塔子山公园、新华公园的"拆围增景"工作，共拆除围墙、绿篱2000m以上，提升改造公园2万 m² 以上；提升46个老公园景观。其中目标任务分解为：市公园城市局提升局属公园7个，市水务局提升公园3个、市兴城集团、市城投集团各提升公园1个，中心城区（5+1）各提升公园3个，其他区（市）县各提升公园1个。

——2021年，坚持"能拆尽拆"原则，推动完成全市公园"拆围增景"工作，促进公园形态与城市空间无界融合；提升38个老公园景观。

——2022年，全面完成公园景观提升及场景营造工作，公园品质得以大幅提升，提升38个老公园景观。

**2. 治理升级，提升运管效能**

探索公众共管共治、高效可持续的公园运管机制。开展公园管理运营机制改革试点，实现运管分离，将公园改造提升纳入社区发展治理整体规划，提升公园服务功能，多种形式开展共建、共治、共享活动，并详细制定分期落地实施路径。

——2020年将公园治理融入社区发展治理。上半年，人民公园、百花潭公园等市属公园选聘市民园长、市民监督员20余名，义务参与公园日常管理，收集反馈市民游客意见建议，积极建言献策，并与周边社区联合开展文化、体育、科普、文创等群众性活动。下半年，结合老公园治理提升工作，将公园治理融入社区发展治理，策划"爱成都、迎大运"公园主题活动，开展"公园绿道新场景、舒畅清凉新生活"公园城市场景系列活动，着力打造共建、共治、共享示范公园6个，启动人民公园、百花潭公园、文化公园、望江楼公园、苏坡公园、双桂公园6个市属公园管理运营机制改革，创建省重点公园2个，提升全市公园整体管理水平。

——2021年，促进公园景观提升、场景营造与社区发展治理有机融合，整体提升片区品质，打造共建共治共享示范公园 22 个，完成市属公园管理运营机制改革，并逐步向全市公园推广，创建省重点公园 2 个，持续提升全市公园管理水平。

——2022 年，进一步提升公园治理与社区发展治理融合水平，全面提升公园周边片区品质，全市推广共建、共治、共享示范公园做法；持续推进全市公园管理运营机制改革，构建适应公园城市可持续发展的公园治理体系，创建省重点公园 2 个。

### 3. 业态多样，推动价值转化

探索多元业态场景融合的公园价值实现机制。以公益业态为主导，彰显地域文化内涵，植入文创、文旅、休闲、大众美食等业态，提升公园价值，激活公园活力，营造绿色消费场景。

——2020 年，组织编制并印发《成都市公园（绿道）场景营造和业态融合指引》，指导全市公园场景营造与业态融合发展，促进"公园＋文体旅商农"融合发展，着力打造人民公园"鹤鸣茶社"、文化公园"蜀风雅韵"、新华公园"城市记忆"等 10 个公园特色品牌，充分挖掘利用地域文化资源，融合创新现代时尚文化元素，塑造"老成都、蜀都味、国际范"的文化场景品牌体系，有效提升公园价值转化水平。

——2021 年，以示范公园为引领，推进全市现有公园业态提升，深挖公园文化，打造一批具功能叠加、业态融合的公园生态游憩新消费场景，塑造公园特色品牌 10 个。

——2022 年，促进"公园+"融合发展，塑造公园特色品牌 10 个，实现全市公园经济收益持续合理增长。

### 4.3.4.3 经验总结

#### 1. 顶层统筹、系统组织

以成都市公园城市建设管理局作为统筹单位，印发《行动计划》，明确总体要求和实施机制，并定期组织监督检查，确保事前、事中、事后各项工作有力有序推进。

各区市（县）公园城市建设主管部门，以及市级相关单位按照《行动计划》协同配合，认真梳理本区域（本行业）公园现状，细化制定本区域（本行业）工作方案。以公园"拆围增景"工作、建设共建、共治、共享示范公园等专项工程，填报各年实施计划情况表，明确目标类别、责任单位、工作任务、实施点位和内容、提升面积、投资估算、进度情况、报送人等信息，形成完整项目资料库。

同时，落实行动实施经费保障，各单位将《行动计划》所需经费纳入年度预算安排，市级部门任务所需经费由市财政保障，区（市）县任务所需经费由各区（市）县保障。

**2. 传承创新、片区激活**

坚持因地制宜、因园施策，充分尊重公园地脉和文脉，对老公园景观空间、功能设施、业态场景进行更新升级。

以系统化思维展现公园城市"城园融合"理念，通过无障碍慢行体系贯通、街道一体化等举措，促进公园景观和城市街景的渗透融合。尊重公众切实需求，结合公园文化主题特色，以场景驱动、片区联动、整体激活为引领，植入公益性为主的多元业态，营造多元公园城市场景，提升公园社会综合效益。

**3. 重点实施、示范先行**

依据实施单位建设梳理清单，确定行动重点实施对象和示范点位，优先选择成都中心城区具有典型历史文化和乡愁记忆的老公园进行先期重点实施；加强宣传引导，充分发挥新闻媒介宣传推广作用，利用成都发布和各区市（县）、实施单位等的公众宣传平台，加大"三年行动计划"和落地示范的宣传力度；引导市民积极参与，形成全民参与、共建共治共享的良好氛围，形成示范效应，助力行动推广和全面落地。

## 4.3.5 公园城市街道一体化

公园城市理念对街道建设提出了新的要求。城市街道是城市体验的重要空间，《成都市美丽宜居公园城市规划（2018—2035年）》提出要建设清新宜人的城市街区公园场景，提出开展街道一体化设计营造是公园城市理念在街道层面的具体落实。

### 4.3.5.1 理念解读

**1. 总体目标**

公园城市街道建设，突破以交通为单一导向的建设目标，从追求生产价值转向生活价值，从经济导向转向人本导向，突出以人为中心，满足不同人群的使用需求。建设以人为本、安全、美丽、活力、绿色、共享的公园城市街道场景为总体目标的人性化街道（表4-5）。

公园城市街道一体化设计目标引导及实施措施　　　　　　　　　　　　　　　　　　表4-5

| 目标 | 实施措施 | 目标 | 实施措施 |
| --- | --- | --- | --- |
| 慢行优先的安全街道 | 保障优先的绿色交通 | 界面优美的美丽街道 | 亲切宜人的空间尺度 |
|  | 生态复合的天府绿道 |  | 开放连续的街道界面 |
|  | 安心可靠的慢行环境 |  | 艺术美观的街道设施 |
|  | 宽敞舒适的步行空间 |  | 顺应地形的街道走向 |
|  | 完整畅通的骑行网络 |  | 标识清晰的街角对景 |
|  | 安全便捷的过街设计 |  | 凸显特征的街道夜景 |
|  | 多网融合的换乘体系 |  | — |
| 特色鲜明的人文街道 | 传承街道历史空间特征 | 多元复合的活力街道 | 多样丰富的商铺业态 |
|  | 彰显街道天府文化内涵 |  | 积极连续的首层功能 |
|  | 延续街道特色风貌景观 |  | 分时共享的街道空间 |
|  | 融入社区现代生活文化 |  | 多元活跃的沿街场所 |
|  | 关注特殊群体人文关怀 |  | 便捷连续的人行出口 |
|  | — |  | 便利舒适的街道家具 |
| 低碳健康的绿色街道 | 层次丰富的街道绿化 | 集约高效的智慧街道 | 智能便捷的街道服务 |
|  | 生态集约的绿化空间 |  | 智能高效的交通服务 |
|  | 加强街道海绵功能 |  | 智能集约的街道设施 |
|  | 鼓励使用绿色材料 |  | 智能安全的街道监控 |
|  | — |  | 智能合理的管线布设 |

资料来源：《公园城市街道一体化设计导则》。

**2. 总体思路**

公园城市街道一体化建设，在规划设计思路上强调五大转变。一是从道路红线设计向一体化设计转变，把道路红线外与行人关系更密切的绿化带、建筑后退空间、建筑立面等全部纳入一体化设计；二是从原来的注重工程设计向注重街道整体景观设计转变；三是从以车行为主的设计向以公交和慢行为主的设计转变，突出建设城市慢行交通系统；四是创新公园城市街道场景表达新方式；五是地上地下空间并重，协调统筹街道立体空间，集约利用。

**3. 主要内容**

街道分类设计中，强调以场所及活动为主要设计引导依据，将街道划分为六种类型，分别是生活型街道、商业型街道、景观型街道、交通型街道、产业型街道和特定类型街道。

以六大公园城市场景为导向，分场景引导街道设计，将场景划分为生活型街道场景、商业型街道场景、景观型街道场景、交通型街道场景、产业型街道场景和特定类型街道场景。

#### 4.3.5.2 行动示范

公园城市街道一体化设计营建工作通过一系列示范，取得一定成效。现以望江楼街区主要街道一体化设计与公园场景提升为例进行分析阐释。

望江楼街区位于成都市武侯区与锦江区，北至九眼桥，南达川大校车站，西临川大东区运动场，东接顺江路与三官堂街，总面积73.4hm²。其中主要街道为锦江两岸的望江路与顺江路。项目主要围绕公园城市示范街区场景营建与街道一体化设计展开（图4-28~图4-30）。

图4-28 望江路街道一体化设计效果图
（图片来源：成都市公园城市建设发展研究院）

（1）总体定位

以建设美丽宜居公园城市背景下的天府锦城示范街区、川西园林典型名园、园校融合创新基地、美好生活特色场景为总体目标，以中国名园、川西园林瑰宝——望江楼公园与百年高校——四川大学为核心，以彰显川西园林美学底蕴为主题，以竹文化、望江楼文化、薛涛文化、码头文化为

图 4-29 望江路街道一体化设计效果图　　　图 4-30 顺江路街道一体化设计效果图
（图片来源：成都市公园城市建设发展研究院）　（图片来源：成都市公园城市建设发展研究院）

基调，构建文化体验、教育科普、餐饮娱乐、零售购物、游览休憩等多业态相融合的，具有生态价值、美学价值、人文价值、经济价值、生活价值、社会价值的践行新发展理念的公园城市示范街区。

（2）主要内容

项目以系统保护历史名园，传承川西园林文化；进阶场景营城理念，激活塑造核心价值；促"公园+"融合发展，激发老公园新活力；融合园校片区形态，渗透街道内外空间为设计理念，通过科学系统组织区域交通、绿地空间、场景空间，将历史名园融入公园城市人文街区场景中，打造满足高校及周边社区人群的多样需求的城市共享空间；以复合型空间呈现多元多变的使用场景，运用拆围、透绿、增花、添彩、筑景等开放式改造提升方法，拓展"可进入、可参与"的绿色开敞街区空间，促进公园形态与城市街道空间有机融合。

（3）技术手段

系统保护：以最大限度保护中国历史名园、全国重点文物保护单位、川西园林历史性与特色性为首；

生态透绿：采用多种园林手法，让公园、校园、绿道、锦江美景串联，成为相对完整的生态空间体系；

特色突出：运用川西园林造园手法，采用望江楼公园特色植物——竹，对街区空间进行综合提升；

业态融合：依托望江楼公园、四川大学内的特色和既有业态，通过植入慢行系统，将街区空间充分融入各类创新性强、参与性高、特色性强的业态；

场景营造：围绕可进入、可参与的理念，结合公园现状，对街区空间进行生态、生活、消费等综合性场景营造。

（4）案例成效

该案例是公园与街区之间街道一体化的创新性实践。通过将公园形态与城市空间有机融合，打造生活生态空间相宜、人城园和谐统一、景观优美的城市开放绿色空间。望江楼公园在保护园景的基础上，将公园与街区开放式打造，实现空间渗透、形态融合、业态多元。围绕街区一体化建设，实现绿道植入，串联街区与公园的各类场景，使街道、公园空间衔接、渗透交融，促进公园形态与城市空间无界融合。

#### 4.3.5.3 创新与展望

（1）理念创新

在成都建设践行新发展理念的公园城市示范区背景下，公园城市一体化街道建设将实现4个突破、4项融合。

规划理念的突破：突破过去道路红线内绿色空间不足、外侧刚性对接，实现空间融合、功能复合。

设计理念的突破：突破传统基于物质空间的设计理念，实现以人的需求为中心的设计。

建设理念的突破：突破传统填空式建设，实现空间渗透、协同建设。

管护理念的突破：突破传统建管脱节、先建后管的管养模式，构建超前谋划、建管协调节约持续的高品质运营管护机制。

生态的融合：融合过去割裂、零散、单一的附属生态空间，统筹道路绿线、道路红线、建筑红线，将道路绿地空间、建筑后退空间融合，形成一体化融合空间。同时，连点成线、织补成网，强化生物多样性和生态技术的先进性，筑就生态网络。

用地的融合：通过无缝衔接生态路网与居住、商业、办公等用地，实现与建设用地布局融合；通过协同建设生态廊道及生态路网，引领城市空间结构优化和片区形态塑造。

功能的融合：发挥绿色生态空间植物的生态隔离、降温增湿、减噪滞尘等生态功能；生态隔离机动车道与非机动车道，车行、骑行和步行各得其所，通过绿道、步道等慢行系统实现休闲、居住、工作等多种功能的有机衔接。

场景的融合：展现植物特色、彰显生态文化，依托生态路网叠加营建生态场景、休闲场景、消费场景、文化场景等多类公园城市融合场景。

### （2）展望

街道一体化设计是以人为本的道路设计，是公园城市理念在街道层面的具体落实，实现路权从属于车回归到从属于人。街道一体化设计关注人的需求，满足各类人群活动需求，同时实现街道品质及活力的提升。街道一体化理念设计营建理念将促进建设友好、安全、美丽、活力、绿色、共享的街道空间，形成公园城市街道特色体验场景。

## 4.3.6 公园城市与旧城有机更新

党的十九届五中全会通过《中共中央关于制定国民经济和社会发展第十四个五年规划和二〇三五年远景目标的建议》，提出成都等21个城市（区）成为第一批城市更新工作试点城市。《成都建设践行新发展理念的公园城市示范区总体方案》明确要求"有序推进城市更新，活化复兴特色街区"等重点建设任务，强调成都要加快建设宜居、绿色、人文、韧性、智慧城市。

成都开启公园城市有机更新全新探索，发布《成都市公园城市有机更新导则》《成都市"中优"区域城市剩余空间更新规划设计导则》《成都市公园城市"回家的路"金角银边景观建设指引》《成都市公园城市街道一体化设计导则》《成都市背街小巷环境品质提升导则》《锦江公园子街巷综合提升指引》等导则和技术指引，探索和实践超大城市存量时代转型发展新路径。

### 4.3.6.1 目标导向

为推动成都老城区公园城市建设，全面促进老城区城园融合发展，成都在有机更新过程中以提升城市能级、彰显城市魅力、完善综合治理为目标导向，满足人民需求，以公园城市建设引领城市有机更新。

**1. 注重人本化更新导向，以公园城市建设实现高品质生活**

围绕公园城市以人为本的理念，通过构建优质均衡的基本公共服务体系和市场导向的高品质生活供给体系，推动可进入、可参与的绿色公共空间与街道空间、慢行空间、公共服务设施交互融合，打造城绿融合渗透的新型现代化超大城市。

**2. 主动调适老城空心化，以产业转型升级助力高质量发展**

以中心城区为重点，加强片区综合开发、旧城更新改建，发展高品质

图 4-31　成华区东郊·音乐里工业遗址改造效果图
（图片来源：成都市成华区公园城市建设和城市更新局）

高能级生活城区。以文化为主题、旅游为核心、商业为载体，通过文商旅融合发展模式，发展具有时尚性、体验性、智能性、复合性的产业业态，持续增强区域功能。

### 3. 聚焦"三城三都"建设，以天府文化复兴彰显城市魅力

通过梳理天府文化脉络与资源特色，整合分散的历史文化资源，构建文化展示体系和街巷游憩体系，强化文化保护与传承，打造世界文化名城、旅游名城、赛事名城和国际美食之都、音乐之都、会展之都，塑造城市品牌，营造生活场景、消费场景，以文化聚合力带动城市发展，塑造"蜀风雅韵、大气秀丽、国际现代"的超大城市风貌（图 4-31、图 4-32）。

图 4-32　武侯区三国蜀汉城片区规划效果图
（图片来源：《三国蜀汉城项目策划规划
一体化方案》）

### 4. 空间更新与社区治理联动，以多元共治推动高效能治理

推进智慧城市和智慧社区建设，充分发挥党建引领下社区治理的自组织优势，鼓励支持社区居民、社会企业、社会组织等多元主体共同参与社区更新改造，促进社区共商共建共享共治，实现高效能治理。

#### 4.3.6.2 重点举措

从保护历史文化、升级功能业态、完善配套设施、修补人居环境、加强智慧治理五方面提出具体措施，将成都打造为人文之城、活力之城、宜居之城、魅力之城、韧性之城，形成公园城市有机更新总体导向。

**1. 保护历史文化，传承城市记忆**

坚持在更新过程中保护历史文化遗存，延续传统建筑风貌，活化利用历史文化资源，彰显天府文化魅力。

遵照《中华人民共和国文物保护法》《成都市文物保护管理规定》《成都市历史文化名城保护规划》确定的原则，对成都中心城区历史文化资源进行法定保护与登录保护，形成"本体保护、展示利用、综合发展"的保护框架。坚持在更新过程中对历史文化资源进行分类保护，明确历史文化街区与风貌片区、原有路网结构与建筑肌理、工业遗产等保护重点与方式，在更新过程中留住城市乡愁记忆。

对历史文化资源进行合理修缮、改造和恢复，延续传统风貌。活化利用历史文化资源，将现代功能融入传统历史建筑，对内部空间进行合理改造，匹配相应功能业态，激发街区活力。如成华区二仙桥片区利用厂房、仓库等工业遗址集群，将其改造为博物馆、创意办公区、文创产业基地等，对遗址进行合理利用与展示，发展文化创意产业，强化文化感知，促进传统区域活力再生，体现现代生活美学。

成都活化利用历史资源，形成"一核、一环、六线、八片"的展示利用体系。其中："一核"为历史城区文化核心区；"一环"为环城公园带；"六线"为川甘青茶马古道、古蜀道（金牛道），川藏茶马古道南丝绸之路西路、南方丝绸之路东路、成渝古驿道（东大路）、成渝古驿道（东小路）六条文化展示线路；"八片"为古蜀文化、蜀川画卷、多元包容、崇文重教四类八处展示利用片区。

古蜀文化片区（金沙遗址、明蜀王陵）建设综合类博物馆和专类博物馆，蜀川画卷片区（北湖、安靖、三圣乡）开发文化生态旅游、地域风光旅游等多种产品，多元包容片区（东郊记忆、工业遗产群）在公众可达的显著位置设立标识标牌，发展"互联网+"产业和文化创意产业，崇文重教片区（新繁）依托历史文化资源，发展文教、民俗旅游。

另外，成都市推进文旅项目建设，丰富文化节庆。以锦江绿道与环城生态公园串联组织重大文旅项目，整体形成"一环、一带、七段、多点"文旅产业发展结构，文旅、文化节庆结合，提升整体文化品位（图4-33）。

图4-33 成华区1950·时光里工业遗址改造效果图
（图片来源：成都市成华区公园城市建设和城市更新局）

### 2. 升级功能业态，提升城市能级

通过有机更新，植入新经济、新业态、新场景，培育新动能，促进产业转型，激发产业活力，提升城市能级。

加快非核心功能疏解，释放区域空间潜力，引导功能合理布局。根据城市规划确定疏解区功能，疏解后鼓励将原用地用作符合城市功能提升导向的功能。结合区域产业发展目标以及产业发展现状，从土地利用强度、产业经济效益、规划符合性等维度识别低效用地，疏解腾退后打造以新型科研、科技服务功能为主的高品质科创空间。

强化功能混合，结合功能业态类型，针对不同用地类型进行优化引导。利用土地用途混合、建筑功能混合等措施，提高产业用地复合性，集约紧凑利用产业发展空间，优化片区产业建设量占总建设量比例，促进产业集约发展和产城融合。

利用区位优势及周边资源，结合不同服务人群需求植入高端产业业态、社区商业形态，形成高品质多元场景。提升春盐、红牌楼、新南天地等老牌商圈功能，优化提升形态及业态，通过大力发展首店经济和特色小店经济，结合热门景点和公园推广夜间经济、假日经济，用好成都网红名片，营造个性化、体验化、智能化的特色消费场景。

强化金融服务功能，打造西部金融服务核心示范区。振兴老城金融服务区，推动互联网金融等新兴行业发展。借力高校科技成果转化，促进要素聚集，优化金融衍生品发展环境，促进金融科技和生态圈建设。

提升科创与文创功能，建设国际化极核。围绕高校及其知识经济圈建设科技研发孵化基地，加快推进高品质科创空间发展，鼓励工程技术创新核心区、新经济创新示范区产业空间提质增效，推动建设科技研究和创新创业高地。结合老城片区更新推动天府文化创新发展引领区建设，力促文化赋能创新发展,以文创延伸发展文化产业,促进产业多元融合,丰富产业形态和功能内涵,如武侯区稳步推动三国蜀汉城项目,助力三国文化创意产业极核发展(图4-34)。

### 3. 完善配套设施,提升生活品质

突出以人民为中心的价值观,坚持"设施嵌入、功能融入、场景代入"理念,构筑15分钟社区生活圈,全面提升老城生活品质,打造未来公园社区。

成都按照《成都市公园城市社区生活圈公服设施规划导则》,对公共服务体系进行优化,根据人群特征及实际需求适当调整公服配置标准,通过利用闲置用地及建筑改造,完善一站式社区服务设施,形成步行可达、全面覆盖、实用高效的"15分钟社区生活圈",建设未来公园社区。

以人为本,精准化分析现状人口结构,考虑不同年龄人群的实际需求,确定更新单元亟需完善的配套公服设施类型,精细化完善面向未来生活需求的公共服务设施。构建"轨道+公交+慢行"的绿色交通体系,强化居住与就业两端的轨道站点覆盖率,增设公交站点,完善智慧交通设施,提升通勤效率,解决出行"最后一公里"及老城"停车难"等问题。

### 4. 修补人居环境,彰显城市特色

以全域生态资源为底,以自然为景,描绘"绿满蓉城、花重锦官、水润天府"城市风景,彰显老城魅力。

完善公园体系,推动老旧公园特色化、精细化、艺术化改造,精心营造公园城市场景,鼓励"一园一主题"。结合水岸治理、河道一体化设计,打造锦江公园公共活力带,挖掘腾退沿线空间资源,建设高品质慢行绿色空间(图4-35)。

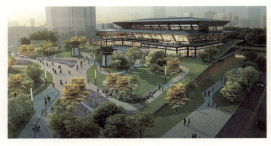

图4-34 武侯区三国蜀汉城一期
(3508厂改造项目)效果图
(图片来源:成都市武侯区公园城市和城市更新局)

图4-35 望江楼公园街区场景营造效果图
(图片来源:成都市风景园林规划设计院)

推进老城"两拆一增"（拆除公共区域的违法建筑，拆除有碍空间开放的围墙，增加公共开敞空间的专项工作），实施立体绿化，鼓励公共建筑屋顶绿化改造，桥柱、建筑墙体垂直绿化，增加绿化场景的日常感知。已建小区和老旧院落以"金角银边"、一环路市井生活圈和锦江公园子街巷等城市品质提升工程为牵引，通过亮、平、透、补、疏、敞、荫、缀八大策略进行公园化整治提升，营造公园化精致生活场景。

按照《成都市公园城市街道一体化设计导则》对街道空间进行改造，建设以人为本、安全、美丽、活力、绿色、共享的公园城市街道场景。

按照《成都市"中优"区域城市剩余空间更新规划设计导则》，充分利用边角空间，打造环境宜人、功能复合的公共空间，提供休闲交往空间，增加绿化景观，缝合城市功能，提升区域活力，提高公园绿地覆盖率与均衡度（图4-36、图7-37）。

**5. 加强智慧治理，实现安全韧性**

加强老城防灾减灾能力，结合绿地广场等开敞空间布局常态化疫情防控设施、应急避难场所和防灾设施，注重"平灾结合"，打造地面安全空间，提升老城灾害恢复能力与适应能力，完善安全设施及智慧社区建设。

推进老城海绵城市建设，鼓励海绵设施与景观一体化设计建造，通过建设防洪堤坝、雨水花园、雨污分流工程等措施，整体提升老城区防洪排涝能力。

结合新基建，对老旧社区进行智慧化改造，构建一体化智慧社区治理平台，通过城市感知系统引领智慧社区建设，夯实成都智慧、安全、韧性城市建设。

图4-36　武侯区玉林巷子改造效果图
（图片来源：《市井生活圈武侯区一环路
功能提升策规整体方案》）

图4-37　锦江区宏济路改造效果图
（图片来源：《市井生活圈锦江区一环路功能
提升策规整体方案》）

#### 4.3.6.3 路径方法

**1. 以更新评估为基础,厘清现实存在问题**

建立评估体系,开展五维体检。以问题为导向,结合城市体检与五大更新目标,对更新区域重点从历史文化、功能业态、配套设施、环境品质、安全韧性的五个方面开展五维体检,厘清现状问题,明确更新方向和重点。

**2. 以更新单元为工具,强化四项实施重点**

统筹片区空间资源,以"更新单元"为空间载体,对建筑容量、配套设施、开敞空间等各类空间要素进行整合、分配和优化。通过"更新单元"与控制性详细规划进行衔接,落实更新规划核心内容,保障更新意图落地。

**3. 以多方参与为模式,统筹更新五位一体**

以市区联动,政企合作为导向,鼓励政府把控、市场主导、公众参与。发挥政府统筹协调作用,主责更新空间腾退与土地收储,加强相关政策支撑,排除项目实施前期障碍。以市场需求为导向,引入相关企业,推动全链条策划、规划、设计、建设、运营五位一体,联合地方政府、开发企业、基层党委等多元主体,建立多元主体共治机制。

**4. 以综合治理为手段,推进社区持续更新**

引导社区自治组织持续跟进,采用居民志愿参与的自治方式,构建社区基金会、议事会等自治载体和空间,引入社区规划师制度,鼓励公益、企业等多方主体广泛参与,建立社区更新的长效机制。

#### 4.3.6.4 示范行动

**1. 老旧住区改造提升行动**

按照《成都市城市有机更新实施办法》《成都市"中优"区域城市有机更新总体规划》,将具有一定建成年限、建筑结构老化且质量较差、公共设施亟须完善、环境品质亟待提升的老旧居住区确定为重点更新对象。

以人居环境品质综合提升为导向,通过建筑风貌更新、配套设施优化、景观环境提升三大措施对老旧小区形态和功能进行整治、改善、优化。结合《成都市公园社区人居环境营建导则》,通过"亮、平、透、补、疏、敞、荫、缀"八大策略重点对老旧院落小区进行公园化整治提升。

(1)"亮"小区入口——营造公园化小区入口场景

入口场景是老旧小区的"面子",一般由值班室、大门主体、绿化景观、

图 4-38　抚琴西南街社区夜景
（图片来源："成都公园城市"微信公众号）

门禁系统组成。通过亮化入口标识、融入人文特色、优化植物景观等措施营建公园化小区入口景观，满足出入安全、标识清晰、邻里交流等要求。

（2）"平"道路路面——营造公园化社区道路

根据道路的不同性质，选用适宜的路面材质，提高小区美观性、舒适性。景观设施在体现艺术美学的同时满足遮阴、避雨、休闲和观赏等功能需求，营造温馨宜人的小区道路氛围，保障出行畅通无阻、平整完好、安全整洁（图 4-38）。

（3）"透"围墙景观——营建透绿缀景的小区围墙景观

落实公园城市理念，落实两拆一增，拆除有碍空间开放的围墙或进行围墙的通透化处理，有条件的改造为通透式围墙，打造节点透绿，实现小区内外绿色空间渗透，无界融合片区形态。采用传统实体（砖砌）围墙、川西园林景观围墙、绿篱整形围墙、艺术围墙、花艺围墙等形式营建透绿缀景的围墙景观（图 4-39、图 4-40）。

图 4-39　蜀都大道（十二桥）运用垂直绿化艺术景墙进行文化展示
（图片来源：成都市风景园林规划设计院）

图 4-40　星辉中滨河路红砖景墙为居民提供品质滨江生活空间
（图片来源：成都市风景园林规划设计院）

（4）"补"游园功能——营造公园化小区游园场景

通过打造口袋公园、艺术性改造运动微空间等措施补充活动功能，优先营建儿童、老人和其他人群的活动空间，增加休憩、健身、科普、儿童游乐等设施供给。优化供给特色，提供趣味性强、互动智能、绿色低碳的休闲设施。

（5）"疏"宅旁绿地——因地制宜的宅旁疏绿

紧靠建筑、具有安全防护、美化环境等作用的绿地，需要考虑底层住户采光通风需求，并在保护植物的基础上，对宅旁的植物进行修剪疏枝等养护，尽量满足低楼层居民的日照、采光、通透的环境要求。通过宅旁疏绿、立体绿化、提升彩度等措施，因地制宜打造主题性趣味花园场景。

（6）"敞"活动场地——多元功能空间营建

营造邻里交往的共享客厅，满足周边市民休闲健身、邻里交往、活动表演等需求。考虑全龄人群需求，强调创意精巧与人文关怀，关注活动空间的功能复合性。依据场地条件，按侧重游憩型、文化展示型、主题植物景观型等多种模式进行打造，注重创意性和趣味性（图4-41）。

图4-41 武侯区玉林四巷改造爱转角主题文创街区
（图片来源：蔡秋阳 摄影）

（7）"荫"停车区域——停车场绿化提升

结合园林绿化空间，设置生态林荫停车位，提高绿地面积。在保障车棚空间停车需求的基础上，对老旧车棚的空间环境美化、绿化，适度挖掘"车棚+阳光花房""车棚+社区服务""车棚+休闲娱乐（乒乓球桌、露天影剧院）"等多种复合功能。

（8）"缀"院落立面——多维缀景美化第五立面

对居住建筑屋顶、阳台、檐口等进行绿化美化。结合休闲游憩、观景远眺、公共交流等不同需求，以座椅、遮阳棚、种植箱等景观要素围合布置休憩空间。小区屋顶鼓励采用种植箱种植瓜果蔬菜，开辟"天空农场""一米菜园"等屋顶都市农业新场景。

## 2. 市井生活圈城市记忆传承行动

成都市相继出台《成都市公园城市街道一体化设计导则》《成都市中心城区特色风貌街道规划建设导则》《天府锦城街巷游线体系策划规划》，谋划打造特色街区，并将其融入片区发展规划建设。

为促进文旅产业融合发展，打造世界文化名城，成都持续推进文化特色专项行动，重点打造天府锦城"八街、九坊、十景"。优化提升社区公共文化服务，创作一批天府文化精品，推出一批具有天府文化魅力的品牌文旅活动，建设一批彰显天府文化特色的重大功能性项目。

结合街区特质，打造锦里川西民俗、宽窄巷子、枣子巷中医药、黉门里国学、合庆里商业街等特色文化街区，进一步优化城市街道空间，提升市民幸福感、获得感。通过营造新消费场景，推动历史建筑保护利用与天府锦城、天府文化公园、一环路市井生活圈等重大项目集中呈现。大力发展夜间经济，培育夜市、夜食、夜展、夜秀、夜节、夜宿等业态，争创第二批国家级文化和旅游夜间消费集聚区（图4-42、图4-43）。

另外，成都着力塑造品质特色IP，争创"国家文化和旅游产业融合示范区""国家文化与金融合作示范区""国家夜间文化和旅游消费集聚区"。提升核心IP显示度，创新芙蓉、熊猫、蜀汉、古蜀、诗画、休闲等核心文

图4-42 枣子巷中医药文旅特色街区
（图片来源："成都枣子巷"微信公众号）

图 4-43 枣子巷中医药文旅特色街区
（图片来源："先锋成都"微信公众号）

图 4-44 高新西区合庆里特色街区
（图片来源："成都高新区电子信息产业发展局"微信公众号）

化 IP 运用转化，打造"成都手作"IP，重塑民俗活动 IP，开发特色体验消费场景，提升活动品牌国际影响力（图 4-44、图 4-45）。

### 3. 锦江公园子街巷提升行动

锦江公园子街巷指成都市中心城区内，锦江两岸各 1~2 个街区范围内垂直于河道的街巷（图 4-46）。按照《锦江公园子街巷综合提升指引》《天府锦城街巷游线体系策划规划》要求，通过挖掘文化底蕴、塑造旅游亮点、植入体育设施、优化街巷环境、建设多元消费载体、植入 5G 数字化应用设施等措施，对锦江公园子街巷进行综合提升，串联周边社区、景区、赛事场馆及都市工业示范街区，与锦江开敞滨水空间有机融合。

锦江公园子街巷分为天府锦城街巷游线体系、特色商业街区、"回家的路"社区绿道三种类型。重点对街巷风貌、绿化空间、配套设施、业态提升、场景营造、社区治理六个方面分别进行提升改造。

图 4-45 高新西区合庆里特色街区
（图片来源："华润万象生活物业成都中心"微信公众号）

图 4-46 子街巷与锦江公园串联示意图
（图片来源：《锦江公园子街巷综合提升指引》）

图 4-47 枣子巷街巷景观改造　　　　图 4-48 九眼桥酒吧一条街滨水绿地
（图片来源："成都枣子巷"微信公众号）　（图片来源：蔡秋阳　拍摄）

（1）街巷风貌

统筹提升街巷两侧建筑立面风貌，通过规范建筑立面、商铺门面、广告招牌、店铺橱窗、街道围墙等，塑造层次鲜明、色彩融和、地域文化突出、具有历史底蕴和现代艺术格调的街区风貌（图 4-47）。

（2）空间环境

结合锦江景观风貌和街巷绿色本底，通过景观品质、园林绿化提升等，创建绿色生态、活力宜人、安全便利的公共空间。

（3）配套设施

以市民需求为出发点，统一开展子街巷基础设施功能化、艺术化、风格化改造工作，提升街巷整体服务功能与文化氛围。

（4）业态提升

以培育新产业、塑造新场景、发展新业态为引领，综合考虑晨间、夜晚、周末等全时消费需求，在子街巷中有机嵌入观光旅游、文化创意、民宿酒店、文博展示、时尚美食、酒吧娱乐等特色产业。

（5）场景营造

以锦江公园和子街巷为载体，加强场景项目策划，开展社区多元体验活动，引导社会大众积极参与，凝聚广泛共识，形成良好社会氛围（图 4-48~图 4-50）。

（6）社区治理

加强街巷美化更新的过程中的社会参与性，依托梳理出的零星街角用地，引入社区规划师共同谋划，发动市民参与建设提案，以共建、共治、共享的街巷治理方式，实现街巷的自我改革、发展、优化。

图 4-49　九眼桥滨水微舞台　　　　　图 4-50　金牛区—北门里爱情巷
（图片来源：蔡秋阳　拍摄）

#### 4. "金角银边"场景营造行动

"回家的路"是链接市民生活家园的最后一公里，是最能体现人民群众获得感、归属感的路，也是公园城市美好生活的体验空间。成都市印发《公园城市"回家的路"金角银边景观建设指引》，充分挖掘城市中被忽略、未充分利用的边角空间，聚焦市民幸福美好生活，通过多维增绿、场景赋能等路径，将其打造成为公园城市的"金角银边"。以"回家的路"串联城市"金角银边"，优化布局"多、小、精"的微空间、新场景，丰富充实市民多元生活体验。

（1）精准惠民，以场景营造作为驱动城市有机更新与可持续发展的新路径。着力于细微之处，以多元场景营建为统领，激发公园城市人居环境营造，构建宜业、治理新路径，营造融合体育、文化、商业、休闲等的"1+N"复合型场景。实现城市边角空间从"零散"空间到"体系"空间，从"普通"空间到"特色"空间，从"消极"空间到"活力"空间，从"低质"空间到"品质"空间，从"廉值"空间到"价值"空间的转变。

（2）多维一体，聚焦民生福祉，打造公园城市"金角银边"幸福美好生活品牌。充分利用、合理规划、定制设计，精准对接社区需求，结合幸福美好生活十大工程，以社区绿道串联公园城市"金角银边"场景营造，升级居民身边的优质公共服务微空间，串联小而精、微而美的生产、生活、生态微场景集群，把城市发展成果转化为市民可感可及的美好体验与温暖归属。

（3）绿色推广，先行探索绿色低碳发展的绿色建造模式和绿色生活方式。秉承科学绿化、绿色低碳、生态环保的建造理念，践行精明增长的空间利用方式，利用小、多、散的城市剩余空间探索系列绿色建造方式，推

图 4-51 玉林西街转角文创微花园
（图片来源：蔡秋阳 摄影）

图 4-52 武侯区—玉林三巷·巷子里
（图片来源：蔡秋阳 摄影）

进宜绿则绿、应绿尽绿，创造推动生态资源价值转化，引导绿色生活、绿色消费、绿色出行，探索绿色低碳、资源节约、环境友好的生产生活方式。

（4）深化示范，构建全方位、多层级的金角银边场景营造，创新管控与实施机制模式。顶层统筹，强化公园城市建设管理局统筹及监督管理作用；建立"市级职能部门+区县职能部门+街道社区+专业团队"协同配合机制，健全现代治理体系，增强公园城市治理效能；创新实施"EPC+O"模式，构建"政府主导+市场主体+专业运营"的建设运营模式，协同推进，汇聚多元合力（图 4-51、图 4-52）。

#### 4.3.6.5 实践经验

**1. 政策方面：搭建"1+N"政策体系框架**

成都以完善城市有机更新政策体系为重点，强化更新理念和更新机制建设，推进城市更新与公园城市建设深度融合，结合自身发展实际，构建了"1+N"政策体系框架。在理念上，转变原有点状式、碎片化的旧城改造模式，以片区为单元推动整体更新。在机制上，充分发挥政府规划引领、政策支持、资源配置的作用，发挥市场主体进行高水平策划、市场化招商、企业化运营的作用，坚持对更新项目实行政策、规划、设计、建设、运营一体化工作机制。

**2. 规划方面：形成三级更新规划体系与更新要素指引**

建立"更新总体规划、区（市）县更新专项规划及行动计划、更新单元实施规划"三级规划体系，全面推进《成都市"中优"区域城市有机更新总体规划》《成都市区（市）县城市更新专项规划及行动计划》《城市更新单元实施规划》等规划编制工作。

通过《成都市公园城市有机更新导则》进行总体引导，明确总体目标导向、主要路径方法、实施建设方式、基本机制保障。通过《成都市"中优"区域城市剩余空间更新规划设计导则》《成都市城镇老旧小区改造技术导则》《公园城市"回家的路"金角银边景观建设指引》等分项指引，从微观层面提出具体要素的更新规划与建设指引。

**3. 实施方面：采用"片区系统化推进+点状项目探索"相结合的方式**

成都市结合公园城市建设已开展多类有机更新实践，在老城通过核心项目和重点片区带动，系统化推进更新工作；同，各区（市）县也通过项目实践探索了多元有机更新模式。

开展天府锦城"八街九坊十景"、锦江公园、一环路市井生活圈等片区系统化统筹推进的更新重大工程。

开展枣子巷特色街区、猛追湾市民休闲区、八里庄工业遗址、玉林社区微更新、临邛古城文脉坊、安仁古镇等更新项目，探索成都有机更新的多元路径。运用"EPC+O"新模式，实现了政府投资与市场化、专业化运营的有机结合。

注重文脉延续和本地文化利用，在保护基础上对其进行活化利用。构建"文化+"产业生态，赋予区域新发展活力，以社区治理为手段创新推进社区微更新的模式。

## 4.3.7 公园城市乡村表达

成都位于青藏高原向四川盆地过渡区域，市域西部山区分布有 126 座海拔 3000m 以上的高山，东部有最高海拔 1051m 的龙泉山，中部为平原地区，南部和东部为丘陵地区。广大的乡村位于中部平原城市周边地区和南部、东部丘陵地区，岷江水润、美田弥望、茂林修竹、蜀风雅韵。道法自然的都江堰水网孕育了星罗棋布的川西林盘聚落，川西林盘是具有中国人居特色的集生态、生产、生活、景观、文化于一体的典型乡村聚落之一。

党的十九大提出了乡村振兴战略。2019 年 12 月，国家发改委等 18 部门制定并印发了《国家城乡融合发展试验区改革方案》，成都西部片区被确定为国家城乡融合发展试验区；2021 年 2 月，国家发展和改革委员会正式批复《四川成都西部片区国家城乡融合发展试验区实施方案》，由此开始加快了成都市城乡融合试验区建设的步伐，标志着成都西部片区推进国家城乡融合发展试验区建设进入新阶段。公园城市示范区目标下的乡村表达不仅是成都落实乡村振兴战略的重要路径，同时也是加快成都城乡融合试验区建设的重要抓手。

#### 4.3.7.1 公园城市乡村人居表达

以成都平原为空间依托的川西林盘具有鲜明特质、稳定肌理和独特印记，需要通过对川西林盘聚落系统科学地保护、传承、运用、创新，塑造公园城市乡村人居环境。川西林盘作为成都平原上星罗棋布的典型乡村聚落，由田园、林木、宅院、水系等形态要素融合形成的田间"盘状"聚居点，是集生态、生产、生活、景观、文化于一体的川西平原典型的乡村聚落，保护提升川西林盘聚落，需注重以下理念：一是应树立生态理念，系统地保留、培育、优化生态绿地系统；二是优化用地管控，保护林盘聚落空间形态；三是注重传承创新，系统保护、整治、传承、创新川西民居宅院；四是展现人文理念，保护乡村田园生态景观和乡土、民俗文化景观；五是凸显产业融合理念，塑造适应乡村产业结构变化和新的生产生活方式的产业空间；六是强化设施支撑，从保护与发展角度，构建公共服务和基础设施系统。在上述理念指导下，落实以下重点策略：

**1. 保护、培育和优化生态绿地系统，维持环状网络化生态空间结构**

树立整体生态保护理念，充分研究认识乡村生态结构特征和价值。在乡村保护规划建设中，详细调研乡村生态资源，分析植物群落的生态特征和空间结构，不轻易侵占林木资源，尽最大努力保留、利用、优化环状网络化生态资源，维持环状网络化生态空间结构，有机组织生态斑块、生态廊道，并增强其功能性。

**2. 优化用地管控，维持合理的布局结构，保护林盘聚落整体空间形态**

从林盘聚落整体形态的保护出发，合理确定农村居民建设用地指标和数量，严格控制高强度、高密度建设，控制小区化、城镇化、高层化的住宅建设倾向；科学引导建设用地标准的执行和计算方式，科学合理地管控人均建设用地和宅基地指标计算方式，维持建设用地组团式的布局结构。

**3. 注重传承创新，系统保护、整治、传承、创新川西民居宅院**

研究乡村建筑群体空间组合形式、脉络，有机延续建筑群体组合形态、肌理；分类保护、整治乡村传统民居，引导新建筑形成川西民居特色，延续川西民居的形态、风格、色彩，控制新建筑体量、高度等；探索创新适应现代生产生活方式的新川西民居建筑，从建筑空间组合的传统肌理、民居文化传承和生态型、节能型创新方面探索新川西民居住宅设计。

#### 4. 保护、优化、展示乡村生态田园景观和历史、乡土、民俗人文景观

整体保护田、林、宅、水等景观要素形成的外密内疏、疏密相间的乡村田园景观整体形态；将传统园林手法与乡村人居空间进行有机结合，增强生态绿地的功能性、游憩性、艺术性；凸显农耕文化、乡土文化、民俗文化、民居建筑文化等人文景观特色，加强传统农耕、乡土、民俗、民居文化的传承、展示需要，保护乡村人文景观。

#### 5. 促使乡村林盘聚落与产业结构调整、空间布局相协调

促使乡村林盘的形态、空间、功能、特色与生产方式、产业发展相互协调，综合考虑花卉苗木等特色产业用地的布局，既要促进产业发展，也要兼顾林盘聚落保护，避免花卉苗木产业用地侵占乡土林木资源，提高新型产业空间与林盘聚落的空间形态的协调性。

#### 6. 加强设施支撑，构建公共服务和基础设施系统

按照《成都市新农村规划建设技术导则》等标准补充、配置基层管理设施、文化设施等公共服务设施，健全社会管理体系，改善环境卫生状况；完善乡村外部道路交通体系、内部机动车道建设、消防车道建设、停车场建设、游憩步道建设、电力电信、燃气供应、供水、雨水排放、灌溉水系整治、污水处理、环境卫生设施建设。

### 4.3.7.2 公园城市乡村表达图景与示范

落实国家发改委示范区总体方案中关于厚植绿色生态本底、构建公园城市优美形态、塑造宜居美好生活、宜业优良环境的相关要求，以高质量彰显公园城市乡村表达为目标，描绘公园城市乡村五大图景。一是原生乡村风光：展示地域乡土景观，构筑两山叠翠、水润天府、林（盘）田相依、沃野千里的绿色生态画卷；二是美丽乡村形态：以保护传承川西林盘为抓手，突出乡风蜀韵，形成川西平原农耕文化与乡愁记忆的重要载体；三是田园乡村生活：遵循城乡融合、普惠共享、均等覆盖的原则，提供完善便捷的公共服务，打造绿色低碳、智慧高效、全民可及的幸福生活图景；四是特色乡村产业：推进城乡产业融合，创新乡村消费新业态、新场景，实现城乡产业共荣、村民共享的特色产业图景；五是现代乡村治理：以建立

"党建引领，多元参与"社区共治体系，完善现代乡村治理体系及模式，搭建"村党总支＋集体经济组织＋农民专业合作社＋农户"的合作体系，形成共建共治、智慧有序、互惠共享的新时代乡村治理图景。着眼公园城市乡村表达图景，彰显成都乡村总体特色，凸显乡村人居表达，强化农商文旅体融合发展，融入绿色生态与智慧治理理念，塑造雪山下公园城市的川西乡村生活，全面系统推动乡村振兴，实现生态美、产业兴、百姓富。重点围绕以下几项示范工作展开：

### 1. 绿色生态建设示范

通过森林景观营造技术，构建两山两网、两圈六楔森林景观体系，营造城乡融合的森林生态系统；运用川西林盘保护修复技术，营造乡村聚落的生态本底；通过水生态修复技术，依托岷江、沱江水网构建蓝绿交织的公园体系；推进乡村生态降碳减排，促进乡村绿色发展；做强两山区域森林碳汇功能，发挥森林资源优质"碳库"作用。

### 2. 产业融合创新示范

依托天府绿道体系及全域公园体系，引导乡村区域主动承接城市产业功能外溢，创新植入共享经济、周末经济、夜间经济等，推动城乡产业互动，实现乡村产业多元化发展，进一步发挥大都市带大乡村的优势；围绕建强农业产业"科技链、服务链、产销链"，实施强链补链行动，强化农业全产业链体系；有机植入多种新经济新业态，推进农商文旅体融合发展。

### 3. 乡村人居提升示范

对川西乡村聚落空间进行整体性保护，保护山水田园环境、强化景观要素体系，营造乡土特征意象空间；结合雪山、森林、农田、古镇、温泉等在地资源，构建乡村林盘美学新格局；通过竹编、制陶等传统技艺文化创新植入，构建"林盘＋"多元文化场景；通过梳理农田肌理、丰富植物季相变化、创新田园艺术造景等手段，打造"可辨识、可进入、可遥望"大美农田。

### 4. 科技智慧赋能示范

构建公园城市绿色生态智慧服务平台，整合全市绿地信息系统基础上融合国家公园管理系统、城市公园管理系统、天府绿道服务系统、川西林盘、园林保护系统等，建设全域绿色、生态、安全、服务一体的数字平台；通过创新智慧农业管理平台、完善智慧设施农业等技术手段推动现代农业发展；将信息技术与传统乡村生活相结合，培育新产业、新业态和新模式点亮乡村智慧场景。

**5. 乡村发展治理示范**

立足近年来开展的集体经济薄弱村"消薄创先""强村行动"等乡村发展治理实践基础优势,重点聚焦集体经济组织新模式培育;强化利益联结机制,鼓励多方力量参与乡村发展建设,推广多元主体共富途径;引导原乡人、新乡人、归乡人共创共建共享,增强乡村的凝聚力和认同感,促进乡村的可持续发展。

## 4.3.8 公园社区建设

公园社区是建设公园城市的重要抓手,因地制宜地推进不同区域公园社区的实践与探索,倡导共建共享,提升社区治理水平、丰富公园社区建设内涵,有利于公园城市落实人民对美好生活的向往,促进"人城产"融合发展。2020年9月,中共成都市委城乡社区发展治理委员会发布了《成都市公园社区人居环境营建导则》(以下简称《导则》)。《导则》由中共成都市委城乡社区发展治理委员会和成都市公园城市建设管理局组织,由成都市公园城市建设发展研究院负责编制。《导则》着眼践行新发展理念的公园城市示范区建设,立足城镇社区、乡村社区、产业社区三大类型,以建成环境优美的绿色社区、舒朗宜人的美丽社区、开敞通达的共享社区、特色鲜明的人文社区、创新多元的活力社区、智能高效的智慧社区为目标,营建尺度宜人、亲切自然、全龄友好、特色鲜明的社区环境。推进公园城市社区细胞的建设发展,传承创新川西园林和川西林盘文化,与社区功能布局相协同,与空间形态相协调,与业态场景相融合,提升整治人居环境,营建公园社区场景。2020年10月24日,成都市规划和自然资源局发布了《成都市公园社区规划导则》,为成都接下来建设公园社区提供了详细的规划指引。2022年7月,成都市住房和城乡建设局出台了《成都市未来公园社区建设导则》,推动公园形态与社区肌理相融、公园场景与人民生活相适、生态空间与生产生活空间相宜,建设品质化现代社区。

### 4.3.8.1 公园社区的概念

"公园社区"是成都在建设践行新发展理念的公园城市示范区背景下,社区规划理论与实践的全新探索,是"公园城市"的细胞单元,是把"市民–公园–社区"三者关系协调融合作为社区建设的首要目标,其内核是以人为本，顺应人民群众多元化、多层次、品质化的生活需求，满足社区全人群对美好生活的向往，是实现公园形态与社区肌理相融、公园场景与人民生活相适、生态空间与生产生活空间相宜的理想社区构建模式，是绿量充沛、尺度宜人、景观优美、设施完善、业态丰富、全龄友好、特色鲜明的绿色、美丽、共享、人文、活力、智慧社区。

公园社区的建设更加注重生态属性、公共属性与空间属性相结合。建设公园社区需要在尊重和优化生态系统及资源基础承载力的同时，在社区生态空间结构、社区形态、社区环境及多元应用场景等方面提高生活质量。因此，推进公园社区建设实践探索，能全面提升城市宜业宜居宜学品质，让每一个市民感受到公园城市建设的温度。

#### 4.3.8.2 公园社区相关案例研究

##### 1. 纽约 Sunnyside Yard 社区

Sunnyside Yard 社区位于美国纽约市东的西皇后区，占地 57hm²，是纽约市内最大的火车场站，建于 1910 年，历史悠久。这里作为北美最繁忙的客运铁路设施之一，是国家铁路基础设施的重要组成部分，场站主体部分于 1960 年被整体拆除后，除了铁路线及车辆段还在投入使用，其整个地区一直还处于未开发的状态，成为纽约城市中珍贵的土地储备。随着城市的发展，为缓解周边区域压力，重新规划该区域是城市制定未来发展计划的重要环节。由于特殊的地理位置，重新规划设计能有效联动东北部，推动城市的就业增长和物质信息交流传递。因此，在这样的环境背景之下，纽约市经济发展局以及美国国家铁路客运公司（Amtrak）组成了由社区领袖、区域思想领袖和技术专家的科学团队对区域进行总体规划，目的是将该片区建设成为满足居民需求、联动城市区域及实现空间有效开发利用的美好社区（图 4-53）。

以人为本，营造品质空间。基于铁路仍用于运输无法移除的现实情况，为避免铁路对居民的生活造成影响，该规划采取立体空间营

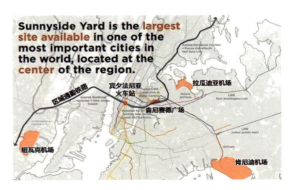

图 4-53 Sunnyside Yard 社区区位图

图 4-54　立体空间营造设计图

造的理念，在整个铁路上方搭盖稳固厚重的甲板，形成另一层城市开发空间；原本的铁路运输及地铁线在地下正常运营，并且增加能直接到达社区内部且通往市中心的新线，保证区域的联动性。上盖的另一层 24hm² 的空间重新规划，注重绿色生态理念，以线性公园将空间系统串联，围绕慢行优先，构建优良的步行环境和融合无界的软性界面，持续引导市民出行方式的合理性转变（图 4-54）。

产城融合，提升社区活力。基于区域较强的文化产业基础，本规划通过铁路与地铁串联周边区域，引入周边互联网科技、先进制造业、生命健康等先进产业。社区在规划上为优质产业提供大量的空间载体，包括科技研发、制造空间、宣传教育及商业办公等，将整个创意研发场景融入社区之中，持续不断地为社区注入活力，通过多元功能的复合，引导建立更多相关创新场景，让社区成为集产业、居住区、校园等于一体的多样化可持续性活力空间（图 4-55）。

节能环保，加强可持续性。通过重新规划改造，该片区将会在未来成为引领城市发展的新中心，能促进区域形成示范引领。规划建设高标准的信息基础设施，对自然中的光、热、电、声等能源进行收集并作为使用数据，支撑整个社区的环境调节和能源使用基础。同时建设雨水循环利用系统、垃圾处理系统，保证资源的有效节约利用。在环境设计上还充分利用"海绵

图 4-55　产城融合规划图

城市"的理念，提升整体环境的韧性承载力。

### 2. 杭州瓜沥七彩社区

之江未来社区位于杭州主城西南侧，钱塘江之滨，厚植于杭州历史文化与城市山水格局，是杭州市之江板块重要的综合公共服务中心、城市发展轴线上的重要生活节点。之江未来社区以"创维山水"为总体设计理念，将未来科技与杭州传统的居住精神相融合，强调在城市的多维系统里延续以山水为核心的杭州人居精神脉络，在自然生态本底中创造"居行望游"于一体的未来社区多元场景。

规划方案基于环水绕屿与社区道路交织的思路，构建出一岛、二园、三环、四街、五象限的总体空间结构。"一岛"为位于社区中心的创意岛，是社区功能复合的共享平台，是构建社区立体化、生态化、人文化景观系统的重要载体。"二园"为依附于岛屿东西两侧的两大景观公园，是兼具亲子休闲游憩与体育健身等附属功能的区域生态绿肺。"三环"为慢行环、换乘环、生活环三个不同维度衔接不同层级功能设施与开放空间的交通环线。"四街"为四条不同主题的社区街道，工作街连接社区内两大TOD中心，串联科创空间与办公区域；创意街结合杭州水街形态与新科技体验，打造社区公共标识；亲子街实现公共站点到家门口的安全、有趣接驳；生活街贯穿整个社区，连接社区休闲活动空间，打造多元活力邻里路线。"五象"限为五大功能象限，聚合人气的创意与共享象限、TOD导向的商业文化象限、科技创业为主的高科技象限、人行尺度的悠闲居住象限、环境优美的教育象限（图4-56）。

构建未来智能交通体系。三环中的"换乘环"旨在提供不同的社区换乘方式，解决从公共站点到入户的"最后一公里"的交通问题。无人车以地铁站为初始起点，连接区域内公共交通体系，串联社区公交站点和各功能区；共享单车和地下快速自动人行道等智能平台，构建社区5分钟的社交生活圈；重点打造由特色公共服务带、创意水街及商业商务建筑空中步行廊道构成的公共空间骨架，串联交通绿色慢行体系。

图4-56 杭州瓜沥七彩社区规划图

搭建未来智能服务管理平台。通过构建信息交流网络体系，利用智能服务平台辅助社区管理运营，实现互联网、物联网等多个网络平台的深度融合，便捷高效服务社区居民。

**3. 成都麓湖生态城社区**

麓湖公园社区是成都市国际化社区建设示范点位，也是天府新区建设全面践行新发展理念的公园城市先行区的首个典范社区，社区服务面积 9.34km$^2$，规划人口 15 万，是一个园区、住区、景区"三区"融合的开放社区（图4-57）。麓湖的呈现引领整个成都开始对公园社区建设进行积极探索，同时社区因其独特的自然景观、立体交通、场景营造及邻里共享交流每年吸引着上百万的游客。

麓湖是中国最大陆生生态基底转为湖泊生态基底的标杆，真正实现生态自我进化和可持续发展，并且其水治理模式成为生态修复的样本，成功在兴隆湖等区域进行了复制和推广。社区充分利用区域内水系、湿地等优势自然资源，积极建设生态岸线及雨水措施，将雨水收集、防洪排涝与景观美化结合，打造优质的海绵城市景观（图4-58）。

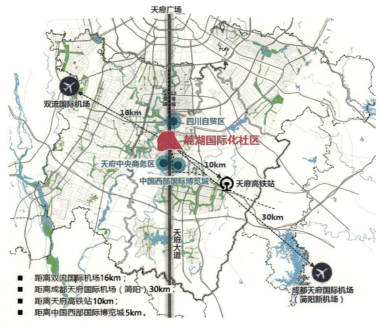

图 4-57　麓湖生态城社区区位图
（图片来源：成都市公园城市建设管理局）

图 4-58 优质的海绵城市景观
(图片来源：成都市公园城市建设管理局)

能如此吸引游客，最重要的还是规划有能留住人的创意场景，以社区商业点亮美好生活则是其成功的重要因素。社区在规划之初就考虑到整体的商业运营发展要依托用地指标的控制，因此总体按照10%的公共服务设施、20%的商业、30%的住宅和40%的绿化来规划建设，为商业场景的发展预留空间，实现商业与社区的共荣发展。在游人路线设计中穿插各个商业场景点位，同时通过培育孵化60多个社群组织，每年举办上千余次活动，包括渔获节、龙舟赛、麓客之夜、花岛生活节、麓FUN音乐节等社区品牌节日，让居民、游客都能感受到未来美好生活的场景，同时又能有效激发商业活力，维持社区科学运营。

针对社区的商业化在一定程度上会给居民日常生活带来影响的问题，社区建立了共治共享机制。居住空间与公共空间确有私密与开放的不同属性，但二者却能通过有效方式得到有机结合。利用商业反哺社区，增加居民对美好家园的价值认同，这是麓湖公园社区提出的治理思路。通过成立"福麓小灶"老年食堂、志愿者积分兑换活动，以此来调动居民治理参与的积极性。居民可通过参与社区垃圾分类、水环境维护等形成志愿积分，并可以在社区商圈中兑换一定的产品，商家也可加入这项活动。通过此项活动的推广，让居民明白整个社区家园的美好生活是通过大家共同的努力来维护的，公园社区是一个共同参与、共享发展的集体空间。

#### 4.3.8.3 建设公园社区建设策略和重点

**1. 公园社区建设策略**

生态引领，整合最优生态资源。公园社区的核心是葆有持续生命力，应以生态文明为引领，人与自然和谐共生的生态社区。一是尊重社区自然生态，营造社区良好的自然生境，从生物多样性视角锚固符合社区地域特征的自然生境系统；二是结合生态可持续的社区建设理念，将绿色低碳、资源节约等理念融入其中，推动社区生活方式全面绿色转型；三是最大化地基于良好的生态本底构筑无界蓝绿基础网络，使社区中的绿色空间不间断，有效信息及资源得到传输；四是营造道法自然、开合有致、蜀风雅韵的公园化社区园林景观环境，呈现具有地域特色的生态场景。

以人为本，营建全龄友好、宜居的生活场景。社区承载着城市社会群体或组织的日常生活，公园社区需要构筑具有凝聚力的社群情感，营造幸福家园。首先，具有安全韧性的社区是保障人民生活的基本要求，需要围绕人民安全，提升社区防范风险的能力，形成健康、可适应的安全社区；其次，具有人文关怀的社区是形成友好型社区的重要前提，社区的每一个角落都需体现人性化的尺度、空间与设施，让柔性关怀处处渗透；再者，多元功能复合且具有创新活力的社区是提升社区品质的关键环节，社区与周围城市空间的功能相互融合，促进土地的集约利用，以创新为驱动，创造多元化的社区消费体验，吸引更多的人在此创新创业，让社区成为具有活力氛围的新型现代化社区；同时，具有共建共治机制的社区是维系社区和谐的必要条件，社区的治理需要全民参与，社区建设的成果需要全民共享，培育同心同向的共识精神，打造普惠公平的社区共享平台，开展全龄化的社区参与活动，实现社区包容共享。

智慧赋能，构建最佳管控平台。以智慧技术为支撑，全面提升社区的数字化、智能化发展治理水平，建设高效惠民的智慧社区。社区的烟火生活需要智慧的融入方可达到全方位的体验效果，社区的自然景观需要智慧化监测以提升功能适应性，社区的生活服务需要智慧平台的介入实现管理的科学化与内容创新拓展，社区的空间需要智慧建设技术的结合实现多维度、立体化的有效化利用，社区的治理同样也要对接智慧信息平台的搭建，形成品质便捷的社区治理智慧网络。人们在社区生活的各个环节注入智慧理念后，就意味着整个社区在完善的空间结构下，其服务体验、数据收集、发展决策、管治体系等都将科学化，生活在社区中的人通过这一条智慧智能线解决问题，享受社区智能服务，融入数字日常，体验未来生活。

**2. 公园社区建设重点**

（1）生态融合，呈现绿意盎然的生态社区

在公园社区里，自然生态空间是相互渗透与无界开放的。在整个区域中构建包括综合公园、社区公园、小游园、微绿地（或口袋公园）的四级公园体系，再以绿道蓝网加强每个绿色空间的连接度，建设柔性边界，实现相互渗透的社区自然生态网络空间。基于此，打造"建筑实体之间—社区广场—社区公园—社区街道—其他公共空间"五类开放空间，构建功能复合的社区公园客厅、多元特色的公共活动空间，实现"5、10、15分钟进入不同开放空间"。每个空间无围墙限制，可通过多种方式进行空间穿越，室内外渗透融合，实现空间的自然过渡和生活、消费和服务等功能的自然过渡。

完善社区自然生境，完善社区友好感知度。首先，需要织补绿色廊道，保障动物安全迁徙。结合社区绿色空间，设置生态连接，连通社区各生物栖息地，同时保证各连接通道的畅通与生态完整性，两侧有充足的预留栖息地，让城市活动与生物迁徙廊道保持一定的距离，提升典型物种生物多样性的水平；其次，需要通过营造近自然的植物群落来提升生境质量。整个社区的植物配置，适当增加食源性树种，植入人工孵化设施，限制一定的人类干预性活动，塑造动物与人之间亲密接触的柔性边界，以达到自然和谐共处的目标。而在营造自然环境之时，提升整个环境的感知度，也是加强人与自然友好互动的有效途径。公园社区需整体提升美化视觉感知，提高界面统一度和绿视率，实施增花添彩行动丰富景观视觉效果。加强社区微环境的净化，通过地形利用、建筑组合、底层架空、垂直绿化等方式，构建融入区域一体的风廊系统，选取抗逆性强、生态效益明显、管理便利的植被，达到净化空气效果，以此来净化嗅觉感知。在听觉方面则需要采取多种科学有效的方式，例如空间高差设计、沿街建筑退后、路面静音材料使用、建筑表面粗糙化和科学植物搭配等措施减少噪声干扰，在自然的植物群落空间中营造山林鸟语蛙鸣的自然环境。

提升安全韧性承载力，形成系统高效的健康社区。首先，需要统筹片区内的绿色基础设施规划，加强各社区的统筹考虑与相互衔接，构建区域一体的绿色基础设施网络。综合采取"渗、滞、蓄、净、用、排"等措施，通过雨水花园、生态滞留池、渗透路面等方式减少地表径流、补给地下水和储存景观用水，强化区域雨洪管理，促进雨洪就地消纳；其次，需要构建安全韧性防灾系统，结合公园绿地、广场等设置避难场所，实现500m满覆盖，并在片区层面统筹保障服务均等性形成应急避难系统。加强监测预警、应急管理，构建应急广播系统、地震预警系统、电动车安全管控系统为核心的社区应急管理体系，强化避难路线、指示系统等基础设施规划建设，提升社区安防、技防手段，实现社区消防、安保、灾害等预警预防体系和应急机制建成率达100%，整体提升社区灾害应急能力。同时，强化安全冗余空间规划与弹性空间设计战略，预留应对未来社区的不确定性用地空间。

创新低碳节能的生活形态，打造生态可持续的绿色社区。针对社区碳汇能力提升方面，需加强社区范围内植被覆盖，保护林地和原有植被，强化复层植物群落营建，种植碳汇效能较好的本土植物能有效实现氧源碳汇能力的提升，比如以香樟、枫杨、槐树、雪松、女贞、黄葛树、香樟、枇杷为代表的常绿乔木，以银杏、栾树、皂荚、水杉、二球悬铃木、臭椿、合欢为代表的落叶乔木和以蜡梅、火棘、木槿、海桐、红花檵木为代表的灌木；在针对社区碳中和处理方面，要降低碳源排放总量，促进碳排就近吸纳。结合地形及立体空间开展三维种养，并以植草砖形式建设人行道及地面停车场，减少社区不透水面积，街道和景观空间注重复合种植，增加社区碳汇。同时，推广绿色建筑，构建全生命周期建管体系，比如全面执行绿色建筑标准，推广超低能耗、近零能耗建筑，综合利用墙体、门窗和屋顶等围护结构节能技术，新风控制、热回收、自控调节等设备节能技术，地下浅层能量、光伏太阳能技术、废水余热回收、热泵系统、生物能技术和风能技术等再生能源技术，以及综合能源管理控制优化等技术等；推动资源节约及有效利用也是转变形成绿色低碳生活方式的有效方式，需要水资源节约与循环利用，加强可再生分布式能源利用，推广清洁能源使用，细化垃圾回收及资源化处理方式，让全民参与到节能降碳的行动计划中来。

（2）绿色出行，形成绿网编织的低碳社区

以绿色出行为导向，营造连续、安全、舒适的慢行环境，建设便捷宜人的慢行社区。

一是完善慢行道路建设，组成独立成网的慢行网络，实现居民出门便是绿道。

建设"地面、地上、地下"相互衔接的立体化慢行网络。结合条形公园形成社区"通勤型—生活型—观赏型"的地面慢行系统；利用公共建筑连廊、过街天桥及"空中绿道"等形成地上慢行系统；依托TOD站点形成地下慢行系统。

提高慢行网络密度。完善社区级天府绿道建设，强化与城区级天府绿道的衔接。促进建筑退距与道路红线之间形成充足的独立慢行空间，根据社区慢行道路用地充裕度，分别采取平面完全独立或物理隔离的方式形成机非分离，保障慢行道路与机动车道路完全独立。用地充足的城镇社区和产业社区道路可依托绿地打造"独立型绿道"，道路用地紧张的则可依托街道空间打造"融合型绿道"。

强化慢行串联主要生活节点和重要景观。城镇社区和产业社区慢行网络重点串联社区医疗、健身场地、邻里中心、商业、教育等公共服务设施，打造特色慢生活城市绿道，营造多功能叠加的高品质生活场景和新经济消费场景，形成公共服务设施慢行闭环；乡村社区慢行网络重点串联田园、林盘、景区等，每一步都是渗透流淌的公园景致。

二是营造无障碍愉悦的慢行体验，让居民畅享绿道，感受美好。

提高慢行环境的安全性。优化交叉口慢行通道，以不同颜色或标线引导，设置独立慢行过街空间，交叉口慢行标识标线划定率100%；在没有红绿灯的路口设置智能道钉，提示行人安全过街；提高人们夜间骑车安全性，建设夜光自行车道，保证机非"各行其道"。

增强慢行环境智能化。实时动态调整慢行道路空间，城镇社区开展道路智能化升级改造，鼓励建设智能化 AR 指示牌，结合需求对街道进行分时共享；产业社区对既有道路设施进行智能化升级改造，强化潮汐智能慢行道路建设。

优化慢行环境的无碍性。降低慢行道路阻隔率，打造无障碍慢行道路。在公交站点设置雨棚，在轨道站点到公交站点设置风雨连廊。将慢行道引入大型建筑，为骑行者创造室内点对点的便捷交通。

提升慢行环境的舒适度。设置特色城市家具、实施道路添绿等措施提升慢行街道活力、特色和绿化感知。

完善均衡的慢行设施。利用大数据对骑行起止点、时段分布和方向性进行分析，在单车停放需求较大的节点处，科学合理布局共享单车停放点。探索非机动车停车设施下地、退让等措施，减少因其停放对道路慢行空间的侵占。城镇社区在轨道站点、小区出入口、办公区等慢行起止点，系统设置非机动车地下智慧停车库。

三是优化"轨道—公交—慢行"交通接驳系统。实现社区居民出行 10 分钟可达轨道站点，打造慢行交通生活圈。绿色交通出行分担率 85%，公共交通占机动车出行分担率 85%，实现社区对外公交站点慢行换乘设施全覆盖。强化换乘标识系统，换乘节点应提供清晰的标识与指引系统，方便慢行与公交、轨道交通工具的换乘。

轨道 TOD 功能复合带动。地上地下空间一体衔接，强化轨道及周边社区地下空间开发利用、地上地下互联互通、地下空间环境品质营造，促进站成有机融合。围绕站点布局社区功能设施与便民场景，支持在轨道站点周边打造"上班的路""回家的路"，在轨道站点周边植入便民生活、社区商业、公共服务等设施和社区绿道，布局建设公共图书馆、大众体育健身馆、专业展览馆，引入新消费场景和生活场景。

实施公交 TOD 社区综合开发。强化公交场站立体复合利用，推进"上盖物业、群房塔楼、平面贴邻"三种公交首末站建设模式，公交首末站进场率达 100%，植入商业、文化体育、健康医疗、政务服务等多元功能场景，打造社区公交综合体，"以站养站"赋能绿色出行。城镇社区开展"上盖物业、群房塔楼"型社区公交 TOD 综合体开发建设；产业社区和乡村社区鼓励开展"平面贴邻"型社区公交 TOD 综合体开发建设。公交 TOD 实行公交首末站停车空间错峰停车，晚上停放公交车，白天向社会车辆开放，缓解区域机动车停车压力，同时实现私家车与公交车站内便捷换乘。提供智能化和人性化定制公交服务，根据居民需求调查确定公交线路，同时开发线上社区公交预约模式，通过微信公众号和 APP 等智慧平台为居民提供预约乘车服务，居民可通过手机 APP 与智慧停车站台，实时了解公交行程信息。

（3）休闲消费，倡导健康生活的活力社区

一是构建多元特色的社群消费，让消费选择更加活跃多元。

围绕人群共同兴趣吸聚消费流量，增进邻里和谐。社区可围绕社区人群的共同兴趣喜好和闲置资源共享建立社群个性化 IP，形成多元聚合的社群聚落，如游戏、运动、摄影、读书、美食、公益、技术交流等。围绕社区消费发展社群经济，如开展亲近自然的户外运动、科技智慧的技术交流、生态环保的极简生活体验等主题活动。

满足社区人群"全龄、全时、全新"多元消费需求。构建社区 15min 便民生活圈全覆盖、多维度的社区商业体系。提升消费体验，根据社区的人群结构、地域特色等因素，满足消费者多样化、个性化需求，重点关注老人与儿童，如针对亲子社群发展蹦床乐园、亲子娱乐等。

二是营造沉浸式体验消费场景，让消费更加有趣。

营造沉浸式体验消费场景。嵌入前沿智慧科技，打造主体化、沉浸式消费空间，结合社区人群特征与偏好，打造汉服集市等主体化、沉浸式消费空间，增添市井烟火气；广泛应用交互体验、5G、4K、VA/AR、全息技术、大数据等技术，引导数字孪生社区，引入智慧超市、智慧商店、机器人餐厅、5G 体育馆、云端博物馆、线上音乐会等数字消费业态。设置互动型公共雕塑、户外装置艺术、构筑物等特色景观小品，打造漫游式公园街区，利用光影、色彩、声音和互动影像等营造友好的消费氛围，增强全时消费的趣味性和参与感。

提供差异化全时消费服务。城镇社区可按需引入深夜食堂、24 小时便利店等全时服务设施，充分释放"7 天 × 24 小时"消费活力。策划夜间节庆活动，根据社区需求，有条件的社区可结合公园绿地、社区广场等开放空间策划夜间社交活动，开展夜间市集、游园会、美食节等夜间活动，吸引社区人流，激发消费活力。强化夜间消费保障，推动有条件的社区发展通宵运行线路，增加巡逻岗亭，增加夜间照明覆盖，强化夜间安全保障。丰富"周末消费"，结合社区人群需求开展各类活动运营，提升周末消费活力。如针对青年社群，聚焦休闲、娱乐领域，引入重体验、轻零售的"半日型""一日型"业态，如花艺生活馆、陶艺生活馆、文化书店等；针对亲子社群，融合购物、亲子活动、互动体验、亲子课程等业态，引入亲子运动馆、亲子剧场等，丰富周末家庭体验。

三是营造公园游憩的休闲消费，让消费环境更加生态休闲。

鼓励"公园＋消费"的布局模式。结合社区公园、绿地广场等社区开敞空间，散点式布局绿色消费体验场所，包括线上购物终端、快闪品牌店、美学体验店等，同时突出各具特色的首店引进和本土风格品牌培育，促进生态价值创造性转化。社区培植绿色消费体验类业态，包括"公园＋美食""公园＋购物"等。乡村社区鼓励"美丽乡村＋消费"的布局模式，挖掘川西林盘和乡村旅游、历史文化、传统美食等特色本土资源，灵活布局独具特色文化魅力的品质小店。将社区绿地与文创、旅游、体育、美食、会展等商业元素深度融合，举办啤酒节、音乐节、体育赛事、社区集市等休闲娱乐活动，增加社区的活跃度和烟火气。

（4）科技创新，打造互联互动的智慧社区

建设全域覆盖的感知设施。部署完善感知灵敏、实时共享的传感器物联网设备，对社区中的人、车、物、道路、环境、地理信息、民生服务信息等社区要素进行智能感知和自动获取，并适度超前预留传感设施接口。配置万物互联的通信设施，布局以5G为代表的无线通信网络和5G基站，进一步提升社区智慧管理运行效率。依托现有智慧平台，搭建智慧园林管理系统，建设工作信息管理、古树名木管理、抢险救灾管理、公园绿地管理、病虫害预警专题管理系统。

打造线上线下相融合的场景体验。依托社区数字孪生平台，完善社区基础数据库，开发搭建涉及智慧政务、智慧能源、智慧消防、智慧交通、智慧公服、智慧物业服务等多样社区数字应用场景，提高社区信息服务系统覆盖率，利用"互联网＋"实现线上线下服务结合，打通社区管理"最后一公里"。

开发功能集成的共享服务终端。依托社区数字孪生平台，开发集私人资源共享、居民互动交流、物业服务、社区公共服务等功能于一体的共享服务终端，基于社区居民需求和社区资源条件，形成社区共享地图。

（5）公众参与，实现共享共治的全民社区

塑造具有地方文化特色的社区共同体。以文化为感召，培育社区共识精神，定期举办社区文化主题活动，为社区注入新的文化内涵；通过"天府市民云"等传播媒介平台，传播社区文化发展动态，扩大公众参与，巩固和强化居民社区认同感。城镇社区可依托熊猫文化、三国文化等文化品牌举办文化展览、文创等社区群众性文化项目，提高社区知名度；乡村社区可举办以林盘文化、民俗节日为主题的村民日活动，活化利用乡村文化资源，建立邻里文化识别体系。

社区公共空间中灵活布局共享功能。通过改造社区公共空间、剩余空间，植入装配式模块化的"共享盒子"，打造共享项目空间载体，为居民提供交往空间和多元服务，实现空间资源的高效利用。

形成协调共建的社区治理机制。激发多方主体广泛参与社区治理，搭建企业、社会组织、居民等多方主体参与的共享治理平台，引导居民全过程参与社区建设与管理决策的制定，形成"党建引领、多元共治"的社区治理局面。

## 4.4　案例评析

### 4.4.1　战旗村——一枝独秀到五村共兴

#### 4.4.1.1　项目概况

战旗村位于成都市郫都区，距成都中心城区45km，成都一小时交通圈内。作为新农村建设中的先进村，战旗村统筹区域建设，创新多元消费场景，创新特色战旗集体经济和土地制度改革方式。2018年2月12日，习近平总书记视察战旗村时称赞"战旗飘飘，名副其实"，要求战旗村在实施乡村振兴战略中继续"走在前列，起好示范"。

为了进一步发挥战旗村在新时期乡村振兴中的示范引领作用，按照

"一村一风格、一片区一特色"思路,以战旗为核心,整合周边横山、金星、火花、西北形成五村连片区域,片区总面积约14.63km²,总人口约1.1万人。区域以农田为基底、水系为廊道、林盘镶嵌其中,形成典型的川西坝子农田生态系统。500多个川西林盘零星点缀其间,林盘肌理清晰、聚集有度、散布有序。

在运营方面,战旗村以土地股份合作社的方式统一管理土地,发展高端设施农业。收益分配方面,土地股份合作社将净收益提取50%作为公积金、30%作为公益金,用于风险防范、扩大再生产和村集体公益事业发展等,20%以现金形式分配到每个股东(集体经济组织成员),使集体经济的所有权利益最大化。

### 4.4.1.2 特色亮点

**1. 创新土地经营,壮大集体经济**

创新土地经营,探索土地制度改革方式。2015年战旗村抓住契机,在全川敲响农村集体经营性建设用地挂牌拍卖的第一槌,从资源变资产、资金变股金、农民变股东的转身,将原属村集体闲置集体土地,以每亩52.5万元的价格出让给投资公司,收益超过700万元。截至目前,五村连片区域累计入市集体建设用地36.58亩,村集体获得收益2329万元。

以农村集体经营性建设用地改革吸引社会资本。通过土地整理,部分土地用于村民集中新居建设,其余通过土地入股、经营权流转、资产出租等方式,吸引了榕珍菌业、妈妈农庄、蓝彩虹蓝莓基地等企业和项目落户,村集体每年可取得462万元的收入,壮大了集体经济。

**2. 统筹区域建设,打造以战旗为核心的公园城市示范片区**

坚持规划先行,以战旗为核心实施全域景区规划,编制《泛战旗片区"三卷四区"建设方案》和《花样战旗乡村旅游区总体规划》。五村连片区域先后关闭铸铁厂等15家污染企业,搬迁规模养殖场12户,常态化落实"河长制",持续保持生态环境优美的乡村景观。实施大地景观化、艺术化改造工程,连片打造5000亩大田景观,同时建成柏条河沿线生态湿地公园3个,建成带动五村连片发展的20km乡村绿道,通过区域级锦江绿道、城市级战旗绿道、社区级横山绿道将周边特色林盘、柏条河、柏木河湿地,横山村、战旗村田园综合体有机串联起来,塑造"田成方、树成簇、水成网"的乡村田园锦绣画卷。2019年战旗村成功创建国家 4A 级景区，2020 年已累计接待游客 153 万人次，实现旅游收入 3000 余万元（图 4-59）。

**3. 创新多元消费场景，塑造特色战旗生态价值转化模式**

传承红色文化，深挖非遗文化，依托特色林盘聚落，创新打造以传统手工艺展示和川西建筑风格为特色的乡村多元消费场景。强化习近平总书记视察战旗村的红色记忆和传统巴蜀农耕非遗文化，建成战旗村村史馆、郫县豆瓣博物馆等文化体验平台，全面运营第五季·香境、乡村十八坊、吕家院子等项目。其中，乡村十八坊已入驻"唐昌布鞋""郫县豆瓣""蜀绣"等 23 家传统工艺作坊，自 2019 年 8 月开街以来，已实现营业收入 1000 余万元。

提升改造吕家院子等数十个主题鲜明、各具特色的林盘聚落，积极植入新消费场景。引进"望丛釜"火锅餐饮、田间哩自助烤肉、西蜀竹林民宿等美食、茶饮、民宿、非遗、游乐业态，"望丛釜"火锅餐饮等消费场景已成为成都网红打卡地。

以绿道为载体，依托现代农业大地景观基底，建成串联 400 亩蓝莓基地、1000 亩五季花田景区等项目体验观赏通道，举办了战旗大地艺术节、农民丰收节等文化活动，开展了全国首个"乡村振兴"主题马拉松、成都首个世界自行车日骑行等体育赛事活动，吸引了国内外 1 万余名体育爱好者参与骑游体验活动，逐步形成特色战旗品牌，广泛传播天府田园文化。锦江绿道战旗村示范段已成为天府绿道上的一个重要节点（图 4-60）。

图 4-59　大田景观
（图片来源：成都市公园城市建设管理局）

图 4-60　战旗半程马拉松
（图片来源：成都市公园城市建设管理局）

## 4.4.2 明月村——传统古村落到中国最美乡村的蝶变

### 4.4.2.1 项目概况

明月村位于成都市蒲江县，面积 6.78km²，距离成都市区 90km，是隋唐茶马古道和南方丝绸之路上的甿宁驿站，拥有 6000 亩雷竹、2000 亩茶园、1000 亩松林和一口 300 多岁的古窑。

十年间明月村实现从市级贫困村到明月国际陶艺村的转变。依托良好的生态本底，探索"农创+文创"产业发展模式，发展了以陶艺文化为主题的文创产品和文创旅游，如今村内散布 40 余个文创项目，集聚 100 余位陶艺家、艺术家、设计师，形成以陶艺手工艺为主的文创聚落和新村民集群。同时，新村民与原住民共商共建共治共享，推动川西林盘生态价值和陶文化价值创新性发展、创造性转化，先后获评 40 余个国家、省、市级殊荣，入选"联合国国际可持续发展试点社区"。

### 4.4.2.2 特色亮点

**1. 依托优质人文生态本底，以"文创+"模式带动一三产深融**

以明月窑为主线推出明月陶、明月雷竹笋、明月酿、明月茶、创意竹编等特色文创、农创产品，发展篆刻、陶艺、蓝染等文创产业，打造竹海、茶山、明月窑的乡村名片。通过有机更新现有川西民居，建成画月、明月窑、搞事情小酒馆、明月轩篆刻艺术博物馆等 20 余个创客院落和乡间博物馆，带动发展陶艺、扎染、农事体验、文化游览、民宿等文创项目 40 余个，吸引了全国各地 100 余位艺术家、创客、众多大学生入村创作、创业和生活（图 4-61、图 4-62）。

高品质文创项目的集群为盘活传统乡村提供了契机，明月村已连续 9 年举行"明月村春笋艺术月"，连续 5 年举行"明月村中秋诗歌音乐会"，推出"上巳节诗会""大地民谣音乐会"等品牌文化活动，常态化开展篆刻、陶艺、蓝染等展览活动。

**2. 多方力量参与，探索乡村社区建设新方式**

在发展过程中，明月村从单一的政府投入，走向了政府前期引导投入，社会资本参与以及村民互助参与的道路。由政府牵头搭建项目平台，社会组织、公司为投资主体，老村民以院落房东、项目员工、旅游从业者等身

图 4-61　搞事情小酒馆　　　　图 4-62　青黛植物染体验
（图片来源：成都市公园城市建设管理局）（图片来源：成都市公园城市建设管理局）

份参与明月村发展。以合作社牵头，鼓励原住村民将已经闲置的农房流转给陶艺家、艺术家、设计师、青年创客等新村民，已吸引明月新村农户 350 户入住，引入外来项目 27 项。针对原住户，规划瓦窑山、谌塝塝两个老村民创业区，引导原住户开设民宿、客栈、茶社、特色餐饮、体验农庄等创业项目，已形成饮食唐园、谌家院子、竹苑人家、张家陶艺、豆花饭、月溪客栈等创业项目 26 家，创业 100 余人。

### 3. 公益助推，新老村民共创共融

立足于村民主体的乡村建设拥有内生性的生命力和生长力。为实现新老村民的融合与交流，明月村引进"3+2读书荟"、奥北环保、明月乡村研究社等公益机构，开展公益书馆、明月讲堂、新媒体推广、乡建培训和社区营造等活动，引导新老村民积极对明月村乡村产业、乡村建造、乡村文化、社区营造、乡村扶贫等方面的建设与发展建言献策。目前，明月讲堂已成功开办 52 期，明月夜校已举办了 98 期。这种灵活创新的共创共享发展模式盘活了明月村的经济、文化与生活。

## 4.4.3　稻香渔歌——综合整治，点缀在林盘内的乡村振兴范例

### 4.4.3.1　项目概况

稻香渔歌田园综合体项目位于成都市大邑县东部的董场镇祥和村，距县城 25km，距成都主城 40km。祥和村辖区面积 3.83km$^2$，建成有 1 个农民集中居住区和 7 个新型川西林盘聚落，群众集中居住率达 91%。

祥和村原本籍籍无名，稻香渔歌项目的落户彻底改变了这里的产业生态和乡村面貌。项目总规划用地 12.8km²，估算总投资 200 亿元，于 2017 年正式启动。以"产景相融、产旅一体、产村互动"为基本思路，依托自然生态本底、特色林盘聚落，运用空间美学提升乡村形态，深挖区域农耕文化，做强特色农业，引入社会资本参与区域发展。借助稻香渔歌，祥和村从一个传统村落迅速"蝶变"为集原乡生活新体验、渔樵耕读新场景、都市生活新田园于一体的现代化农业精品乡村公园社区。

#### 4.4.3.2 特色亮点

1. 以自然肌理为本底，营造乡村公园社区

以生态水乡为基底，保护水系和林盘肌理为前提，项目采取市场化方式整村推进农村土地综合整治，拆并"小、散、乱"林盘 25 个，新建蜀风雅韵的新中式川西民居聚落 7 个，实施景观化改造林盘 9 个。积极开展"整田、护林、理水、改院"行动，保留大量原有林盘建筑及树木，在房前屋后打造"瓜果蔬菜，鸟语花香"的微田园，再造活态村落。打造田园共生环，10km 长的绿道花海环线将院落、村落、大地景观、主题民宿等连接起来，重构"林在田中、田在林中"的美丽川西乡村田园形态（图 4-63）。

2. 实践"共生经济"模式，探索产村相融发展路径

运用市场化机制、商业化逻辑，招引朗基尚善公司，投资 20 亿元，大力发展共生经济，打造产业链共生平台。

发展"稻鱼虾蟹"产业，签约中国农科院，合作建设 3000 亩种养试验田，引入优质水稻和本地特色家禽，打造农业种植和饲养基地，积极拓宽"稻香渔歌"品牌农产销售渠道，形成稻香渔歌独具特色的"共生经济"符号。同时吸附高端业态，邦泰峡国际酒店管理集团、禅驿院子、ROOT 精品民宿等酒店民宿行业高端品牌相继入驻，构成以研发、旅游、服务业为一体的乡创产业集群（图 4-64）。

3. 吸引产业人才扎根，新农民与本土乡民融合发展

搭建乡创协会平台，依托当地特色手工业，成立以服务乡村创新创业项目、展示推广乡创 IP 产品、聚集乡创人才及团队、带动乡创经济发展为目标的协会组织。

实行"农业职业经理人 + 精品农业项目"经营方式，采用土地托管模式，连片推进 7000 亩土地规模经营，大力发展集体经济；成立农业开发有

图 4-63　新中式川西民居聚落
（图片来源：成都市公园城市建设管理局）

图 4-64　稻鱼稻鸭稻果共生
（图片来源：成都市公园城市建设管理局）

限公司，盘活约 400 亩集体建设用地用于发展特色民宿，每年解决就地务工 400 人次；引导群众就地就业，积极开展民宿、乡建、电商、藤编、商标等主题培训会，促进群众创业增收。

## 4.4.4　天府农博园——永不落幕的田园农博盛宴

### 4.4.4.1　项目概况

天府农博园位于成都市新津区，地处成都第二绕城高速与成新蒲快速路交汇点，交通优势明显。新津区属于都江堰精华灌溉区，域内水网密布（西河、羊马河、金马河、杨柳河、南河）、平畴沃野、田林相依。

项目规划面积 129km$^2$，核心区面积 11km$^2$，是四川农博会永久举办地，获批国家级农村产业融合发展创建园区。天府农博园围绕"永不落幕农博会"的目标，突出农博园会展核心与文旅休闲功能。依托羊马河、张牛河布局服务功能，利用田区布局农商文旅融合业态，构建绿道体系，串联多样展游场景空间，构筑山水林田湖生命共同体，呈现推窗见田、开门见绿的美景。

围绕川粮油、川猪、川鱼、川果、川茶、川菜等特色农业资源，引进头部引领项目，落地农旅融合项目，启动平台功能项目，建设科技标杆示范项目，实施重大产业化项目 25 个，基本实现四川"10＋3"现代农业产业体系全覆盖。截至目前，累计投入近 500 亿元，实施基础性、公益性、功能性项目 145 个。

### 4.4.4.2 特色亮点

**1. 重塑生态景观，呈现蜀风田园画卷**

天府农博园东靠羊马河，西临张牛河，形成二水环绕的格局，水网密布，沟渠纵横，具有丰富的水系肌理。土壤肥沃，农耕发达，主要农作物以葡萄、有机蔬菜、传统粮油为主。川西林盘依水而建，筑林而居，近田而作。

采用"软驳岸、增步道、优景致"等手法，营造"两湖七水八湿地"，呈现天府水乡美景；通过整田、护林、理水、改院，实施 70 个川西林盘保护修缮，呈现田林交错的秀丽；再造 70km² 大地景观，呈现"田成方、树成簇、水成网"的天府田园美景；建设 200km 三级绿道，串联林湖、交融山水，融入天府绿道体系，呈现蓝绿交织，路景相依的壮美（图 4-65）。

**2. 依托农业生态基底，打造以农博为核心的产业体系**

依托水网、田园、林盘的农业生态基底，结合"两湖七水八湿地"的生态格局，植入天府农耕文化，按照"农博引领、旅游驱动、文创赋能、配套多样"为理念，构建国际农业博览区、林盘特色体验区和大田博览体验区三大核心农博主题区。承接三农博览、农业农技博览、农创孵化等农博会展产业活动；承办艺术家、艺术品、艺术展等文创项目，持续制造农博园大事件，打造网红打卡地；构建农业活动体验、农事节庆旅游、农业嘉年华和乡村生活体验四大类乡村旅游产品，形成农业博览、乡村旅游、文创产业融合衍生的极具多样性和生命力的"农博+"产业体系。

图 4-65　湿地生态环境
（图片来源：成都市公园城市建设管理局）

### 3. 构建农博场景体系，营造天府大美乡村展游体验

按照月月有会、季季有展、全域旅游理念，以"传统农耕文明＋现代农业精粹"为主线，以"室内展馆＋室外展场＋会议论坛"为复合功能，突出大室外、小室内、场景化、娱乐化的场景营造思路。展馆场景按照田间地头办农博的理念，创新打造室内展馆和室外展场相结合的农博空间，形成前展后街多元业态体验的农博展馆；大田场景按照田景融合、田展一体的理念，形成集农博展示、农耕体验、公共休闲于一体的农田场景；林盘场景按照院落单元、弹性复合的理念，形成"展陈—销售—体验—文化—民宿—示范田"融合、前展后坊的组织模式（图4-66、图4-67）。

图4-66　大田景观

图4-67　大田景观——葵花海
（图片来源：成都市新津区人民政府官网）

## 4.4.5 芳华桂城——乡村特色产业聚集的绿色"CBD"

### 4.4.5.1 项目概况

芳华桂城地处新都主城区以西，与主城区一路之隔，紧邻成都"五环"和地铁五号线，距离成都市中心12km，区位和交通优势十分明显。项目区内涵盖新桥村15个村民小组，总占地3000余亩，有聚居院落30余个。所在区域是全国五大桂花基地之一、西南单体最大桂花种植基地，保留有川西林盘、农田、沟渠等生态本底资源。

通过发展桂花产业、立体农业、赏花经济等特色观光农业，推动村民聚居点、林盘院落保留改造，积极引入市场项目，创新围绕市民运动健康这一需求，以林下马拉松这一特色项目聚集人气，构建青训、骑行、儿童户外拓展等新兴绿色健康生活方式，在专业性和普适性之间找到平衡，打造集"精品农业＋健康乐跑＋文旅乡宿＋中医养生＋智慧颐养"的乡村郊野型示范区。

芳华桂城顶层设计阶段，通过开展项目规划、策划工作明确了招商方向和建设重点，避免了盲目建设。前期建设阶段，进行了村民聚居点提升改造、园区道路和绿道的建设、村民公共服务中心建设等公共基础设施建设。招商运营阶段，通过利用前期建设积累的一批优质公共资产，以国有公司和村集体组织为主体，面向市场招商，降低了市场进入门槛和企业经营风险，较快实现了园区的项目启动，同时通过项目运营重新激活了一批农业专业合作社，使项目真正由当地人、专业人来管。包装与宣传阶段，政府利用自身广泛的媒体平台进行宣传以及引入公共赛事，极大地提升了项目的知名度和影响力，在较短的时间内让芳华桂城品牌在成都得到了广泛传播（图4-68）。

图4-68 依托芳华香城绿道，构建绿色健康生活方式

（图片来源：成都市公园城市建设管理局）

### 4.4.5.2 特色亮点

**1. 依托特色植物资源，打造四季有花、全时有景的周末打卡地**

依托西南最大桂花种植基地这一特色资源，其占地面积3000亩，包含金桂、丹桂、银桂等在全国各地引进的200余种桂花品种，在桂花盛开季节带给游客一场丰富的视觉盛宴和嗅觉体验。同时园区内新建的7km长的紫藤长廊成为又一引爆点，给区域增添了又一常态化的观赏项目，紫藤春夏花期与桂花的秋季花期相互补充，成为周末市民网红打卡的区域热点之一（图4-69）。

图4-69 紫藤长廊
（图片来源：成都市公园城市建设管理局）

**2. 实施林盘保护改造，引入特色产业，推动农商文旅体融合发展**

依托园内川西林盘资源，通过"亮田、护林、理水、改院"等整治手法实施林盘保护改造，重点引入中医康养体验项目，打造特色主题林盘院落。

升级园区消费业态，发展文旅乡宿、康复养老等旅游产业，引入名中医会诊堂、丹药遵古炮制和非遗传承展示、中药产品创新研制等特色中医业态，乡村奥莱、亲子文创、音乐文创工作室、创意设计工作室、时尚艺术工作室等文创产业。

依托桂花产业、立体农业、赏花经济等项目，植入游客参与式种植农业体验场景，增加儿童游玩场地、亲子活动场所等，打造家庭周末休闲旅游目的地。推动项目成为农业、生态、休闲、创意、养生、文化多产业有机共生的产业跨界融合示范。

**3. 打造景色怡人的芳华田园绿道，构建全龄段健康运动方式**

以田园为基调，以紫藤花廊为特色亮点，以芳华香城绿道为"主动脉"，将原有贯穿区域的生产道路提升改造成为主题绿道，打造人景互动、大众参与消费的绿道经济场景，承接马拉松等各类户外体育赛事、训练。

依托绿道，向健康运动主题方向拓展项目链，在绿道沿线区域布局篮球网球等球类活动场地、童梦乐园等面向儿童的乡村主题乐园，开展包含"芳华微马"为代表的一系列运动健康主题活动。依托园内林盘聚落，引入大牌运动品牌，构建经营运动装备的乡村奥特莱斯。依托园区内的中草药种植点，打造面向专业人群的运动康复项目。集马拉松、户外运动、休闲观光、乡村民宿、生态颐养等多功能于一体，实现了全龄段的运动主题项目闭环。

## 4.4.6 新桥社区——街区中的摄影文创天堂

### 4.4.6.1 项目概况

金牛区新桥社区位于成都市北大门沙河源头地带，辖区面积 1.04km²，社区内公园面积 0.9km²，其中主题公园 4 个（府河摄影公园、上新桥公园、下新桥公园、亲水园），汇聚熊猫绿道、锦江绿道，重要驿站节点 1 个（熊猫驿站），府河穿流而过，生态环境优越。

这里曾拥有金府机电城、金府钢材城等 7 个旧批发市场，长期存在脏、乱、差的现象。通过两年的社区发展治理升级，依托良好生态本底，挖掘独特摄影文化基因，对标"国际化社区"建设标准，科学布局"一社一站一园一街一馆"五大要素，打造"公园+""绿道+"等场景，布局熊猫驿站等绿道驿站，实现了从"三乱市场区"向"国际公园社区"的蝶变转型。

落实"中优"战略，依托社区摄影特色主题，通过"文化切入、生态融入、产业植入、社会介入"，积极探索打造高品质和谐宜居生活社区，推动新桥社区成为共建共治共享的社区治理共同体和网红打卡新地标（图 4-70）。

图 4-70 下新桥公园鸟瞰
（图片来源：王静波 拍摄）

#### 4.4.6.2 特色亮点

依托府河，投资 4000 余万元打造占地 117 亩、内含绿道 1.5km 的府河摄影公园，与锦江绿道、熊猫绿道等串联成网，与欢乐谷、沙河源公园等七大公园相映成片，规划大尺度滨水开敞空间，形成成都公园城市生态门户新的景观轴。

依托"中国民间摄影艺术之乡"的文化品牌和传统优势，以府河摄影公园为核心，以"社区+产业+生态+商旅"的发展新模式，按照"公园+"的布局模式，植入新功能新业态，凸显社区文化主题，打造清新宜人的城市街区公园场景，形成公园式的人居环境。

**1. 凸显社区文化主题，打造具有全国影响力的摄影文化载体**

布局"一街一馆一园"。营造"一园"美丽社区生态场景。"一园"即府河摄影公园，凸显"摄影""花卉"两大主题，打造 5 个不同风格园中园；提升"一街"活力社区消费场景。"一街"即摄影主题特色街。引进影印龙头"特想集团"西南区总部、世界著名摄影大师萨尔加多艺术中心等优质摄影主题项目，着力打造摄影全产业链，摄影培训、创作、影印、展览、交易等；打造"一馆"人文社区体验场景。"一馆"即成都当代影像馆。馆内包含多个专业展厅、学术报告厅和多个公共教育空间，永久入驻了萨尔加多、布列松、弗孔等世界名人名作，吸引了一大批国内外摄影名人在此参展（图 4-71）。

图 4-71　府河摄影公园
（图片来源：成都市金牛区公园城市建设和城市更新局）

**2. 提升公园社区品质，营造国际范生活消费场景**

社区"微更新"、环境"微提升"，借力"增花添彩"行动，实施道路绿化、提档升级党群服务中心、打造店招、绿植补栽等措施。原本社区党群服务中心功能单一、面积狭小、设施老旧，通过提档升级，打造出服务于民、环境宜人、总面积达 1200m² 的"一社"——社区党群服务中心。营造类海外生活场景，依托"一站"熊猫驿站和周边建筑，运用"成都黄"

创新营建地中海风貌街区，植入咖啡店、酒吧、摄影小店、餐吧等时尚化消费元素和国际化业态。开设"国际居民服务台"、推出双语网络服务终端等国际化服务设施，营造国际范生活消费场景。

**3. 创新社区治理模式，不断提升居民幸福感**

发掘31位社区达人，包括"西南风筝王"、太极、国际舞、水电工达人等。社区提供书画象棋交流、摄影装备维修、国学技艺提升等课程，社区达人为社区居民定期免费上课。聚焦志愿服务，新桥社区统筹全区各类志愿服务力量，组建本地文明、新时代文明实践志愿服务队伍，激发群众参与文明实践活动的积极性、主动性、创造性，形成弘扬志愿精神的生活场景和社会氛围。有机整合党建、政务、便民服务等功能，大力推行"一站式"服务和"最多只跑一次"改革，将服务窗口下移到社区，为居民、企业提供优质、高效、便捷的政务服务（图4-72）。

图4-72 社区活动
（图片来源：成都市公园城市建设管理局）

## 4.4.7 新金牛公园——从棚户区到城市门户的都市绿舟

### 4.4.7.1 项目概况

新金牛公园位于金牛区茶店子，地处长约1.84km的狭长空间，占地面积257亩，曾经是高楼林立中的低洼旧城棚户区。2018年后，以公园城市有机更新为契机，使其成功蝶变，成为被誉为"金牛小蛮腰"的成都首个"公园TOD"。

如今新金牛公园内植物茂盛、绿道蜿蜒曲折、游人络绎不绝，"云锦丝路"人行天桥以新金牛公园为核心，串联新金牛公园、熊猫绿道、天府艺术公园、金牛公园、金牛体育中心五大城市公共空间，形成片区无障碍通行体验的公园系统。同时，公园中具有各1500m²的六个胶囊展馆，（熊猫金丝猴双宝馆、三星堆馆、川酒馆、川茶馆、蜀绣馆、竹艺馆），通过业态植入和场景融合，展现川西林盘天府文化元素，提升公园社会效益（图4-73、图4-74）。

图 4-73　新金牛公园　　　　　　　　图 4-74　胶囊博物馆
（图片来源：极美成都）　　　　　　（图片来源：成都日报官网）

### 4.4.7.2　特色亮点

**1. 城市棚户区转型改造，城市门户绿舟逐步成型**

经过多方持续努力，2017 年底茶店子片区"岛形"棚户区逾 2000 户、20 万 $m^2$ 建筑拆迁完成。以公园城市理念为引领，坚持绿色发展的营城创新之举，通过慢行系统贯通，2019 年 2 月新金牛公园建成开放，将整个"岛形"地带全部变身为城市公园集群。

为了解决原棚户区积水问题，公园按照"海绵城市"的要求建设改造了地下管网，完善雨水收集系统，让公园变得"会呼吸"，在草坪下方设置 3 个雨水收集系统，下雨时回收雨水防止流溢，天晴时将收集的雨水过滤，浇灌公园内植物（图 4-75）。

片区以新金牛公园为绿色纽带，塑造功能布局均衡、产业特色鲜明、空间尺度宜人的公园街区形态，创新公园城市中心城区有机更新新路径。

图 4-75　新金牛公园夜景图
（图片来源：成都市公园城市建设管理局）

**2. "丝路云锦 绿色珠链"，展现天府文化的城市动线**

"丝路云锦"人行天桥总长 1620m，占地面积约 6.6 万 $m^2$，有超过四分之三的路段是空中廊道，突破交通主干道的阻隔，以飘逸的造型横亘于城市上空，恰如丝路，又似云锦，是具有天府文化魅力与现代时尚感的"城市动线"。

天桥以"竹叶轻"为设计策略，将竹叶进行抽象与扭转，形成不同形态的桥梁造型，和蕴藏川西特色的竹林风景线，为市民解锁"漫步空中"的体验。桥面高度为 4.5m，行人在桥上走过，就仿佛在树梢间穿行，体验到"树上的生活"。身处半空中，以不间断的形态横向切入多变的城市景观中，这也是城市空中廊道的独特魅力，穿行其间能感受到成都这座公园城市的美好日常。

图 7-76 "丝路云锦"连通天府艺术公园与新金牛公园

（图片来源：成都市公园城市建设管理局）

"丝路云锦"对于茶店子片区空间的联动和城市生态空间的平衡有着重要意义，作为跨三环路，连接茶店子、国宾两大重点片区的纽带，将公园、绿道、城市街区无缝连接，推动实现片区"双引擎"整体连片，形成发展集聚效应（图 7-76）。

### 3. 营造文创公园 TOD 慢行空间，打通自然与建筑的壁垒

新金牛公园通过"功能叠加、价值转化"，打造"文化珠链、公园簇群"的茶店子 TOD 商圈，是成都首个连接公园和地铁的文创 TOD 商业空间，整合开发了地上与地下空间，与地铁 7 号线茶店子站以及龙湖天街等实现无缝对接。

### 4. 保留场所记忆，承旧启新讲述巴蜀故事

巴蜀文化在公园里无处不在，园内胶囊博物馆建筑设计植入天府文化元素，将成都山水中的川蜀风情与户外社交场景巧妙融合。白色的镂空圆圈形时空隧道，把市民带向成都市北门驷马桥北侧的"羊子山祭祀台遗址"；人行天桥的柱子，是金牛昂扬向上的牛角，象征努力拼搏奋斗的精神。

公园内保留茶店子小学建筑旧址，并将其更新成为规划馆、生活馆，开展产品展示、文创活动、学术交流、参观体验等业态活动；另外，其运用全息投影、纱幕、裸眼 3D 等沉浸式体验，让受众了解当地"铁半城""建北门"等历史文化。

工程建设方面，公园建设工程将时尚感与环保理念充分融合，践行公园城市绿色建造理念。建筑运用大量绿色环保建材——竹钢，与传统建筑建材相比较，具有低碳环保、阻燃性强、易加工、可回收等诸多优点。

### 4.4.7.3 案例总结

新金牛公园建设以园布景、以园聚人、以园筑业，坚持人本逻辑，营造张弛有度的城市空间和宜居宜业的城市形态。公园整体以生态绿廊 + 文创体验为举措，促进多元场景融合，营造市民身边高品质生态空间，不仅回应百姓对美好生活的向往，并且提升城市能级，助力城市高质量发展（图 4-77）。

图 4-77 市民活动
（图片来源：王诗媛 拍摄）

## 4.4.8 猛追湾市民休闲区——蓉城烟火气息和滨水空间美学的结合

### 4.4.8.1 项目概况

猛追湾，是成都二十世纪五六十年代繁华工业和市井生活区，有着各种大型的国有企业厂房和宿舍，以及承载许多成都人童年回忆的成都游乐园和游泳馆，但千禧年后，由于城市转型升级，作为老工业区的猛追湾逐渐衰落。近些年，以公园城市更新为契机，猛追湾获得新生。

猛追湾市民休闲区位于成华区，该区域有机更新由政府主导，创新性以"EPC+O"模式为试点，由万科中西部城镇建设发展有限公司深度参与，着手进行规划策划和实施运营。该项目 2021 年 8 月被住建部点赞为"成功的城市更新案例"，并被视为"成都经验"。

### 4.4.8.2 特色亮点

**1. 城市更新助力老城区涅槃重生**

猛追湾城市更新项目不同于传统改造项目，而在于探索城市更新可持续模式及探索建立城市更新配套制度政策，因此采用政府主导，企业、居民均参与其中的新型"EPC+O"模式。以专业运营能力突出的行业龙头企

图 4-78 猛追湾全景图
（图片来源：成都市公园城市建设管理局）

业作为主体，从策划、规划、建设到运管全过程实行总承包责任制，保障项目高品质落地和可持续运营。这是一剂"强心针"，再次为成都城市更新带来新动能（图 4-78）。

更新过程通过对原有城市空间风貌脉络和生态基底的梳理、形象提升、街道一体化设计和业态的升级，将原本失活的空间重新焕醒，激发城市活力，同时保留历史街区错落有致的特点，做到"修旧如旧、新旧融合"。依托望平坊、猛追湾等片区，打造成都最具市井烟火时尚气的"国际范、蜀都味"公园城市公共客厅，推动从"都市滨水绿道"到"都市滨水公园"的重大转变。

对老城区建筑进行更新改建时，应用现代时尚的设计语言和新技术，利用 3D 激光扫描仪，采集空间点位信息，与 BIM 模型进行对比，完整体现建筑节点之间衔接关系，从而高效完美地实现建筑意图。以面向未来的视野，将建筑的活力注入城市原有风貌中，描绘出城市崭新的样子，率先建构"城市更新新模式"。

传统城市化进程已落下帷幕，新型城市更新的浪潮将迎面而来，越来越多的城市会逐渐感受到城市核心区建筑更新提升所带来的巨大魅力（图 4-79~图 4-81）。

图 4-79 香香巷
（图片来源：成都市公园城市建设管理局）

图 4-80 猛追湾望平街消费场景
（图片来源：蔡秋阳 拍摄）

图 4-81 猛追湾望平街乐活场景
（图片来源：蔡秋阳 拍摄）

### 2. 治水筑景，打造猛追湾生态滨水绿廊

打开整个河畔区域，向市民公众开放使用，充分衔接《锦江公园总体规划》《锦江公园景观提升研究及植物景观营造指引》等，在锦江成华公园、猛追湾段建设"生态风貌游赏+自然科普+植物文化"滨水自然体验带，通过优化河道固碳绿化树种、梳理滨河交通动线、丰富滨河业态等举措，构筑生态文化科普走廊，打造滨水时尚街区，以人的生气来激活滨水地带，推动锦江沿线辐射街区形态重塑。

为扩大滨河路段人行空间，降低整个区域的流通速度，保障行人安全，设计将路幅 7m 的机动车道变成 4m 宽自行车道，改变滨河双向机动车道为城市慢行绿道，以点带线、以线带面，逐步实现"车退人进"的滨水空间。

滨河街区业态植入打破传统商业模式，活用锦江水、锦江岸，重现老成都临水而居、喝茶聊天的休闲生活场景。塑造"亲水型"文创体验、"最成都"市井休闲、"后现代"潮流娱乐、"夜经济"特色消费等新场景，建设绿色低碳、文景同韵、缤纷时尚的都市滨水黄金地带（图 4-82、图 4-83）。

### 3. 以"公园+时尚生活"为核心的"烟火与文艺"多元体验空间

猛追湾历史上本具有典型的成都市井烟火特质，改造后的猛追湾已经成为"烟火与文艺"结合的融合街区，让过去衰败的城市边角空间，转变为城市新风光。

作为街区型公园城市示范片区，猛追湾突出"工业、生活、美食"主线，加快培育发展"锦江夜游、高塔夜秀、美食夜市、酒吧夜娱、民居夜宿"5大夜间经济形态，塑造"通美大厦成华之窗、339梦想之塔、东风桥

图 4-82　夜游锦江
（图片来源：成都市公园城市建设管理局）

图 4-83　猛追湾望平街滨河林下茶座
（图片来源：蔡秋阳　拍摄）

头记忆之门"等旅游地标。同时，通过嵌入式建设主题博物馆、传统戏剧场、经典老茶馆、当代艺术馆等市井文化载体，建设市井民俗特色风情街区，丰富片区市井文化生活场景。

#### 4.4.8.3　案例总结

猛追湾市民休闲区提升改造项目是公园城市有机更新示范之一，其建成以历史人文为特质、公园街区为形态的新型城市滨水空间形态。于猛追湾而言，"城市更新"不仅着力于空间实景的创新和打造，而且注重街巷烟火气的营造，借此来滋养这片地域，以及改善人们的生活方式。项目以系统化思维精准推进老城区"形态、生态、文态、业态"有机更新，立足新区建设"新要求"，创新城市新空间，拓展城市新动能，全面推动业态创新、设施改造、品牌集聚、功能升级。

### 4.4.9　三环路熊猫绿道园林景观优化提升

#### 4.4.9.1　项目概况

三环路熊猫绿道是天府绿道体系中重要一环，总长超 100km，是城市以熊猫文化为主题的区域级绿道。熊猫绿道通过主题熊猫景观和特色植物添彩，打造普及熊猫历史与文化内涵的科普之环，传播健康精神与休闲理念的欢乐之环，融合创新科技与前沿资讯的国际之环，展现城市魅力与艺术创意的时尚之环。

#### 4.4.9.2 特色亮点

**1. 人口最密集区域的环状城市公园**

熊猫绿道沿三环路总长超 100km，是天府绿道"三环"中居最中心、串联社区人口密度最大的一环。长 51km 三环路，作为主城区重要的交通枢纽，穿过了六个城区，连接了成南、成渝、成灌、成雅、成乐、成绵六条高速，周边还有武侯祠、金沙遗址、杜甫草堂等丰富多彩的人文历史资源，吸引的游览群众多；串联周边社区 100 多个，存在大量休闲、运动、购物、文娱的刚性需求，以环状绿道串联起城市的特色区域，促进农商文旅体融合，以绿色生态资源带动商业价值创造。中央隔离带、分车绿化带、两侧人行道外 50m 宽防护林及立交桥下街头绿地等，全线 1273 万 m² 的绿化总面积极具景观资源优势，是成都市规模较大的绿色生态走廊之一。

**2. 全年有景，四季有花**

繁花、芙蓉、金果、竹艺、彩林，穿梭在熊猫绿道中，置身于"花、果、竹、林"为主题的户外熊猫乐园，这里有绚丽的特色植物、清新的空气、可爱的熊猫雕塑、特色的景观小品。熊猫绿道园林景观设计以生态优先、因地制宜、功能复合、景观优美、主题突出、经济持续为原则，结合熊猫元素主题，打造特色植物景观。"花"选用美人梅、紫薇、红枫、格桑花等，"果"选用桃、杏、梨、石榴等，"竹"选用人面竹、琴丝竹、斑竹等，"林"选用香樟、银杏、芙蓉，现有名木古树、珍稀植物和各类乔木均保留利用，同时为体现本土特色，注重市树银杏、市花芙蓉和特色竹类的布局，构建全线层次丰富、疏密有致、植物多样、季相变化的多彩景观环。

**3. 中国最大的露天熊猫文化博物馆**

熊猫作为天府文化、成都城市形象的代表早已深入人心。全环按东南西北划分为 4 段，分别以熊猫元素与"时尚、公益""创新、外交""文化、历史""生态、科普"结合，采用多种形式打造熊猫主题元素的"最萌"绿道。熊猫欢乐步道上的竹叶、熊猫脚印图案，周边的竹子，以及全线的栏板标牌标识、声像实物展品、座椅和洗手台等设施都突出"熊猫"主题。重要景观节点放置有特色生态雕塑——明星熊猫、文创熊猫、氛围熊猫、数字熊猫等主题熊猫，其中明星熊猫通过遴选成都大熊猫繁育研究基地的明星熊猫 20~30 只，结合园林景观和形象创意，通过景观塑造、二维码扫描等方式，展示大熊猫的明星形象和它们背后的成长故事和外交故事。

## 4.4.10 "我的田园"——龙泉山下的田园生活新方式

### 4.4.10.1 项目概况

"我的田园"项目位于成都市青白江区福洪镇,地处龙泉山城市森林公园腹地,占地约 3800 亩。项目以绿色、有机、生态为主旨,以现代农业、乡村旅游和民宿地产为主导产业,建设集农业生产、休闲观光、康养度假、会展经济、国际贸易为一体的田园综合体项目。目前,已建成哼哼农场、智慧云农场、科技研发中心、现代农业双创园、田园玫瑰谷、欧盟标准现代化果园、跨境电商中心等项目。

### 4.4.10.2 特色亮点

"我的田园"项目依托自贸试验区、成都国际铁路港独特优势,构建"现代农业产业园区+特色镇+田园综合体"建设运营模式,积极探索开放农业、主题消费体验、田园生态旅居等新经济形态,辐射带动周边农民,实现多元增收。"我的田园"项目获评成都市首批田园综合体示范单位、成都市第三批"新旅游·潮成都"主题旅游目的地(图4-84)。

图 4-84 我的田园
(图片来源:https://www.sohu.com/a/523357754_100247867)

**1. 构建绿色消费新场景,推动产业融合发展**

高标准实施农田综合整治,在以"福洪杏"为主的万亩伏季水果基地的基础上,顺应生态原色塑景,建设 3000 亩欧盟出口标准水果种植科技示范园,实现大地景观再造。依托唯美的田园生态环境,通过培育欧式农场、双创商业街、田园民宿等新业态,构建稻田咖啡艺术空间、听风咖啡、自然王国、哼哼农场、阿来书屋等绿色消费新场景,拓展休闲农业、康体度假、网购电商等新领域,推进一二三产业融合发展,实现乡村生态价值的增值和转化。

## 2. 做靓农业开放窗口,带动产业转型升级

借助"蓉欧+"优势,建成"亚欧特色农产品小镇双创园",入驻品牌企业28家、创新创业团队5个,成功孵化农业双创企业7家,通过创新人才技术入股政策,先后引进旅美留学生、中央美术学院等优质外来创业者30余名。目前已收储35个创业项目,并被青白江区政府授牌"现代农业创新创业孵化园"。

建设亚欧农产品展示交易体验区、跨境电商中心,拓展线上线下亚欧农产品展示、交易、体验,促进国外优秀农产品、农业技术、农业文化的交流,引进和吸收国外优秀技术与文化,做靓本土农业对外开放合作窗口,带动产业转型升级。如"我的田园"项目已率先引入以色列水肥一体化技术、日本除草车等新技术、新装备,并应用示范(图4-85)。

## 3. 创新运营管理模式,促进共建共享机制

通过"公司+合作社+基地+农户"的产业模式,成立新农劳务、果蔬等专业合作社,促进农民从产业工人转变为技术工人、职业经理人。截至目前,基地发展社员3826户,带动社员果蔬种植面积13000余亩,带动基地社员增收达2万元以上。采取"宅基地换住房"方式开展土地综合整理,实现土地整理与规模化经营协同推进。采用"财政投入资金股份量化"模式,创新农民合作社与企业共建共治共享机制,引导合作社以财政支农资金形成的基础设施以及10%的土地承包经营权作为资产入股,与企业成立项目营运管理公司,构建"大园区+小业主"的运营模式,共同进行园区治理,股权持有者按股享受股权收益分红,实现农民多元增收。

图4-85 农产品出口基地
(图片来源:成都市青白江区住房和城乡建设局)

## 4.4.11 白鹤滩国家湿地公园——湿地保护与生态旅游协同发展典范

### 4.4.11.1 项目概况

白鹤滩国家湿地公园位于成都市新津区，占地面积约650.57hm$^2$。该段岷江属于游荡性河床，经常年冲积形成大面积卵石滩、沙洲及草甸交错的湿地景观。过去因人类活动，这里处处遗留着生产开采以后的"千疮百孔"，成为一片斑驳杂乱的河滩荒地。为保护修复湿地自然生态本底，新津自2013年12月起开展为期6年的"国家湿地公园"试点建设，并于2019年12月通过国家林草局验收评估，正式晋升为成都市唯一一个"国家湿地公园"（图4-86）。

图4-86 白鹤滩国家湿地公园内景
（图片来源：新津区公园城市建设局）

经过6年的保护和恢复，湿地生态环境得到有效改善，野生动物种类和种群数量明显增加，2018年，监测新发现鸟类10种，鸟类活动记录量较2015年增加340余次，发现并记录了4种国家Ⅱ级重点保护鸟类。在湿地合理利用区，遵循"科学修复、合理利用、持续发展"的方针，通过适度开发，建成"舒适宜人、自然野趣、鸟语花香"的河流湿地景观，建设成为城郊型国家湿地公园示范项目、四川湿地科普宣教首选地，塑造了湿地保护与生态旅游协同发展的典范（图4-87）。

图4-87 良好的生态环境成为众多鱼鸟的栖息乐园
（图片来源：新津区公园城市建设局）

### 4.4.11.2 特色亮点

白鹤滩国家湿地公园创新采用保护管理与市场运营分离的运行机制，以湿地生态保育为核心，以自然美学教育为抓手，将知识、审美、文创产业与城市生活相融，着力打造创新、产业与教育的完整生态链。通过引进一些具有时尚审美与倡导健康生活方式的新兴企业，开展公园与文创结合的优质文旅项目，协力打造以自然美学IP推动产业架构为特色的公园城市示范区。

**1. 成立专门机构，创新保护和运营分离的管理机制**

新津区委区政府于2014年组建新津白鹤滩国家湿地公园建设管理委员会，2015年设立白鹤滩国家湿地公园管理办公室。在白鹤滩湿地试点建设的关键时期，聘请植物学、生态学、生物保护学等方面的专业技术人才开展湿地建设工作。创新实行保护和运营分离的管理机制，由区公园城市局（白鹤滩管理办）全面开展湿地保护管理工作，新津区政府平台公司开展合理利用区运营管理工作，并采用"政府平台公司管理+合作经营"模式，构建兼顾商业利益和公共属性的市场化运营共同体，使公园实现"自我造血"功能。

**2. 分区施策，创新生态综合修复技术**

白鹤滩国家湿地公园分为"湿地保育区""湿地恢复重建区"和"合理利用区"三个功能区。"湿地保育区"以保护湿地生物多样性为主，开展巡护、科研及监测工作；"湿地恢复重建区"大力推进生态恢复工程建设，重塑了河道河漫滩地貌形态及河滩湿地生态系统，创新复合性河岸生态综合修复技术，以"竹笼石砌筑+植物种植"的方式，对河岸进行防护，达到硬质护坡生态软化、河岸稳定、植被修复、生物多样性提升和城市河堤景观美化等多重功效；"合理利用区"开展水体净化、河道整治、配套设施、拦水坝及附属工程和生态保护等工作，保护湿地资源的同时，极大满足游人精神层面的多样化需求，打造"飞鸟逐波鱼随浪，江天沙洲人相融"的河流湿地景观（图4-88、图4-89）。

**3. 构建综合性科普平台，打造四川湿地科普宣教首选地**

利用湿地公园先天的环境地理优势，建立全园科普宣教系统，形成室内和室外科普宣教互动格局，包括湿地科普馆、水文化展示馆、观鸟塔、护鸟馆等多种类型的室内科普宣教设施，以及户外解说牌、科普文化展示

图 4-88　湿地保育区生态景观
（图片来源：新津区公园城市建设局）

图 4-89　渔猎文化观光区景观　　　　　图 4-90　观鸟活动
（图片来源：新津区公园城市建设局）　　（图片来源：新津区公园城市建设局）

牌等室外科普宣教设施，设置生态石笼长椅及生态垃圾桶等，普及湿地科普知识及生态环保意识。

白鹤滩国家湿地公园通过开展多样的生态主题活动，积极探索湿地科普宣教工作，为促进湿地生态环境保护与城市可持续发展作出新的贡献（图 4-90）。目前，公园内已成功举办"爱鸟周""世界湿地日"以及成都市第五届限时观鸟赛等主题活动 40 余场次。

### 4. 引入品牌企业，共建"公园+文创"新体验场景

通过鼓励市场主体参与绿色开放空间建设运营，吸引"完美时光""友青自然学校""远拓旅游"等品牌项目落户，开展"完美时光——缪斯光影展""梨花巡礼——春日游园大作战""国风文化市集"，以及"春日湿地"自然研学活动、"春日营地"系列活动等。依托生态场景叠加文化创意、生活美学、体育运动等新兴消费功能，打造多种"公园+文创"的新体验场景，以商业收益反哺生态本底维护，实现生态价值的外溢。

## 4.4.12 丹景台——探索生态价值转化的先行者

### 4.4.12.1 项目概况

成都龙泉山城市森林公园范围涉及四川天府新区、成都东部新区、龙泉驿区、青白江区、金堂县5个区县，规划面积1275km²，是目前全球最大的城市森林公园，也是成都市重点打造的世界级品质的"城市绿心"（图4-91）。

丹景台景区是龙泉山城市森林公园首批建设的先导性、示范性、引领性项目之一，包含"丹景览胜、文化部落、森林奇旅、青云问阁、林泉飞锦、东篱迎宾"等多个主题分区，形成以"丹景台、丹景里、丹景阁"为主的20余个景观节点。其中，作为城市新地标的丹景台是坐落在丹景山山脊最高处的一个观景平台，海拔高度702m。站在丹景台上能够同时眺望天府国际机场、空港新城、简州新城、天府新区等，因此成为见证成都东部新区和中心城区"双城"有机生长的"城市之眼"（图4-92）。

图4-91 成都龙泉山城市森林公园
（图片来源：刘斌 拍摄）

图4-92 丹景回眸
（图片来源：刘坤 拍摄）

### 4.4.12.2 特色亮点

丹景台景区以"低成本生态景观区域"为设计理念，在保护生态的基础上，充分挖掘周边山水田林湖等自然资源禀赋，将人工治理、景观营造、基础设施建设与生态修复有机结合，坚持"生态优先低碳节能、可持续发展自身造血、打造创新消费场景和体验场景、生态与农商文旅体融合、示范效应"五大原则，建立"吃住游购娱"一站式微度假模式，为成都近郊游带来新生命、新潮流、新方向。

## 1. 科学推进生态修复，筑牢绿色本底

丹景台景区以"不大挖大填"为实施原则，将生态修复与人工治理有机结合，借助拟自然方式和生态景观学手法，选取多样化乡土植物进行成片森林复建，形成低成本、高质量、层次丰富的林地群落和自然环境。通过投入专项科研经费，建立示范基地，首批完成了 10 万 $m^2$ 的土壤改良、生态造林试验示范工作。

生态修复的同时，采用"低成本生态景观区域"设计理念进行景观营造。在高山草甸区域打造生态草本植物群落，以多年生观赏草修饰草甸边界，使其"指状生长"进入草甸中心区，形成山味野趣；将观赏草与草花植物有机搭配，利用四季演替的植物特性为景观节点提供长期稳定变换的观赏效果，达到四季有景；采用特殊的植物搭配和拟自然手法，使区域内的植物生长能在极长的周期内实现自我演替，实现后期低成本运维（图 4-93）。

监测显示，丹景台景区经过土壤改良和应用新型种植技术后，林地面积由 47% 提升到 80%，乔木、灌木等植物品种数增加 4~6 倍，森林覆盖率从原来的 35% 提升至 85.7%，为多功能复合的消费场景筑牢了良好的绿色本底，推动生态价值有效转化。

## 2. 创新营建生态场景，促进绿色发展

运用"森林+"理念，将餐饮住宿、观光旅游、养生度假等消费需求与现有森林景观相结合，打造"野奢帐篷营地""野趣森林美食树屋""轻奢云端咖啡厅""潮玩美食集装箱"等特色产品，构建集休闲娱乐、体育运动、文化创意、康养度假为一体的绿色消费新场景（图 4-94）。自 2020 年元旦试运营以来，景区累计接待游客 200 余万人次，实现营收约 1400 万元，形成生态价值转化示范场景。未来还会将 38km 森林绿道示范段沿线的保留民房进

图 4-93 丹景台景区核心区低成本草本植物群落恢复前后对比
（图片来源：成都龙泉山城市森林公园管委会）

图 4-94　丹景灵泉　　　　　　　　　图 4-95　龙泉山自然观察节活动
（图片来源：刘斌　拍摄）　　　　　（图片来源：成都龙泉山城市森林公园管委会）

行保护、升级和整合，通过空间及功能再造，打造龙泉山在地文化特色民宿集群，让游客体验真正住在森林，与自然零距离的原生态体验旅居新模式。

### 3. 积极开展生态活动，共享绿色生活

丹景台景区自开园以来举办了节日游园活动、集体婚礼、登高越野赛等丰富多彩的活动，吸引众多市民游客参与其中。以"海绵龙泉山"和"种子银行"为特色的生态科普馆，结合 3D 投影、AR 互动、数字光影、声控虚拟动物园等科技化手段，打造新型交互体验的科普教育场所，将生态研学、低碳环保、自然教育、亲子体验等相结合，引导组织开展党建活动、生态摄影、猛禽观察、昆虫旅馆制作等特色活动 260 余次，有力推动植绿爱绿护绿成为社会生活新风尚（图 4-95）。

2020 年，湖南卫视将综艺《乘风破浪的姐姐》的舞台"搬上了"丹景台，作为城市发展新名片的丹景台，首次通过顶流节目，让全国人民看见了丹景台之美。同年，还有联合国人居署中国办事处、奥运冠军、艺术文化名人等社会各界人士前来考察交流，并受到了央级、省市级媒体的高度关注。

## 4.4.13　天府新区兴隆湖——创新驱动发展的公园城市"首提地"

### 4.4.13.1　项目概况

天府新区兴隆湖片区位于成都科学城起步区，北至科学城北路，南至科学城中路，东至兴隆湖东侧，西至天府大道，规划总面积约 547hm$^2$。

2018年2月11日，习近平总书记来到四川天府新区视察，在兴隆湖畔，首次提出了"公园城市"理念。为强化公园城市"首提地"的使命担当，天府新区以优质生态环境作为营城资本，以区域经济的总体发展平衡生态建设投入，将兴隆湖片区打造成为天府新区的生态建设核心、功能布局重心、城市活力源泉、形象展示窗口，探索山水人城和谐统一的公园城市建设新范式。

### 4.4.13.2 特色亮点

天府新区兴隆湖片区以建设综合性国家科学中心为引领，通过高位策划设计和严格的城市空间建设，塑造未来城市形态，积极探索生态价值向经济价值和社会价值转化的实现形式，以生态投入吸引高水平的产业投资，以公园城市品牌带动区域经济高质量发展，打造形成内陆开放经济高地（图4-96）。

**1. 坚持生态优先厚植本底**

坚持人与自然和谐共生的理念，打造"近自然化"的公园本底，通过实施生态修复，在兴隆湖岸线形成一个动态平衡、相对稳定、可自我调节的近自然生态群落结构。发挥生态资源优势，通过兴隆湖环湖生态景观建设、4500亩水生态综合治理以及公园绿道建设等措施，构建起显山露水、城绿相融的全域蓝绿空间网络，形成全域80%的蓝绿空间基底，基本实现"在公园中建城市"的大美公园城市形态（图4-97）。

图4-96 天府新区新兴隆湖
（图片来源：周勇良 拍摄）

图4-97 天府新区生态宜居场景
（图片来源：周勇良 拍摄）

### 2. 坚持增绿惠民营城聚人

精准聚焦人群需求，按照"公园+"理念，布局文化体育、创新研发、休闲旅游、商业增值、会议发布、都市农业、城市安全、公共服务等八大功能。依托"社区公园—开放街区—小游园—社区绿道"四级公园系统，叠加文化体验、亲子生活、智慧城市等多元场景，创造全时活力的未来人文生活典范。充分利用8.8km兴隆湖环湖绿道，打造国际半程马拉松赛、世界围棋职业锦标赛等国际品牌赛事。2019年以来，累计组织开展赛事活动80余场，参与人数70000多人，营造了周周有活动、月月有大赛的浓厚赛事氛围，有效提升公园城市首提地的知名度、美誉度（图4-98）。

图4-98 天府新区生态美学场景
（图片来源：周勇良 拍摄）

### 3. 坚持产城一体引商兴业

依托兴隆湖优良的生态资源禀赋，聚焦人工智能、5G通信、集成电路、信息安全等数字经济重点领域，引进重大科技基础设施和交叉研究平台、国家级科研机构和校院地协同创新平台，引进海康威视、紫光集团、商汤科技等重点企业90余个。2020年纳入成都市软件和信息技术统计监测的企业195家，入库梯度培育企业41家，入库企业累计实现营业收入125.34亿元，累计建成高品质科创空间总建筑面积110.63万 $m^2$（图4-99）。

图4-99 兴隆湖畔天府新经济产业园
（图片来源：四川天府新区公园城市建设局）

## 4.4.14 成华区二仙桥——老瓶新酒，文化产业与工业遗址相得益彰

### 4.4.14.1 项目概况

二仙桥片区位于成都市成华区，东至二仙桥北路、南至中环路二仙桥西路、西至民兴路、北至仙韵二路，占地面积约 60hm²。作为成都市老东郊区域的仓储物流企业集中区，这里曾因产业业态低端、基础设施薄弱、城市形态老旧，导致片区发展十分缓慢。近年来，围绕建设东郊文化创意产业功能区的目标，这里逐步完成了产业"退低转高"，实现片区"腾笼换鸟"，5年共腾挪约6300亩土地，建成5个公园、42条道路，保留改建13处工业遗址，引进文创头部企业54家，实现年产值1.4亿元。作为老工业基地转型发展的典型代表区域，这里实现了从"生产导向传统老工业区"向"宜业宜居现代城区"的华丽蝶变。

### 4.4.14.2 特色亮点

片区以"公园+工业遗产+文创产业"为核心，依托二仙桥公园、完美文创产业园等以工业文化为特色的文旅体验项目，围绕"影视传媒、音乐演艺、数字娱乐"三大主导产业，构建文创文旅产业生态圈；通过植入创意办公和总部楼宇，优化提升住区商业及配套功能，打造集文化商贸、总部办公、文创休闲、高端居住于一体的产业型公园城市示范片区。

1. 推进工业遗产活化利用，形成特色工业文旅线路

片区依托保留的二仙桥铁路线及站台，建设占地面积约208亩的二仙桥公园。公园整体沿方家河呈带状分布，定位于"都市谧林中的铁路线记忆"，选择性保留原有铁路轨道、列车及附属设施等片区的铁路记忆，通过增加现代建造艺术，建设以铁路遗迹为特色的工业遗址公园。同时片区还创新推进禾创药业仓库、101仓库等多处独具年代记忆和艺术价值的工艺遗产活化利用，打造完美文创产业园、华策西部国际影都等文创产业项目，让工业文化遗址成为独具魅力的城市文脉与特色风貌（图4-100）。

2. 创新多元场景营造，构建文化体验消费空间

片区围绕"二仙有爱、二仙有乐、二仙有戏"的主题，建设以"和合二仙"历史文化传说为背景的爱情主题公园，植入"婚庆+主题餐饮"

图 4-100　二仙桥公园
（图片来源：成都市成华区公园城市建设和城市更新局）

图 4-101　完美文创产业园
（图片来源：成都市成华区公园城市建设和城市更新局）

"婚庆+文创产业"等多元业态，创建婚庆摄影区、婚庆活动区等多样场景。通过设置具有成华特色的"幸福列车"婚姻登记中心，以及融合前沿科技与爱情主题的"心跳博物馆"，打造形成独一无二的"列车主题爱情打卡地标"。引入"艺文立方艺术馆""K160机车艺术餐吧"等特色文化体验消费空间，通过在旧有的工业元素中，植入艺术展览、文创市集、餐饮配套等多元化生活场景，构建新经济消费场景。

**3. 推进文创产业聚集发展，构建共生型产业生态圈**

片区成功引进完美世界控股集团打造产业与生态相互融合的完美文创产业园，以音乐大师品牌创意中心、完美世界西南总部基地、西部音乐制作及演艺中心、5G文创产业基地等为核心要素，建成以文娱产品消费、原创内容创作、产业人才教育、IP及艺人孵化为主的产业生态圈。完美文创产业园目前已引入 Base FX、新片场、豆瓣音乐、CH8 有独空间、M+ 等 30 余家产业机构入驻。园区为入驻企业提供创新孵化、产业扶持等各类政策支持，其举办的数字音乐节、国际电竞活动、二次元 IP 节、创意光影展等潮流活动也为企业提供了交流、展示的舞台（图 4-101）。

## 4.4.15　天府新区鹿溪智谷——筑巢引凤，建在公园里的科创空间

### 4.4.15.1　项目概况

鹿溪智谷位于天府新区中部，是成都科学城的核心区域，规划范围北至武汉路，南至科学城中路、西至环湖路东段、东至成自泸高速，总面积

10.7km²。成都科学城规划面积132km²，起步区规划面积约73km²，以鹿溪智谷为核心，形成"一中心两基地，一岛三园"的空间结构，建设具有全国影响力的科技创新中心科学高地、西部（成都）科学城创新策源地、综合性国家科学中心主阵地、天府实验室和国家实验室基地承载地。

鹿溪智谷片区全面启动建设以来，区域内重大产业项目、基础设施项目、居住配套项目陆续开工建设，其中已落地产业项目共19个，项目总投资330亿元。以工程技术、产业技术创新为目标，集聚中科院成都科学研究中心、中科院光电所、中国科学院大学成都学院、国家农业科技中心等中科系项目9个；成都超算中心、华为鲲鹏生态基地、国际技术转移中心等重大功能性平台3个；海康威视成都科技园、天府海创园、盟升电子总部等龙头项目7个，已成为西部地区国家级科研资源聚集度最高的区域之一（图4-102）。

图4-102 独角兽岛总体规划图
（图片来源：四川天府新区公园城市建设局）

### 4.4.15.2 特色亮点

#### 1. 加强生态网络串联，筑就全域公园绿色本底

以生态为先导布局功能组团，围绕鹿溪河生态核心，构建"一岛五组营智城、一河一湖织廊网"的生态空间格局。加强流域水环境治理，开展鹿溪河生态修复工程，实施"截污、清淤、保水、行洪、水质保持"等系统措施，科学提升水质。开展补林增绿工程，打造"成片林地+林荫大道"的景观，提升林相品质和景观效果。开展农村土地整治工程，结合农林耕地打造都市农业大地景观（图4-103）。

图 4-103　鹿溪智谷云廊

**2. 构建科技创新产业圈层，形成产学研用创新生态链**

围绕科技创新和新经济发展两大关键任务，构建由重大科技基础设施、国家级创新平台、校院地协同项目和科技配套服务构成的科技创新产业圈层，形成产业聚集、人才培育、核心研发、应用场景展示为一体的产学研用创新生态链。天府新区首批高品质科创空间示范点位——天府海创园，作为鹿溪智谷的重点项目，集研发设计、创新转化、场景营造、社区服务等于一体，聚焦产业赋能和创新策源两大功能，构建了新一代人工智能产业链、创新生态链。

**3. 优化绿色公共服务供给，建设可持续发展智慧城市**

坚持公园城市为人民的思想，以未来青年科创人群需求特征为导向，建设高品质产业载体、人才住房、学校、医疗设施等公共服务配套设施。围绕"上学的路""上班的路""回家的路"和"游憩的路"，营造活力街道空间场景，激发创新共享活力；通过建筑空间垂直混合利用、街区地块混合布局、结合地铁站点综合布局多样业态等，构建高度契合科技创新和产业发展的高品质生活圈；通过建设绿色、低碳的可持续发展智慧城市，构建集"智慧海绵、智慧交通、城市大脑、智慧社区、智慧绿道"于一体的智慧城市系统，实现智慧生态、智慧生产、智慧生活全面融合的"未来+"公园城市典范（图 4-104）。

从公园城市首提地到先行区，天府新区公园城市建设已经进入了由理论探索到场景营造的新发展阶段。鹿溪智谷作为引领公园城市发展的先行示范样板，力图全面落实公园城市理念，探索公园城市建设路径，为公园城市建设提供具有借鉴意义的规划建设样本。

图 4-104　鹿溪智谷智慧城市建设示意图
（图片来源：四川天府新区成都管委会自然资源和规划建设局）

图 4-105　菁蓉湖片区
（图片来源：郫都区住房和城乡建设局）

## 4.4.16　菁蓉湖——"创新为核，三生融合"的产业新城

### 4.4.16.1　项目概况

菁蓉湖片区位于成都市郫都区西南部，北至成灌高速，南至静园西路，东至郫温路，西至太清路南延线，规划面积 2.64km²，核心区面积 1.06km²。片区位于成都电子信息产业功能区核心区，依托郫都区作为全国首批双创示范基地的定位，以创新为核心特质，聚焦集成电路、新型显示、5G 通信等电子信息主导产业，高标准规划建设菁蓉湖科创商务区，同时融入公园城市"三生融合"发展理念，建设产业型公园城市示范区（图 4-105）。

### 4.4.16.2　特色亮点

**1. EOD 模式引领，建设高能级产业生态链和生态圈**

以 EOD（绿色生态办公）开发模式为引领，建设占地面积 455 亩的菁蓉湖生态公园绿核，提升改造清水河滨水生态公园绿廊，布局菁蓉湖科创商务区并积极带动周边产业发展，形成集品质居住、生态休闲、商务办公等多功能于一体的电子信息产业主体功能区科技服务中心。引入国家级科研机构、高校产业孵化基地、重点实验室等创新平台，吸引高端人才，实现创新孵化；引入国内电子信息行业龙头企业，并吸引上下游企业聚集，形成高附加值产业集聚效应，构建高能级产业生态链和生态圈。"菁蓉镇"现已汇集两院院士和国家"千人计划"等高层次人才 65 名，创客 4 万人，已引进清

图 4-106 创客公园
（图片来源：郫都区住房和城乡建设局）

图 4-107 菁蓉湖"湖畔音乐会"
（图片来源：郫都区住房和城乡建设局）

化启迪等孵化器平台 75 个、入住聚集创新创业项目 4513 个（图 4-106）。

**2. 完善配套设施，建设高质量宜居宜业创客环境**

围绕产业人才高品质需求，建设国际会议会展交流中心、电子信息产业公共服务平台以及活力共享中心创客公园等，提供 We+ 创享联合办公中心、We+ 创享创意街区、We+ 创客公社（公寓）等多样化共享服务。依托菁蓉湖良好的生态格局，吸引了国盾融合创新中心科技孵化、商务金融、喜来登五星级酒店等高端产业和高端配套商业，以及人才公寓、爱思瑟国际学校等入驻公园周边。通过生产、生态、生活"三生融合"，片区逐步形成集生产、研发、居住、消费、服务、生态多种功能于一体的产业新城，为智慧科技园、军民融合创新中心等产业园办公人群提供高质量宜居宜业创客环境。

**3. 组织多样活动，建设智慧共享新经济产业社区**

菁蓉湖公园建成开放以来，菁蓉湖社区组织了夜跑、摄影展等活动，累积接待 20 余万人次。其中，多次举行"大手牵小手，安全文明你我童行"系列活动，"2020 夜跑郫都·点亮菁蓉"吸引了 600 余居民参与，"湖畔音乐会"吸引近 2000 名乐迷前来打卡（图 4-107）。结合"爱成都·迎大运"，相继举办了"菁蓉青年潮"系列活动、首届"菁蓉湖杯"社区网球邀请赛、"郫都菁英·双创萌娃轮滑秀"等主题活动，打造"全城热炼"社区运动节品牌。通过组织丰富多样的社区活动，建设绿色生态、智慧共享的新经济产业社区，为创客构建一个推广、互动、沟通、展示的大平台，进一步提升城市形象，营造浓厚的双创氛围，促进区域经济高质量发展。

## 4.4.17 活水公园——首座"水生态"教育公园，擦亮公园城市生态名片

### 4.4.17.1 项目概况

活水公园坐落于成都市华星路北侧的府河畔，面积23823m²，是成都府南河综合整治工程中的代表性公园，也是世界上首座水生态主题的城市生态环境教育公园（图4-108）。1995年，美国环境艺术家贝西·达蒙女士向正在成都府南河（现为锦江）综合整治的成都市政府提出建设活水公园构想。1998年，活水公园建成，获国际"环境地域设计奖"、国际"优秀水岸奖最高奖"等殊荣。2010年上海世界博览会上，活水公园入选城市最佳实践区展示案例，成为城市实践区中唯一一个室外的案例，会后永久保留。2021年，公园再次进行修复整治，由成都市风景园林设计院承担设计，以突出体现碳中和理念，尊重原创设计，保护为先、永续发展。

图4-108 活水公园
（图片来源：蒋人可 拍摄）

### 4.4.17.2 特色亮点

**1. 运用自然生态方式完成水净化，实现永续发展**

活水公园在国内首创人工湿地处理污水，通过自然生态方式完成水净化，展示污水变活水的示范作用。公园整体呈鱼形，河水从"鱼嘴"流入，经过厌氧沉淀池、水流雕塑、兼氧池、人工湿地塘床系统等水净化系统，经过生物自然的净化，水质由浊变清重归锦江。其中，人工湿地塘床系统是核心（图4-109），该系统由植物塘和植物床组成。水在这里经过沉淀、吸附、氧化还原、微生物分解、动植物吸收等作用，使多项水质指标明显改善。经过人工湿地净化后的水汇集到生态鱼塘，池内锦鲤等水生动物既供游人观赏，其生长状况也是对水质好坏的直观监测。

图 4-109　植物塘床系统
（图片来源：陶冶　拍摄）

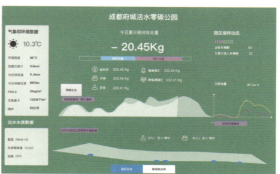
图 4-110　低碳公园展示图
（图片来源：成都市公园城市建设管理局）

### 2. 与专业智库团队合作，探索低碳公园展示

活水公园修复整治项目邀请清华环境工程团队参与零碳公园建设，在保留原有功能的基础之上，从规划设计、材料、施工、项目维护和更新五个方面，全面分析活水公园整个生命周期的碳足迹，同时，通过公园多样化的生态系统实现固碳，达到零碳排放目标。升级后的活水公园在园区内分布设置多个点位的碳足迹检测系统，实时监测园区内碳足迹及碳排放情况，并将数据传输至后台。市民游客可通过园区主入口处的零碳展示大屏，查看公园实时碳排量、碳汇量数据，通过提示，减少自己行为的碳排放，从而实现人人参与碳中和、碳减排（图 4-110）。

### 3. 以水生态教育为主题，实现创新性水情教育体验

在活水公园"鱼眼"下方，坐落着升级后的水情教育馆，运用沉浸式、智慧化的展陈手段，向观众娓娓道来锦江的历史、治理过程、活水公园的建造历史和净水原理等，传递水资源保护的重要意义。室外，"鱼头"处是峨眉山植物群落，"鱼身"分布着国家一级、二级保护植物，形似鱼鳞的部分则是公园水净化系统的核心——人工湿地塘床。从"鱼头"一路游览至"鱼尾"，孩子们可以边玩边学，在自然的环境下，结合科普标识标牌，了解园内各种珍稀本土植物的知识、认识生态净水的原理。在"鱼尾"附近，还可以体验一场局部大雨——海绵城市实验平台处，伴随着模拟的闪电和雷声，人工形成的雨水在地上溅起水花。流下的雨水却没有在地面形成积水，而是通过渗透路面铺装，很快流走，展示出"能喝水""会呼吸"的海绵城市理念。活水公园通过情景式体验与互动，实现创新性水情教育体验，形成以水生态为主题的城市生态环境教育公园。

## 4.4.18 望江楼公园——街区场景营建与历史名园保护性提升

### 4.4.18.1 项目概况

望江楼公园占地 188 亩，最早追溯于唐朝年间，建园始于明朝，具有薛涛文化、古建筑群文化、竹文化三大特色。望江楼公园在 1927 年设为"成都市郊外第一公园"，2006 年被评为全国重点文物保护单位，其是川西名园典型代表，中国名园，竹类种质基因库，国际竹品种（成都）登录园，其中文物保护区 39 亩、竹种质资源保护区 149 亩。

提升理念：系统保护历史名园，传承川西园林文化；引入场景营造理念，激活生态文化价值；融合四川大学校园片区形态，实现内外绿色空间渗透；多元场景复合发展，激发老公园、新活力。

### 4.4.18.2 特色亮点

提升策略：

（1）系统保护。分区分类制定保护对策，系统保护空间、形态、生态、文态。严控文保区，优化完善核心保护区和重点保护区，提升环境协调区和建设控制带。

（2）生态透绿。运用保绿、增绿、透绿等多种生态手法，让公园、校园、绿道、锦江风景串联、渗绿融合，形成空间渗透，场景融合的生态空间体系。

（3）特色突出。运用川西园林造园手法，强化突出古建筑群望江楼文化、薛涛文化、竹文化的历史溯源、文脉特色，对街区空间进行综合提升。

（4）业态融合。以望江楼公园既有游憩、展览、茶饮、商业四大业态为基础，通过植入慢行系统，融入街区空间，打造公园城市下的创新型业态融合。

（5）场景营造。秉持可进入、可参与的建设原则，对街区空间进行优化提升、场景融合，满足市民需求。

重点内容：

（1）文化挖掘。以望江楼公园为核心、围绕川西园林特质分析及特征塑造，挖掘溯源望江楼文化、薛涛文化，研究、挖掘及展示竹文化、竹生态。

图 4-111 望江楼公园鸟瞰效果图
（图片来源：成都市风景园林规划设计院）

图 4-112 望江楼公园与城市街道界面
（图片来源：蔡秋阳 拍摄）

（2）科学保护。梳理历史文化、生态资源、人文文化三大保护要素，在原核心保护区（文物保护区）、重点保护区（竹资源保护区）基础上增设环境协调区。

（3）系统组织。对片区交通、生态空间、景点景源、家具设施进行系统组织，针对人群需求，为其营造多类环境空间或复合空间，营建公园城市街区场景。

（4）综合提升。1）强化生态空间，突出特色文化，形成具有服务全龄化、各类型人群能力的综合街区；2）完善服务功能，增设基础需求设施与常态需求设施，布设特色需求设施；3）进一步优化提升现有业态，融入创新元素，考虑人群需求，通过设施与业态的综合提升，形成"园林艺术、历史文脉、科普教育、生活民俗、创新消费、生态游憩"六大特色场景（图 4-111、图 4-112）。

## 4.4.19 寻香道——成都市百花潭公园添彩塑景

### 4.4.19.1 项目概况

古百花潭遗址位于现成都龙爪堰附近，百花潭公园与古百花潭名同地异。清盐茶道大员黄云鹄在现百花潭公园内竖"古百花潭"石碑，民国时期该址为邓家花园，1953年为动物园，1976年改建为百花潭公园，2016年被评为四川省重点公园。公园位于城绿交融、舒适宜人的川西名园群——大浣花溪片区内，占地119亩。

#### 4.4.19.2 特色亮点

提升理念：保护名园空间形态格局，传承川派盆景文化；渗透公园内外空间，构建片区融合形态；搭建川派盆景产业平台，推动社区创新互动共享；添彩塑景、场景营建，激活升级全龄业态。

提升定位：以川派盆景文化、古百花潭文化、营造园林文化为特色的川西历史名园、国家重点公园。

提升策略：添彩塑景、景观提升、业态转换。优化公园滨水、临街界面，提升植物景观层次和品质，打通内园外视线；依托盆景园特色资源，以川西园林造园手法并结合时代气质风貌，整理提升园中园品质，形成科普展示空间，并利用公园服务建筑空间搭建小微盆景交易平台、百花小院家庭园艺生活馆等，以及举办主题活动展会丰富公园体验，提升公园社会综合效益和影响力（图4-113~图4-115）。

图4-113 百花潭公园与城市界面 改造前（左）、改造后（右）对比
（图片来源：成都市风景园林规划设计院）

图 4-114 百花潭公园川派盆景文化园
（图片来源：蔡秋阳 拍摄）

图 4-115 百花潭公园寻香道
（图片来源：蔡秋阳 拍摄）

## 4.4.20 金牛公园——激活公园城市示范街区的绿色链珠

### 4.4.20.1 项目概况

1982年，金牛公园原为生产型苗圃；2007年，改建为公园；2021年，围绕公园城市"老公园·新活力"进行优化提升。在对现状植被精确测绘的基础上，科学保留保护现状植物，有机组织群落景观，协调构建慢行系统，创新转化生态价值，示范营建"回家的路"，着力打造公园城市城园融合示范公园，激活公园城市示范街区绿色链珠。

### 4.4.20.2 特色亮点

目标定位：公园城市城园融合示范公园——以片区化、系统化思路和理念，联动茶店子片区新金牛公园、金牛公园、天府艺术公园、熊猫绿道等公园绿地，以及周边龙湖天街、金牛体育中心等街区，以开敞的公园界面和"云锦丝路"人行天桥衔接公园内外空间和城市街区，使金牛公园成为体系化、人性化、艺术化的城市片区绿地慢行体系中的重要示范节点。

三大关键协同要点：轨道交通—慢行系统，桥上空间—桥下空间，老公园—新活力金牛公园提升改造需妥善解决金牛公园地铁站与公园慢行交通的衔接、"丝路云锦"人行天桥与桥下功能空间的融合、原有植物保留与巧妙利用三项关键问题，这也是本次改造提升工程的难点与亮点。

设计策略：（1）衔接金牛公园地铁站（在建）公共交通与公园与街道慢行系统，打造微TOD。（2）保护老公园原有植物群落，营建微森林景观。

图 4-116　微森林——桥上微森林空间
（图片来源：蔡秋阳　拍摄）

图 4-117　微森林——桥下微森林空间
（图片来源：蔡秋阳　拍摄）

（3）链接"回家的路"社区绿道，营建公园城市全龄友好运动游憩微场景。

三项示范：依托金牛公园地铁站（在建）、"丝路云锦"人行天桥、金牛公园密林空间等特色空间资源，顺应场所地脉，发挥绿地综合功能，形成微 TOD、微森林、微场景三项示范（图 4-116、图 4-117）。

## 4.4.21　人民公园——近代历史名园

### 4.4.21.1　项目概况

成都市人民公园始建于 1911 年，公园总面积为 13.05 万 m²，原名少城公园，是中国近代最早的公园之一，也是四川近代第一座公园。现今人民公园已经成为城市中心具有休闲娱乐、民政教育、历史纪念等功能的综合性公园。依托"老公园·新活力"行动，深入开展公园景观提升、场景营造、价值转化工作，打造共建、共治、共享的示范公园，完成人民公园

"拆围增景"及景观改造总面积约10000m²；打造"夜鹤鸣"特色场景与多个代表性示范新型文化业态。

#### 4.4.21.2 特色亮点

总体定位：四川第一公园，国内知名近代历史名园，国家重点公园。

设计理念：保护与传承历史传统文化，追求渐进式景观文化创新，秉承以人为本的设计理念，构筑可持续发展景观空间。

提升策略：提升植物景观——精品园林打造，诗意景观营造；融入公园文化环境——营造与公园文化相融的空间环境；优化公园总体布局——优化公园游园线路，合理布置出入口，满足游园等需求；丰富公园业态场景——打造丰富的示范性新型文化业态（图4-118、图4-119）。

图4-118 人民公园东山景观
（图片来源：胡霜 拍摄）

图4-119 景亭与保路运动纪念碑
（图片来源：胡霜 拍摄）

### 4.4.22 天府艺术公园——蜀风水韵，建造天府文化地标

#### 4.4.22.1 项目概况

在公园城市建设的背景和目标下，为了保护传承川西园林、营造绿色人居环境，创新营建公园场景，成都拟在城市重点区域，选址建设生态园林地标，作为公园城市重点示范片区，向全世界展示中国传统园林、川西园林及川西林盘。天府艺术公园片区地处成都市金牛区金牛坝，位于成都平原腹地，是城市与都江堰精华灌区的接壤区域，是成灌发展走廊上的重要节点位置。设计范围约4.31km²，东至西华大道，南至三环路，西至金牛大道，北至铁路西环线。片区环抱金牛宾馆，拥有厚重的历史文化积淀和

图 4-120　天府艺术公园城市设计效果图
（图片来源：《成都市国宾片区城市设计方案》）

丰富的生态资源。

项目改变以往城市公园的建设理念和方法，秉持公园城市理念，保留水网水系，拓展绿色空间，优化土地利用，坚持公园城市城绿协同、城园融合创新理念，传承融合川西园林、川西林盘、川西民居特色，建设生态引领、形态融合、业态多元、具有天府特色的公园城市示范片区（图 4-120）。

### 4.4.22.2　片区现状及上位规划分析

片区原为跃进中心村，在 2013 年之前为省委省政府预留用地，一直未拆迁改造，是成都市重点"城中村"改造项目。2019 年 1 月通过的《成都市国宾片区城市设计方案》以描绘体现生态文明和公园城市思想的川西院落林环水绕的蜀风画卷作为规划目标，形成"核心（金牛宾馆）蓝绿环绕、三坊（文博坊、文商坊、文创坊）和谐共融、三园（蜀园、锦园、蓉园）连接成网"的区域空间结构（图 4-121）。

### 4.4.22.3　建设目标

天府艺术公园的建设目标是以天府自然人文特征为基础，传承川西园林特色，融合天府文化艺术，集合精品川剧、川茶品赏、文化博览、文化商业、文创消费、休憩游览等功能要素，构建具有生态、人文、经济价值的集中彰显天府文化艺术的示范公园。

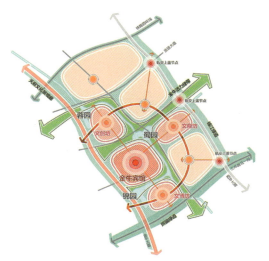

图 4-121 天府艺术公园城市设计布局结构图　　图 4-122 天府艺术公园片区总体布局结构图
（图片来源：《成都市国宾片区城市设计方案》）　　（图片来源：成都市风景园林规划设计院）

#### 4.4.22.4 特色亮点

**1. 公园城市理念引领绿色生态空间塑造**

项目秉持公园城市理念，充分利用片区现有生态资源，梳理茅草堰、五斗渠、南堰河等现状水系，拓展绿色空间与周边绿道相连，因地制宜形成"三园三河、蓝绿交织、三纵四横、绿道串联"的总体布局结构。将三园——锦园、蜀园、蓉园，三河——茅草堰、五斗渠、南堰河通过片区绿廊串联，塑造多元化生态景观空间，构建绿地水网交织的生态基底；由三纵——金牛大道、华严路、西华大道，四横——三环路、礼宾路、金蕊路、金芙蓉大道构建的绿道网络形成生态空间骨架，串联三园三河生态基底形成完整的天府艺术公园片区绿地空间体系（图 4-122）。

通过三园三河、三纵四横的整体打造工作，将生态绿化充分融入城市建设之中，充分体现天府艺术公园林环水绕的总体景观风貌。同时强化生态自然廊道与自然水系建设，提升绿化覆盖率及本地化植物比例，让绿地、绿道、湖泊、湿地、渠系美景串联，使公园形态与城市空间有机融合，打造人、城、园和谐统一的城市绿色生态空间。

**2. 川西园林理念指导园林景观建设**

项目汲取天府自然人文特色，承袭川西园林"文、秀、清、幽"的特点进行造园。选择成都乡土树种，丰富片区景观空间，既有花重锦官城的

图 4-123　锦园——迎桂湖
（图片来源：陈鹏宇　拍摄）

繁花似锦，也有茂林修竹的林盘清幽，更有自然飘逸的园林特质，使片区成景成色、处处有景、步移景异、景景不同，已然成为展现川西园林文化的新窗口（图 4-123）。

其中蜀园邀请孟兆祯院士领衔主创蜀园园林景观设计方案，以"川西园林缩影"的规划布局为基础，传承川西园林造园手法，彰显川剧艺术，融合天府文化，文园融合、景面文心，因山水间架、滨水作榭、水中起舫、随宜铺绿、岛心树亭、凭台立楼、面水作坊、深谷藏园，共同构建具有天府特色的蜀园景观系统（图 4-124、图 4-125）。

图 4-124　蜀园鸟瞰图
（图片来源：成都市风景园林规划设计院）

### 3. 多元业态联动天府文化传承创新

天府艺术公园片区坚持配置功能全面、业态丰富、特色创新的服务设施，形成全龄化、全类型、多层次、多样化的特色场景。在提升综合服务功能、优化公共交通系统、完善生活型服务业、建设便捷公园社区的同时，围绕发展天府文化多类型业态，促进文化创意产业发展。

锦园商业地块借纳迎桂湖优质景观风貌，依水建成文博坊，推出现代天府文化流行艺术衍生产品，以天府美术馆、天府人文艺术图书馆为主要依托，打造现代天府人文场所，同时配套完成川西风貌现代文创街区，吸

图 4-125 蜀园—荷华湖
（图片来源：陈明坤 拍摄）

纳潮流品牌产业，集多元消费于一体，使其成为金牛区又一商业中心。

蜀园以川西园林为载体，彰显以川剧为主的天府文化艺术，展陈多类型川剧文化产品，同时引入"川茶、评书、蜀艺、川菜"等文化业态，赋予蜀园深厚文化内涵，提升客群黏性，激发游客游览消费潜力，实现生态与文化价值共同转化（图 4-126、图 4-127）。

### 4. 城园融合发展带动生态价值转化

天府艺术公园片区秉持公园城市城园融合创新理念，遵循"城在园中""城园互融"的城市空间形态。强化生态廊道与自然水系耦合，拓展绿色空间形成公园链，构建完整的公园绿地系统。将公园绿地系统延展融入周边街区，将多维绿化运用到绿色基础设施建设中，提高街区绿视率，提升绿色空间界面占比，营造绿色人居环境，激活周边资源价值，实现生态价值转化。通过生态空间与城市空间协同建设，释放公园绿地外部经济性，实现空间渗透、功能协同、业态融合、场景叠加、价值转化。

图 4-126 蜀园引妙谛廊桥
（图片来源：唐兵 拍摄）

图 4-127 蜀园川剧演出
（图片来源："成都蜀园"微信公众号）

第 5 章

# 践行新发展理念的公园城市示范区展望

2018年，习近平总书记在四川天府新区考察时指出"要突出公园城市特点，把生态价值考虑进去"。2020年，《成渝地区双城经济圈建设规划纲要》（以下简称《规划纲要》）提出，成都要以建成践行新发展理念的公园城市示范区为统领，为成都建设发展指明了方向、提供了根本遵循。2022年1月28日，国务院批复同意成都建设践行新发展理念公园城市示范区，随后，国家发展改革委、自然资源部、住房和城乡建设部发布《成都建设践行新发展理念总体方案》（以下简称"总体方案"）。这是对成都建设公园城市四年来先行探索的肯定，同时也是对今后发展的全盘布局、系统谋划。今后将以《总体方案》作为行动指南，突出公园城市的本质内涵和建设要求，聚焦厚植绿色生态本底、促进城市宜居宜业、健全现代治理体系等重点任务，探索山水人城和谐相融新实践和超大特大城市转型发展新路径，积极创造可复制可推广的典型经验。将绿水青山就是金山银山理念贯穿城市发展全过程，彰显生态产品价值，推动生态文明与经济社会发展相得益彰，打造山水人城和谐相融的公园城市。

2022年4月26日，中国共产党成都市第十四次代表大会围绕成都市全面建设践行新发展理念的公园城市示范区共商大计，共绘蓝图，明确了未来五年全市工作的总体目标。2022年5月成都市委、市政府印发《成都建设践行新发展理念的公园城市示范区行动计划（2021—2025年）》（以下简称"行动计划"）全面落实国家和四川省的部署要求。2022年8月成都市人民政府批复《成都市"十四五"公园城市建设发展规划》确定了"十四五"时期公园城市建设的主要指标、重点任务、重大项目及示范重点。

自公园城市理念提出以来，成都深入学习贯彻习近平新时代中国特色社会主义思想和习近平总书记对四川及成都工作系列重要指示精神，全面贯彻落实党的十九大和十九届历次全会精神，按照省委、省政府重大决策部署，在市委、市政府的坚强领导下，通过持续推进公园城市建设，成都城市面貌——从空间建造到场景营造，从生态到业态，从生产方式到生活方式，发生较大改变，取得了山绿水清、突围转型、经济总量和城市国际影响力不断攀升的成绩，宜业宜商宜居宜游的公园城市示范区正成为成都走向世界的靓丽名片。

## 5.1 《总体方案》内容解读

《国务院关于同意成都建设践行新发展理念的公园城市示范区的批复》明确同意成都建设践行新发展理念的公园城市示范区，提出示范区建设要以习近平新时代中国特色社会主义思想为指导，全面贯彻党的十九大和十九届历次全会精神，完整、准确、全面贯彻新发展理念，加快构建新发展格局，坚持以人民为中心，统筹发展和安全，将绿水青山就是金山银山理念贯穿城市发展全过程，充分彰显生态价值，推动生态文明建设与经济社会发展相得益彰，促进城市风貌与公园形态交织相融，着力厚植绿色生态本底、塑造公园城市优美形态，着力创造宜居美好生活、增进公园城市民生福祉，着力营造宜业优良环境、激发公园城市经济活力，着力健全现代治理体系、增强公园城市治理效能，实现高质量发展、高品质生活、高效能治理相结合，打造山水人城和谐相融的公园城市。

### 5.1.1 国家发展改革委规划司专题解读

《成都建设践行新发展理念的公园城市示范区总体方案》（后称《总体方案》）发布后，国家发展改革委规划司就公园城市示范区 5 大热点问题进行了专题解读。

1. 《总体方案》出台缘由

习近平总书记高度重视城市工作，并多次作出重要指示批示，并强调城市建设要以自然为美，把好山好水好风光融入城市。城市已成为人民群众工作生活的主要载体，人民群众对优质公共服务、生态环境、健康安全等方面需求日益增长，城市发展将更多体现生产生活生态多元导向。成都建设公园城市，有利于在探索城市与自然和谐共生新实践、城市人民高品质生活新方式、城市经济高质量发展新模式、超大特大城市转型发展新路径等方面，积累有效做法和有益经验。

2. 成都建设公园城市示范区的基础

成都市作为西部地区超大城市，在公园城市建设方面开展了积极探索、形成了初步成果，具备进一步深化建设的坚实基础和独特优势。生态本底良好，自然资源禀赋得天独厚，千年传承的山水林田是建设公园城市的优良本底基础，在市区遥望大雪山，生物资源多样丰富；发展活力强劲，产业基础扎实，创业氛围浓厚，人均GDP达到高收入经济体水平，科技创新能力较强，拥有高等学校60余所、科研院所30余家、国家重点实验室10余家；成都前期实践丰富，实施了若干生态工程，依托自然山水建设城市"绿心""绿肺""绿脉""绿环""绿轴"，开展了"百个公园"示范工程，创造较多可感可及的公共生态产品，基本公共服务体系不断健全，医疗、教育、文化等服务水平较高生活品质较好。

### 3. 成都建设公园城市示范区的定位

成都建设公园城市示范区，要深入践行新发展理念，突出公园城市的内涵特征和建设要求，牢牢把握三个发展定位。

（1）城市践行绿水青山就是金山银山理念的示范区。要坚持生态优先、绿色发展，把良好生态环境作为最普惠的民生福祉，立足资源环境承载能力、现有开发强度、发展潜力，促进人口分布、经济布局与资源环境相协调，充分挖掘释放生态产品价值，使城市在大自然中有机生长，率先塑造城园相融、蓝绿交织的优美格局。

（2）城市人民宜居宜业的示范区。要提供优质均衡的公共服务、便捷舒适的生活环境、人尽其才的就业创业机会，把城市发展成果具化为人民美好体验，使人在城市中实现价值、城市因人而更加繁荣，率先打造人民美好生活的幸福家园。

（3）城市治理现代化的示范区。要创新治理理念、治理模式、治理手段，全面提升安全韧性水平和抵御冲击能力，使城市治理更加科学化、精细化、智能化，率先探索符合超大特大城市特点和发展规律的治理路径。

### 4. 成都建设公园城市示范区的总体思路

成都建设公园城市示范区，要以习近平新时代中国特色社会主义思想为指导，坚持以人民为中心，推动生态文明与经济社会发展相得益彰，促进城市风貌与公园形态交织相融，实现高质量发展、高品质生活、高效能治理相结合，打造山水人城和谐相融的公园城市。

在工作原则上，坚持统筹谋划、整体推进，把城市作为有机生命体，实行全周期管理；坚持聚焦重点、创新突破，突出公园城市的本质内涵和建设要求；坚持因地制宜、彰显特色，根据成都经济社会发展水平、自然资源禀赋、历史文化特点，制定实施有针对性的政策措施；坚持稳妥有序、防范风险，稳妥把握建设时序、节奏、步骤，有效防范化解各类风险挑战。

在发展目标上，到 2025 年，公园城市示范区建设取得明显成效，公园形态与城市空间深度融合，历史文化名城特征更加彰显，市政公用设施安全性大幅提升，居民生活品质显著改善，营商环境优化提升，城市治理体系更为健全；到 2035 年，公园城市示范区建设全面完成，园中建城、城中有园、推窗见绿、出门见园的公园城市形态充分彰显，山水人城和谐相融的公园城市全面建成。

**5. 成都建设公园城市示范区的主要任务**

围绕成都建设公园城市示范区的定位和目标，主要实施四项任务举措。

（1）厚植绿色生态本底，塑造公园城市优美形态。着眼构建城市与山水林田湖草生命共同体，优化城市空间布局、公园体系、生态系统、环境品质、风貌形态，满足人民日益增长的优美生态环境需要。

（2）创造宜居美好生活，增进公园城市民生福祉。推动公共资源科学配置和公共服务普惠共享，为人民打造更为便捷、更有品质、更加幸福的生活家园。开展宜居生活创建行动，在绿色生活、养老育幼、住房保障、社区服务、文化旅游等方面实施一批工程项目。

（3）营造宜业优良环境，激发公园城市经济活力。围绕增强城市内生增长动力和可持续发展能力，健全绿色低碳循环发展的经济体系，推动壮大优势产业、鼓励创新创业、促进充分就业相统一。开展宜业环境优化行动，在绿色生产、优势产业、科技创新、技能提升、消费业态、金融服务、法治保障、双向开放等方面实施一批工程项目。

（4）健全现代治理体系，增强公园城市治理效能。发挥政府、市场、社会各方力量，建立系统完备、科学规范、运行有效的城市治理体系，为城市更健康、更安全、更宜居提供保障。开展治理能力提升行动，在内涝治理、燃气管道改造、应急能力建设、智慧化治理、土地利用、投融资创新等方面实施一批工程项目。

## 5.1.2 成都市各部门各领域多维度解读

成都各地各部门围绕公园城建设进行了全方位的解读，展示探索创新、先行示范，努力答好建设践行新发展理念的公园城市示范区时代答卷。

1. 成都市发展和改革委员会解读

成都市发展和改革委员会表示，建设公园城市示范区是完整、准确、全面贯彻新发展理念的城市实践，是党中央、国务院关于成渝地区双城经济圈建设的重要部署，是带动全省"干支"联动协同发展的战略支撑。其建设要求可以用"勇担'两新'使命、锚定三大定位、落实四大任务"来分解落实，即积极探索山水人城和谐相融新实践和超大特大城市转型发展新路径，锚固聚力打造城市践行绿水青山就是金山银山理念的示范区、聚力打造城市人民宜居宜业的示范区、聚力打造城市治理现代化的示范区三大定位，要突出生态价值实现，着力厚植绿色生态本底，要突出为民价值追求，着力创造宜居美好生活，要突出夯实宜业基础，着力营造宜业优良环境，要突出提高善治能力，着力健全现代治理体系。

"我们将牢记习近平总书记的殷殷嘱托，切实担负起示范区建设的政治责任，在推动高质量发展中增强城市内生增长动力，在创造高品质生活中满足人民美好生活需求，在实现高效能治理中推动大城善治，锚定目标、真抓实干、锲而不舍、久久为功"。全面贯彻党中央和省委、市委决策部署，把握好示范区建设时序、节奏、步骤，聚焦发展定位，锚定2025年、2035年两个阶段目标，一体谋划、整体推进示范区建设，确保《总体方案》各项任务落地落实。

2. 成都市各部门平台解读

（1）生态方面：成都市规划和自然资源局围绕与国土空间总体规划编制相结合进行解读，强化规划引领，厚植绿色生态本底，尊重自然地理格局，优化市域空间结构，强化空间形态的精细化管控，延续天府文脉、展现时代风貌。成都市公园城市建设管理局围绕建立蓝绿交织公园体系，以"让整个城市成为大公园"为目标愿景，描绘"绿满蓉城、水润天府"大美图景，让整个城市成为大公园等内容进行了解读。

（2）宜居方面：成都市委宣传部、市文广旅局从建设世界文化名城的角度进行解读，包括把握建设世界文化名城重大机遇、构建契合城市特色的天府文化发展路径，让诗意栖居与蜀风雅韵在公园城市完美结合。成都市委社治委围绕满足人的需求和促进人的发展，通过深入实施幸福美好生活十大工程，创新构建幸福美好公园社区体系，推动城市建设成果和发展红利转化为可感可及的幸福体验，不断增强市民的价值认同和情感认同。

e 成都社区服务平台系统梳理国家顶层设计，披露现代社区建设的战略考量和推进路径，明确现代社区的主要内容为完善社区养老托育、医疗卫生、文化体育、物流配送、便民商超、家政物业等服务网络和线上平台，城市社区综合服务设施实现全覆盖。

（3）宜业方面：德眉资同城化发展领导小组办公室表示"勇担公园城市示范区使命，对成都做强成渝极核和全省'主干'功能，发挥中心城市的辐射带动作用，引领同城化发展，赋予了新的机遇和挑战，要求我们在现有的实践基础上更有新担当新作为。"成都市金融监管局围绕公园城市示范区释放的金融新机遇，主要从服务实体经济、共建西部金融中心、金融新场景三大任务进行了阐述。成都市科技局强调公园城市建设科技创新支撑，加快打造战略科技力量，布局建设高能级创新平台，构建支撑高质量发展的创新体系，加快打造带动全国高质量发展的重要增长极和新的动力源。成都市委组织部围绕建设人才聚集高地进行了解读，谋划迭代创新的人才政策，加强战略人才队伍建设，推动人才规模进一步壮大、质量进一步提高、结构进一步优化，构筑人才价值生态。成都市经济和信息化局围绕推动实现高质量发展，既要推动生产方式绿色低碳转型，又要发展彰显竞争力的优势产业，更要推进活力迸发的创新创业，明显提升科技创新能力和产业发展能级。成都市商务局围绕公园城市消费活力、国际消费中心城市建设进行了专题解读，扩大国际化消费市场，打造公园城市消费场景，构建创新驱动的消费供给模式。成都市住房和城乡建设局围绕 TOD 规划建设等内容进行了解读，通过大力实施 TOD 开发，实现产业模式精准化、功能业态特色化、发展策略专业化，推进城市空间结构不断优化升级。

（4）治理方面：成都市网络理政办围绕激发公园城市经济活力、智慧蓉城助力城市治理现代化建设等方面进行了解读，成都将加快实施营商环境 4.0 版政策体系，开展十大改革创新突破、构建十大功能服务平台、推行最具企业感知十大举措。智慧蓉城研究院邀请专家委员对智慧蓉城建设进行解读，成都探索山水人城和谐相处新实践和超大特大城市转型发展新路径，离不开智慧蓉城建设基底，离不开数字和信息技术赋能，构筑公园城市示范区智慧化治理新图景，以智慧蓉城为牵引，增强公园城市治理效能。

## 5.2 成都公园城市示范区绿色图景

通过以上各个层级的解读、近期行动计划、五年建设发展规划的系统谋划，从绿色生态视角，未来成都公园城市示范区将呈现五大绿色图景。

建设践行新发展理念的公园城市示范区，肩负着探索城市现代化建设国家试点示范的时代使命，是成都服务战略全局的独特定位和实现跨越发展的历史机遇。成都统筹空间与功能、城市与自然、生产与生活、发展与安全、秩序与活力，着力塑造公园城市优美形态、增进公园城市民生福祉、激发公园城市经济活力、增强公园城市治理效能，推动探索山水人城和谐相融、超大特大城市转型发展走出新路子，绘就经济高质高效、动能充盈充沛、人民宜居宜业、城乡共富共美、社会和顺和谐的公园城市图景。

聚焦厚植绿色生态本底方面，一是保护修复自然生态系统。保护修复全域绿色空间肌理，构建"两山、两网、两环、六片"的公园城市生态格局。尊重自然生态原真性、保护山水生态肌理、延续河网水系格局，修复生态受损区，推进全域增绿，强化生态空间的完整性和连续性，形成覆盖全域的自然生态系统。重点开展西部龙门山生态屏障的原生态保育和生态修复，保护大熊猫栖息地，建设大熊猫国家公园；建设1275$km^2$的龙泉山城市森林公园"城市绿心"。保护都江堰水网和沱江水网河道自然化，推进硬质驳岸生态化修复，形成公园城市自然生态、功能复合、开合有致、特色鲜明的滨水空间。二是进一步优化构建蓝绿交织公园体系。构建布局均衡、功能完善、全龄友好的全域公园体系。以大熊猫国家公园、龙泉山城市森林公园为重点，以雪山、森林、峡谷、溪流等特色资源为载体，打造灵秀俊美、密林苍翠的自然山水公园；以林盘聚落、农林产业、郊野公园等资源为载体，打造"茂林修竹、美田弥望"的乡村郊野公园；以综合公园、社区公园、专类公园、游园为重点，打造布局均衡、类型多样的城市公园，实现"300m见绿、500m见园"。三是通过挖掘释放生态产品价值。探索生态价值多元转化路径，推动形成"生态投入—环境改善—土地增值—价值反哺"良性循环，创新公园城市建设发展的可持续机制，推动生态优势转化为发展优势，加快建设重大生态工程，塑造城园相融、蓝绿交织公园城市形态。

## 5.2.1 城市与自然共生共荣的绿色图景

成都生态优厚，依山水而兴，龙门山、龙泉山"两山"相望，岷江、沱江"两水"相依，青山绿水绘就了成都优厚的生态本底，是海拔落差最大（5005m）、离原始无人区最近的超大城市。成都拥有海拔3000m以上的高山126座，全市森林覆盖率达40.33%。成都是全球34个生物多样性热点地区之一，蕴藏着极其丰富的生物多样性，是红豆杉、珙桐等大量特有植物和大熊猫、川金丝猴等众多濒危珍稀动物的家园。

未来五年，公园城市自然生态系统将更加稳定、健康。通过保护修复自然生态系统，系统治理山水林田湖草，"两山、两网、两环、六片"生态格局进一步巩固，生态网络的完整性和连续性进一步强化，自然山水生态原真性得到保护，水网河道自然化得到延续，生态受损区得到逐步修复。龙门山龙泉山生态功能进一步提升，大熊猫国家公园建设有序推进，生物多样性保护水平进一步提高。公园城市生态本底将更加厚实。

两千多年来，道法自然的都江堰水网孕育了城市与生态共融的人居环境，具有优厚的生态特征和休闲的生活特质；未来五年的公园城市示范区建设，更加优厚的自然生态与2100余万常住人口相依共存，城市与自然生态的关系将更加和谐。

## 5.2.2 城市与绿地协同耦合的绿色图景

未来五年，城市与生态绿地系统将进一步协同耦合。将着力改变过去单中心集聚、圈层式蔓延的发展模式，构建多尺度、多层次、网络化生态绿地系统，促进形成多中心、网络化、组团式城市发展格局。中心城区将实现绿环绕城、绿楔入城、绿网织城；城市新区以森林、湿地、农田、绿地景观构筑生态绿廊，构建高品质蓝绿空间网络，塑造城市形态与绿色生态嵌套耦合，促进城园相融、联动发展；郊区新城坚持因地制宜、保山护水、增绿塑景，凸显产城融合、生态宜居、特色鲜明，促进产业融合创新，探索公园城市乡村表达。

未来五年，将进一步提升完善生态绿地系统。塑造"绿漫蜀都、花重锦城、水润天府"整体意象，形成"两山两网、两圈六楔；六环九廊、公园棋布；绿道交织、多维绿网"，构建青山映城、蓝绿交织、城园相融、布局均衡、绿量充沛、生物多样、功能完善、景观优美、特色彰显的生态绿地系统。到2025年，公园城市绿地率将达41%，绿化覆盖率达45%。

### 5.2.3 城市与公园深度融合的绿色图景

两千年来，道法自然的都江堰水网闪耀着古代中国的生态智慧。都江堰水网干、支、斗、农、毛五级渠系浸润了成都平原，水网与林网相伴相生，城市水系与公园绿道协同融合，形成了蓝绿交织的生态景象。

未来五年，将加快建立蓝绿交织全域公园体系。以"让整个城市成为大公园"为愿景，构建公园相连、布局均衡、功能完善、全龄友好的全域公园体系。2025年，全域公园体系初步构建，公园形态与城市空间融合，自然生态公园、乡村郊野公园、城市综合公园、专类公园、社区公园多层次、多尺度深度融合，为公园城市建设奠定基础。公园绿化活动场地服务半径覆盖率不低于90%，人均公园绿地面积达15m²/人，全面完成"百个公园"示范工程项目，启动"百个公园"示范工程2.0版。

### 5.2.4 公园城市生态宜居的绿色图景

成都自古以来兴绿化、擅园林，沉淀了"城园相融、文园同韵"的川西园林传承，保留了隋代的摩诃池园林遗址和唐宋明清系列历史名园，包括唐代东湖、宋代罨画池、明代桂湖、清代望江楼等。

未来五年，将着力营建公园城市生态宜居环境。传承川西园林文化，保护修复川西林盘聚落，彰显成都生态文化特色和生态宜居特征。多类型绿化与城市人居环境充分渗透，增加小游园和微绿地，多维增绿，多样塑景，提升绿视率，运用墙体绿化、屋顶绿化、桥体绿化、阳台绿化、护坡绿化、驳岸绿化等立体绿化形式，构织多维绿网络，营建生态融合场景，提升人居环境生态宜居品质。构建与公共服务设施相融的绿道体系，链接城乡特色资源节点，促进产业融合发展，串联公园、社区、地铁、公交站点和其他公共服务设施，建设"回家的路"，营造金角银边，引领塑造绿色生活方式，增进公园城市民生福祉，打造城市人民宜居的示范区。

### 5.2.5 公园城市绿色低碳的绿色图景

深入践行习近平生态文明思想，以实现"双碳"目标为引领，统筹推进"四大结构"优化调整，护美绿水青山、做大金山银山，加快形成节约资源和保护环境的空间格局、产业结构、生产方式、生活方式。着力优化空间结构，科学编制城市国土空间规划，统筹划定落实"三区三线"，优化构建五级城乡体系，建立以集约为导向的土地利用机制，探索土地复合利用，增加混合产业用地供给，推动城市精明增长。着力优化产业结构，加快构建绿色低碳循环经济体系，积极发展光伏、锂电等绿色低碳优势制造业和绿色金融、绿色认证等碳中和服务业，加快先进储能、节能环保、新能源装备等绿色技术研发攻关和市场应用，积极培育低碳企业，鼓励建设低碳园区，坚决遏制"两高"项目盲目发展，加快建设国家绿色产业示范基地。着力优化交通结构，坚持"轨道引领、公交优先"，构建"轨道＋公交＋慢行"绿色交通体系，推广公共交通为导向的开发（TOD）模式，合理规划建设充（换）电设施，让绿色出行成为市民首选。着力优化能源结构，加快构建以绿色能源为主体的新型电力系统，实施清洁能源替代攻坚，推进"源网荷储"一体化和多能互补，推动能耗"双控"向碳排放总量和强度"双控"转变。

## 5.3 未来展望

公园城市建设将着重突出公园城市的本质内涵和建设要求，统筹空间与功能、城市与自然、生产与生活、发展与安全、秩序与活力，推动探索山水人城和谐相融、走出城市转型发展新路子，绘就经济高质高效、动能充盈充沛、人民宜居宜业、城乡共富共美、社会和顺和谐的公园城市未来图景。

1. 探索示范城市与自然和谐共生新实践，促进实现人与自然和谐共生的中国式现代化

公园城市将统筹山水林田湖草生命共同体发展，创新生态环境导向（EOD）的城市发展模式，以青山农田为本底、绿道江河为经脉，以大尺度生态廊道区隔城市组群，以高标准生态绿道串联城市公园，让公园形态和城市空间有机融合，全面构建"青山绿道蓝网"相呼应、"大城小镇美村"嵌田园的城市新形态，推动城市在自然山水中有机生长，"整座城市就是一座大公园"成为公园城市高品质生活宜居地生动写照。

公园城市通过科学布局可进入、可参与的休闲游憩和绿色开敞空间，推动公共空间与城市环境相融合，着力推动生产生活生态空间相宜、自然经济社会人文相融，健全蓝绿交织公园体系，使城市自然有序生长，形成"园中建城、城中有园、城园相融、人城和谐"公园城市大美形态，建成引领高品质生活高质量发展的典范。

2. 探索示范超大特大城市转型发展新路径，引领城市绿色低碳转型可持续发展新路径

公园城市作为全面体现新发展理念的城市建设新模式，坚持以"一尊重五统筹"城市工作总要求为遵循，坚持奉公服务人民、联园涵养生态、塑城美化生活、兴市推动转型，持续着力塑造城市优美形态、增进公园城市民生福祉、激发公园城市经济活力、增强公园城市治理效能。通过加快空间转型，构建可持续发展空间格局；突出产业转型，打造绿色低碳循环发展经济体系；推动生活方式转型，加快普及绿色低碳生活理念；加快治理转型，夯实绿色转型发展基石。

公园城市推动探索山水人城和谐相融、城市转型发展走出新路子，积极创造可复制可推广的经验和制度成果，推动城市全面绿色转型，为新时代城市全面可持续发展提供了新路径、新模式，将为绿色城镇化建设，以及世界城市可持续发展贡献中国智慧和中国方案。

3. 探索示范绿色赋能推动生态价值转化，培育城市经济高质量发展新模式

公园城市坚持把新发展理念贯穿于城市发展始终，遵循"突出公园城

市特点，把生态价值考虑进去"重大要求，以推动高质量发展为主题，以加速推进碳达峰碳中和的制度设计为牵引，以生态价值创造性转化为突破，立足于国内外发展环境与阶段的变化，主动从全球、全国的角度来系统谋划与着力优化未来城市经济发展工作。通过创新生态产品价值实现机制，探索建立政府主导、企业和社会各界参与、可持续的生态产品价值实现路径，探索零碳经济发展路径，构建碳中和产业生态圈，全面推进绿色基础设施体系建设，完善绿色城市标准化技术支撑，构建"轨道＋公交＋慢行"绿色交通网络，把生态优势转化为经济社会发展优势。

公园城市将持续突出生态本底、美学呈现、价值转化、场景惠民，完善绿色产业、能源消耗、减排技术和低碳消费体系，创新生态产品供给，探索构建绿水青山转化为金山银山的政策设计与路径机制。坚持"前瞻性布局创新性发展"培育新动能，构建场景牵引的逆向创新模式，把新动能、新产业、新业态的培育作为工作重点，着力培育高质量发展新动能，开辟可持续发展新空间，加快推动城市产业的转型升级与高质量发展进程，构筑开放发展新优势，形成共享发展新格局，开启社会主义现代化城市建设的全新实践。

**4. 探索示范绿色宜居幸福美好生活，塑造城市人民高品质生活新方式**

公园城市坚持以人民为中心的发展思想，把以人民为中心贯穿城市规划建设管理各领域全过程。以增进民生福祉为根本遵循，以促进社会公平为目标取向，以深化改革创新为根本动力，着力推动社会财富公平共享、发展红利全民共享、公共服务优质共享、城市友好全龄共享、社会治理共建共享，打造"幸福美好生活城市样板"，推动形成公园城市示范区建设人人参与、成果人人享有的生动局面，在更高水平上实现发展与治理良性互动、秩序与活力动态平衡、公平与效率有机统一。

公园城市持续聚焦人民日益增长的美好生活需要，贯彻落实"人民城市人民建、人民城市为人民"理念，持续完善高品质公共服务体系、全覆盖民生设施体系、多层次社会保障体系，强化人文关怀和柔性关照，凝聚全社会共同参与的强大合力，让每一个市民都感受到城市的温度，全面提高人民群众获得感、幸福感、安全感，推动实现超大城市治理体系和治理能力现代化目标。

# 参考文献

[1] 2020年成都市森林资源与林业生态状况公告[N]. 成都日报.

[2] 国际生物多样性日：成都生物多样性"家底"揭秘|常绿|兽类|鸟类|植物_网易订阅[EB/OL]. [2022-05-31]. https://www.163.com/dy/article/H7VODGR40514R9MQ.html.

[3] 袁琳. 生态地区的创造[M]. 中国建筑工业出版社, 2018.

[4] 陈明坤. 人居环境科学视域下的川西林盘聚落保护与发展研究[D]. 清华大学, 2013.

[5] 陈其兵, 等. 西蜀园林[M]. 中国林业出版社, 2010.

[6] 曾九利. 成都市城市空间结构研究[D]. 重庆大学, 2006.

[7] 韩效. 大都市城市空间发展研究[D]. 西南交通大学, 2014.

[8] 李劲廷, 陈其兵, 李建. 城市中心城区道路绿化的景观设计——以成都中心城区林荫大道规划设计为例[J]. 林业科技开发, 2006（05）: 97-100.

[9] 谢玉常, 张子祥, 李建. "清波绿林抱重城, 锦城花郭入画图"——成都市绿地系统规划[J]. 中国园林, 2005（12）: 31-35.

[10] 陈铭. 基于3S技术的成都市城市景观评价及城市森林规划研究[D]. 四川农业大学, 2005.

[11] 陈岚. 基于生态准则的城市形态可持续发展研究[M]. 南京: 南京东南大学出版社, 2016.

[12] 陈明坤, 张清彦, 朱梅安. 成都美丽宜居公园城市建设目标下的风景园林实践策略探索[J]. 中国园林, 2018, 34（10）: 34-38.

[13] 王宝强, 李萍萍, 朱继任, 等. 韧性城市: 从全球发展理念到我国城市规划的本土化实践[J]. 规划师, 2021, 37（13）: 57-65.

[14] 马交国, 杨永春. 生态城市理论研究进展[J]. 地域研究与开发, 2004（06）: 40-44.

[15] 成实, 成玉宁. 从园林城市到公园城市设计——城市生态与形态辨证[J]. 中国园林, 2018, 34（12）: 41-45.

[16] 成都市公园城市建设领导小组. 公园城市城市建设新模式的理论探索[M]. 四川人民出版社, 2019.

[17] 成都市公园城市建设领导小组. 公园城市成都实践[M]. 北京: 中国发展出版社, 2020.

[18] 束晨阳. 以公园城市理念推进城市园林绿地建设[J]. 中国园林, 2021, 37（S1）: 6.

[19] 国家发展改革委, 自然资源部, 住房和城乡建设部. 成都建设践行新发展理念的公园城市示范区总体方案[Z]. 2022.

[20] 陈明坤, 张清彦, 朱梅安, 等. 成都公园城市三年创新探索与风景园林重点实践[J]. 中国园林, 2021, 37（08）: 18-23.

[21] 吴岩, 王忠杰, 束晨阳, 等. "公园城市"的理念内涵和实践路径研究[J]. 中国园林, 2018, 34（10）: 30-33.

[22] 曾九利, 唐鹏, 彭耕, 等. 成都规划建设公园城市的探索与实践[J]. 城市规划, 2020, 44（08）: 112-119.

[23] 傅凡, 李红, 赵彩君. 从山水城市到公园城市——中国城市发展之路[J]. 中国园林, 2020, 36（04）: 12-15.

[24] 韩若楠, 王凯平, 张云路, 等. 改革开放以来城市绿色高质量发展之路——新时代公园城市理念的历史逻辑与发展路径[J]. 城市发展研究, 2021, 28（05）: 28-34.

[25] 孙喆，孙思玮，李晨辰．公园城市的探索：内涵、理念与发展路径[J]．中国园林，2021，37（08）：14-17．

[26] 吴承照，吴志强，张尚武，等．公园城市的公园形态类型与规划特征[J]．城乡规划，2019（01）：47-54．

[27] 袁琳．城市地区公园体系与人民福祉——"公园城市"的思考[J]．中国园林，2018，34（10）：39-44．

[28] 王香春，王瑞琦，蔡文婷．公园城市建设探讨[J]．城市发展研究，2020，27（09）：19-24．

[29] 吴良镛．人居环境科学导论[M]．中国建筑工业出版社，2001．

[30] 贾建中，端木歧，贺凤春，等．尊崇自然、传承文化、以人为本是规划设计之基——风景园林规划设计30年回顾[J]．中国园林，2015，31（10）：24-31．

[31] 刘颂，杨莹．生态系统服务供需平衡视角下的城市绿地系统规划策略探讨[J]．中国城市林业，2018，16（02）：1-4．

[32] 谭林，陈岚，陈春华，等．公园城市生态价值系统构成要素与特性分析[J]．中国国土资源经济，2022：1-11．

[33] 汪诚文，施匡围，李继云，等．绿色生态价值研究[J]．城乡规划，2019（01）：38-46．

[34] 李晓江，吴承照，王红扬，等．公园城市，城市建设的新模式[J]．城市规划，2019，43（03）：50-58．

[35] 赵建军．重塑自然的人文价值——2018中国生态主义评析[J]．人民论坛，2019（02）：30-32．

[36] 王雪钰．世界文化名城 让诗意栖居与蜀风雅韵在公园城市完美结合[N]．成都日报．

[37] 范颖，吴歆怡，周波，等．公园城市：价值系统引领下的城市空间建构路径[J]．规划师，2020，36（07）：40-45．

[38] 史云贵，刘晴．公园城市：内涵、逻辑与绿色治理路径[J]．中国人民大学学报，2019，33（05）：48-56．

[39] 史云贵，刘晓君．绿色治理：走向公园城市的理性路径[J]．四川大学学报（哲学社会科学版），2019（03）：38-44．

[40] 林凯旋，倪佳佳，周敏．公园城市的思想溯源、价值认知与规划路径[J]．规划师，2020，36（15）：19-24．

[41] 中共成都市委，成都市政府．成都建设践行新发展理念的公园城市示范区行动计划（2021—2025年）[Z]．2022．

[42] 成都市公园城市建设管理局．成都市"十四五"公园城市建设发展规划[Z]．2022．

[43] 王忠杰，吴岩，景泽宇．公园化城，场景营城——"公园城市"建设模式的新思考[J]．中国园林，2021，37（S1）：7-11．

[44] 中共成都市委．中共成都市委关于深入贯彻落实习近平总书记来川视察重要指示精神 加快建设美丽宜居公园城市的决定[Z]．2022：2022．

[45] 成都市规划和自然资源局：提升空间治理能力[EB/OL]．http：//zw.china.com.cn/2022-04/29/content_78193720.html．

[46] 成都市城乡社区发展治理工作领导小组．成都市公园社区人居环境营建导则[Z]．2020．

[47] 张静，刘洋海．特大城市怎么打造新的增长极？建设公园城市的成都样本[J]．中国生态文明，2021（02）：32-37．

[48] 成都市机构改革方案的实施意见（成委发〔2019〕2号）[Z]．2019．

[49] 张清宇，戚朱琳．公园城市：美丽中国的未来城市形态[N]．学习时报．

[50] 中国风景园林学会．T/CHSLA 50008-2021公园城市评价标准[S]．北京：中国建筑工业出版社，2022．

[51] 成都市规划和自然资源局．成都市美丽宜居公园城市规划建设导则[Z]．2019．

[52] 成都市人民政府．成都市城市绿地系统规划（2003—2020年）[Z]．

[53] 成都市人民政府．成都市绿地系统规划（2013—2020年）[Z]．2015．

[54] 四川省人民政府发布．成都都市圈发展规划[Z]．2021．

[55] 国土资源部. 关于强化管控落实最严格耕地保护制度的通知 [Z]. 2014.

[56] 中共中央国务院. 关于加快推进生态文明建设的意见 [Z]. 2018.

[57] 成都市国民经济和社会发展第十四个五年规划和二〇三五年远景目标纲要 [Z]. 2021.

[58] 中共中央办公厅，国务院办公厅. 关于建立以国家公园为主体的自然保护地体系的指导意见 [Z]. 2021.

[59] 刘颂，刘蕾. 再论我国市域绿地的管控 [J]. 风景园林，2015（05）：38-43.

[60] 中华人民共和国住房和城乡建设部. CJJ/T 85—2017 城市绿地分类标准 [S]. 北京：2017.

[61] 雷凯元. 基于LID措施的城区绿道研究 [D]. 西南交通大学，2015.

[62] 成都市城乡建设委员会. 成都市天府绿道建设导则（试行）[Z]. 2017.

[63] 郭雪飞，顾伟忠，赵嫚，等. 数字生态构建与场景营造的理论与实践研究——基于成都市数字生态构建实践的评价分析 [J]. 价格理论与实践，2022（11）：102-106.

[64] 洪铭伟，徐本营. 成都市产业社区特征与空间营造方法初探：2020/2021 中国城市规划年会暨2021中国城市规划学术季 [C]，中国四川成都，2021.

[65] 成都市公园城市建设管理局. 成都市老公园新活力三年提升行动计划（2020—2022）[Z]. 2020.

[66] 成都市规划和自然资源局. 成都市公园城市街道一体化设计导则 [Z]. 2020.

[67] 成都市公园城市建设管理局，成都市公园城市建设发展研究院. 成都市公园城市"回家的路"金角银边景观建设指引（试行）[Z]. 2021.

[68] 成都市城乡环境综合治理工作领导小组办公室. 成都市背街小巷环境品质提升导则 [Z]. 2020.

[69] 成都市住房和城乡建设局. 成都市公园城市有机更新导则 [Z]. 2021.

[70] 成都市体育局，中共成都市委城乡社区发展治理委员会，成都市规划和自然资源局，等. 成都市家门口运动空间设置导则 [Z]. 2021.

[71] 成都市规划和自然资源局，成都市规划设计研究院，成都市天府公园城市研究院，等. 成都市公园城市街道一体化设计导则 [Z]. 2019.

[72] 成都市规划和自然资源局，成都市公园城建设管理局. 成都市"中优"区域城市剩余空间更新规划设计导则 [Z]. 2021.

[73] 王琳黎. 锦江公园子街巷要"美颜"了 [N]. 成都日报.

[74] 成都市国际消费中心城市领导小组办公室，成都市服务业研究院. 公园城市消费场景建设导则（试行）[Z]. 2021.

[75] 中国网. 党建引领乡村振兴——四川省成都市战旗村 [EB/OL]. http://fangtan.china.com.cn/zhuanti/2019-07/18/content_75006362.htm.

[76] 川观新闻. 秋十月 开启一段艺术美学之旅｜"十一"趣玩 [EB/OL]. https://cbgc.scol.com.cn/news/3758039.

[77] 红星新闻网. 大邑董场：实践"共生经济"模式 让产业、人才扎根乡村振兴 [EB/OL]. http://news.chengdu.cn/2019/0816/2066634.shtml.

[78] 光明网. 成都新桥社区：工业锈带"变身"生活秀带 [EB/OL]. https://economy.gmw.cn/2019-11/28/content_33357679.htm.

[79] 中国青年网. 成都青白江："我的田园"打造田园综合体 [EB/OL]. https://df.youth.cn/dfzl/201810/t20181026_11765669.htm.

[80] 中国网. 变身城市新地标成为"东进"新封面 [EB/OL]. http://sc.china.com.cn/2021/toutu_0128/394873.html.

[81] 四川新闻网. 成都成华二仙桥蝶变：曾经的传统仓储物流区 如今变文旅文创新地标 [EB/OL]. http://scnews.newssc.org/system/20190919/000996634.html.

图书在版编目（CIP）数据

公园城市建设实践探索：以成都市为例 / 陈明坤主编. —北京：中国城市出版社，2023.9
（新时代公园城市建设探索与实践系列丛书）
ISBN 978-7-5074-3628-0

Ⅰ.①公… Ⅱ.①陈… Ⅲ.①城市建设—研究—成都 Ⅳ.① F299.277.11

中国国家版本馆 CIP 数据核字（2023）第 140035 号

丛书策划：李　杰　王香春
责任编辑：李　慧　李　杰
书籍设计：张悟静
责任校对：姜小莲
校对整理：李辰馨

新时代公园城市建设探索与实践系列丛书
# 公园城市建设实践探索——以成都市为例
陈明坤　主编
*
中国城市出版社出版、发行（北京海淀三里河路9号）
各地新华书店、建筑书店经销
北京雅盈中佳图文设计公司制版
建工社（河北）印刷有限公司印刷
*
开本：787毫米×1092毫米　1/16　印张：15$\frac{1}{4}$　字数：257千字
2023年12月第一版　2023年12月第一次印刷
定价：155.00元
ISBN 978-7-5074-3628-0
（904653）

**版权所有　翻印必究**
如有内容及印装质量问题，请联系本社读者服务中心退换
电话：（010）58337283　QQ：2885381756
（地址：北京海淀三里河路9号中国建筑工业出版社604室　邮政编码：100037）